最惠国条款适用于国际投资争端解决程序问题研究

田 海 著

中国社会科学出版社

图书在版编目(CIP)数据

最惠国条款适用于国际投资争端解决程序问题研究 / 田海著 . —北京：
中国社会科学出版社，2017. 11
　ISBN 978-7-5203-1366-7

　Ⅰ. ①最…　Ⅱ. ①田…　Ⅲ. 国际投资–国际争端–最惠国待遇–研究
Ⅳ. ①D996. 4

　中国版本图书馆 CIP 数据核字(2017)第 273440 号

出　版　人　赵剑英
责任编辑　梁剑琴
责任校对　季　静
责任印制　李寡寡

出　　　版　中国社会科学出版社
社　　　址　北京鼓楼西大街甲 158 号
邮　　　编　100720
网　　　址　http://www.csspw.cn
发 行 部　010-84083685
门 市 部　010-84029450
经　　　销　新华书店及其他书店

印刷装订　北京君升印刷有限公司
版　　　次　2017 年 11 月第 1 版
印　　　次　2017 年 11 月第 1 次印刷

开　　　本　710×1000　1/16
印　　　张　13. 75
插　　　页　2
字　　　数　226 千字
定　　　价　58. 00 元

序

　　记得美国著名教育界学者约翰·I. 古德莱得（John I. Goodlad）在其经典之作《一个称作学校的地方》（A Place Called School）中提及诸如"学生学术学习成就最主要的因素不是教师和教学，而是学生的家庭背景及来自不同家庭的学生的相互交往。造成学生成绩差异的最大原因也不是学校好的教学材料、设备、课程和教学法，而是学生的家长是否受过良好的教育，是否来自比较富裕的家庭""学生与学生之间在教育成就方面的差异只能用社会经济地位和智商来解释"之类的论点，以说明学校教育与学生的学术成就之间不具有相关性，或至少没有显著的相关性。也曾经由此引发过"是学生成就学校，还是学校成就学生？"的教育学讨论。对此，作为一个普通教师——学校教育的一分子，在没有数据支撑和理性分析的前提下，虽然无法回答这一宏大的学术论题，但是，就情感而言，即使接受"学生学术成就与学校/教师不相关"的结论，却也并不妨碍教师在每一个学生成长并取得学术成绩时油然而生的浓浓成就感。相信所有教师都认同这样感受，无须证明。此时，恰逢我的博士生田海同学所著、在其博士毕业论文基础上完成的《最惠国条款适用于国际投资争端解决程序问题研究》一书付梓之际，在向他表示祝贺的同时，也分享我作为教师的满足与欣喜之情。

　　众所周知，博士论文的写作既是博士生学习阶段最重要的环节，更是一个走向学术道路、成长中的学生备受煎熬、痛苦折磨的过程：在无数次地面对"问题意识"有无、"问题"真伪的拷问和"立法论"与"解释论"之间纠缠的同时，还要面对学习、工作、家庭之间关系的各种压力，以及人所共有之拖延惰性如何克服等诸多困扰，因而构成体力、脑力、心力与耐力的多重挑战。田海同学的博士论文正是经过如此磨砺，在不断地自我挑战、自我超越中取得的成果。如今，论文进一步拓展成书，无疑是他再接再厉、勇于攀升的标志。由衷希望田海同学在今后的学术道路上继续努力、笔耕不辍，贡献出更多、更好的研究成果。

就本书而言，首先，在国际经济法领域中，于国际贸易，最惠国待遇条款素有 WTO 多边货物贸易法律体制基石之称，并得以普遍遵循和适用；而于国际投资，该条款虽为众多投资条约所纳入，但在国际投资争端解决程序，特别是国家与私人投资者之间的争端解决中，其适用却遭到很多质疑，并由此成为投资条约适用中的焦点争议之一。由此，本书针对这一问题进行专门的学术研究，其选题无疑顺应了当代国际经济法理论和实践发展的动态需求，兼具重要的理论意义和实践价值。其次，本书从最惠国条款于国际投资争端程序中适用的争议着手，分别从该问题的现实解决层面（条约解释）和未来立法层面（利弊权衡）进行论证和分析，并在寻求、衡量此类问题解决不同法律路径的基础上，对中国应当秉持的立场和方法提供对策建议。其内容主题突出，层次清楚，注意国际法相关学说理论、制度经验与实践发展的结合论证，在投资条约解释及相关案例分析方面均有一定的创新之处。基于此，我十分乐意向法学理论、实务界同仁推荐本书。如果读者能够从中获取新的知识或带来新的启发，那自然是值得高兴的；如果读者从中发现问题并与作者展开商榷，则对于作者本人和国际经济法的发展都更将是意义深远的幸事。

是为序。

肖　冰

2017 年 8 月 20 日

内 容 提 要

最惠国待遇是指授予国给予受惠国或与之有确定关系的人或事的待遇不低于授予国给予第三国或与之有同于上述关系的人或事的待遇。在国际条约中规定了最惠国待遇的条款称为最惠国条款。

最惠国条款有着悠久的发展历史，现今已成为国际投资条约的核心条款之一，对国际投资的自由化有着非常重要的作用。与此同时，现代大量国际投资条约中规定了"东道国—投资者"投资争端解决程序条款，这种条款在不同的国际投资条约中存在着内容的不同，体现了东道国管辖权和国际仲裁管辖权的冲突与博弈，因此在东道国和投资者之间存在巨大分歧。

最惠国条款的法律性质为缔约方之间的条约义务而非习惯国际法规范，因此其适用范围必须依赖于缔约各方的合意并体现在最惠国条款的表述中。通常缔约国会在基础条约中明确规定最惠国条款的适用范围和适用例外情形，但是当今大量的国际投资条约中，由于缔约国对最惠国条款的适用范围，尤其是与投资争端解决程序的关系采取了模糊性的措辞表述，引发了最惠国条款是否能适用于国际投资争端解决程序问题的争议。不同的仲裁庭对这个问题的认识存在分歧，形成了赞成适用与反对适用两种截然不同的实践。理论界对该问题的观点也是针锋相对。这种争议造成了实践的紊乱和理论的误解。但是从当前实践的数量来看，支持适用的实践占了多数。

从法律的现实层面来看，虽然当前国际上对最惠国条款的适用规则存在着不同的理解，但是还是形成了一些较为统一的规则，最惠国条款适用于国际投资争端解决程序的解释亦应符合其适用的规则。就"同类规则"而言，由于实体性事项与争端解决程序性事项在范围的同类性、内容的一致性、待遇标准的等同性、价值的趋同性等领域存在差异，故不满足"同类规则"的要求。就"更优惠待遇"规则而言，由于国内救济与国际仲裁的不可比性、国际仲裁机构选择的差异、不同国际仲裁程序规则不一等方面缺乏比较,导致"更优惠待遇"规则的要求不能满足。

从法律的未来层面来看,最惠国条款适用范围的历史变迁表明最惠国条款有其产生的理论基础和现实利益选择,缔约国接受最惠国条款的目的在于增进而非减损其利益,这是最惠国条款运行的应然效果。但是在缔约实践中,缔约国可能忽视了最惠国条款扩大适用导致的后果。就理论基础而言,将最惠国条款适用于投资争端解决程序对平等理论和国家主权理论造成冲击。就实践后果而言,将对投资者母国、东道国、国际仲裁程序带来危害与冲击。这严重背离了缔约国的缔约目的,也严重损害了最惠国条款的健康发展。

在中国已经签订的大量国际投资条约中,就最惠国条款适用于国际投资争端解决程序问题而言,中国目前存在着大量的态度不明确的投资条约。尤其是近年来,中国在签订的部分国际投资条约中全盘接受了以ICSID为代表的国际仲裁管辖权。如果外国投资者主张将最惠国条款的适用范围扩大至争端解决程序,会使得中国在旧有投资条约中对国际仲裁管辖设置的"安全阀"丧失而导致严重后果。中国应站在反对最惠国条款适用于国际投资争端解决程序、不放弃国际仲裁机制的立场上,分别从新约中明确规定、旧约及时补救、完善实务工作等方面予以应对。

目　　录

绪　　论

一　问题的提出

最惠国待遇（Most-Favored-Nation Treatment）是指授予国给予受惠国或与之有确定关系的人或事的待遇不低于授予国给予第三国或与之有同于上述关系的人或事的待遇。[①] 而"一国向另一国承担一种义务，在约定的关系范围内给予最惠国待遇的一种条约约定"[②] 则为最惠国待遇条款（Most-Favored-Nation Treatment Clause）（以下简称最惠国条款）。因此，最惠国条款的法律性质为国际条约义务，条约中的最惠国条款既是最惠国待遇的法律基础，也是维护国际经贸领域的公平竞争秩序，保障国际经贸竞争者"机会均等"的重要法律依据。从国际契约法的角度来看，最惠国条款的适用必然要存在两种不同的条约：一种是规定授予国（granting State）与受惠国（beneficiary State）之间的最惠国条款的条约，通常称为"基础条约"（basic treaty）；另一种是由授予国与受惠国之外的第三国签订的条约，作为最惠国待遇援引参照标准的条约，通常称为"第三方条约"（third party treaty）。

最惠国条款经过数百年的曲折发展，已经成为当今国际贸易赖以进行的"柱石"。[③] 鉴于国际贸易与国际投资有着密切的关系，最惠国条款的

---

① 联合国国际法委员会 1978 年第 30 次会议上通过的《关于最惠国条款的规定（草案）》（Draft Articles on Most-Favored-Nation Clauses）第 5 条。

② 联合国国际法委员会 1978 年第 30 次会议上通过的《关于最惠国条款的规定（草案）》（Draft Articles on Most-Favored-Nation Clauses）第 4 条。

③ 赵维田：《世贸组织（WTO）的法律制度》，吉林人民出版社 2000 年版，第 58 页。

适用范围扩大至国际投资领域，该条款在当代国际投资条约（协定），① 尤其是双边投资条约（Bilateral Investment Treaties，BITs）中成为必备条款，② 被视为国际投资条约的"核心要素"。③ 在国际投资条约中，最惠国条款通常要求缔约国给予外国投资者和投资的待遇不低于缔约国给予任何第三国的投资者和投资所享有的待遇，以避免在不同国籍的投资者之间造成歧视，促使东道国对外国投资的保护趋于一致。④ 当代国际投资条约中最惠国条款的规定虽然在结构上大致相同，基本含义一致，但是其所使用的措辞和适用范围却不尽相同。⑤ 因此，各国对最惠国条款适用范围的理解也就存在着分歧。

国际投资争端解决的类型根据参与主体可以分为"私人—私人""国家—国家""投资者—东道国"三种模式。对于"私人—私人"类型的争端，一般认为属于东道国国内法的问题，由东道国国内法予以规制；"国家—国家"类型的争端，是资本输出国与资本输入国之间的投资争端，属于国际公法争议，⑥ 是国际公法争议在国际投资领域的延伸；"投资

---

① 有学者认为，国际投资条约（协定）指双边投资条约（Bilateral Investment Treaties，BITs）、双边税收条约（Double Taxation Treaties，DTTs）、包含投资章节的自由贸易协定（Free Trade Agreement，FTA）和其他国际投资协定。参见张宏乐《国际投资协定中的最惠国条款研究》，博士学位论文，复旦大学，2010 年。也有学者认为，双边投资协定及包含投资章节的自由贸易协定总称为国际投资条约（协定）。See Kyla Tienhaara, *Investor - state Dispute Settlement in Trans-Pacific Partnership Agreement*, *Submission to the Department of Foreign Affairs and Trade*, Regulatory Institutions Network Australian National University Press, 2010, p. 3. 本书虽然承认前一种理解更为全面，但人们通常所理解的国际投资条约（协定）主要指双边投资协定和包含投资章节的自由贸易协定。联合国贸易与发展会议（UNCTAD）发布的《2012 世界投资报告》也将国际投资协定（IIAs）分为两大类：BITs 和 other IIAs 两类，在 other IIAs 中，主要指的是 FTA。See World Investment Report 2012, Overview xx. 因此，除非明确表明，本书中的国际投资条约（协定）指双边投资协定和包含投资章节的自由贸易协定。

② 在国际上曾经有一些拉美国家长期坚持"卡尔沃主义"，只同意给予外国投资者以国民待遇，这些国家认为最惠国待遇有可能使得外国投资者获得特权，但是只要最惠国待遇不会带来这种消极的后果，他们也对在投资协定中纳入这一待遇予以认可。20 世纪 90 年代以来，拉美国家对外资的政策趋于开放，最惠国待遇也逐渐得到了普遍认同。参见张庆麟《国际投资法问题专论》，武汉大学出版社 2007 年版，第 86 页。

③ 韩立余：《国际经济法学原理与案例教程》，中国人民大学出版社 2012 年版，第 367 页。

④ 黄世席：《国际投资仲裁中最惠国条款的适用和管辖权的新发展》，《法律科学》2013 年第 2 期。

⑤ UNCTAD, "Most-Favored-Nation Treatment", *UNCTAD Series on issues in international investment agreements*, UNCTAD/ITE/IIT/10/Vol. Ⅲ, UN, 1999. p. 5.

⑥ 范剑虹：《国际投资法导读》，浙江大学出版社 2000 年版，第 224 页。

者—东道国"类型的争端是国际投资争端的基本形式，反应和体现了国际投资关系与其他国际经济关系的不同。由此确立的争端解决方法和处理原则也明显有别于国际经贸领域中形成的一般规则，具有典型的研究价值。① 因此，本书中所指的国际投资争端仅指"投资者—东道国"类型的争端。所指的国际仲裁，也仅指"投资者—东道国"类型的国际投资仲裁（即 Investor - State dispute settlement，ISDS 型投资仲裁或国际混合仲裁）。②

当东道国政府与外国投资者发生投资争端时，适用何种机制来解决争端成为双方关注的重要问题。适用的争端解决机制不同，将来裁判的结果就可能大有差别。因此，争议双方此时最为关注的法律依据就是投资条约中约定的争端解决相关条款。国际投资争端解决的方式可以分为磋商、外交保护、东道国当地救济、国际仲裁等几种类型。实践中磋商已经成为必经程序，外交保护已基本被国际社会弃之不用，此时东道国和投资者的分歧往往就表现为解决争端的方式是通过东道国当地救济还是通过国际仲裁。在国际投资条约中，这两种争端解决方式一般是相互排斥的，选择了一种就不能再选择另外一种（如岔路口条款限制）。因此，这种分歧的背后实际上是东道国的国内管辖权与国际仲裁的国际管辖权之争。

（一）问题的产生

与传统的东道国当地救济相比，中立的国际仲裁更能赢得投资者的信任。因此为了鼓励和促进国际投资，晚近的国际投资条约中大量引入国际仲裁作为投资者与东道国发生投资争端时的争端解决方式。在这种国际仲裁中，争端双方对将争议提交仲裁的"合意"（尤其是东道国的同意）构成了国际仲裁机构③管辖权的法律依据。但是在缔约实践中，缔约方出于各种考虑，在不同的条约中对争端解决程序的规定也有所不同：有的条约

---

① 肖冰：《论国际投资的争端解决方式与法律适用问题》，《国际贸易问题》1997 年第 4 期。

② 实际上，这种国际仲裁如果严格从管辖权来源的法律依据上分，还可以分为依合同仲裁和依条约仲裁，一般认为依合同仲裁由于合同签订主体为东道国和外国私人投资者，因此属于东道国国内合同法调整范畴。只有在依投资条约仲裁这种情况下，才会出现国际法调整的情形，依投资条约仲裁也是实践中的常态，中国有学者将这种条约仲裁称为"投资条约仲裁"，本书同意这种观点。参见石慧《投资条约仲裁机制的批评与重构》，法律出版社 2008 年版，第 14—15 页。就本书所谈的问题而言，由于最惠国条款的法律属性为条约义务，故不涉及合同仲裁的问题。

③ 常见的有《华盛顿公约》仲裁庭（ICSID）、斯德哥尔摩商会仲裁庭（SCC）、联合国贸易法委员会仲裁庭（UNCITRAL）等。

规定了所有争议均可提交国际仲裁机制；有的条约则是将国际仲裁机制的适用局限于特定的投资争端（如征收及补偿）；有的条约则对适用国际仲裁机制规定了若干附加条件或期限等。这些规定的差别在不同程度上影响着投资者诉诸国际仲裁的权利。①

那么对于依据投资者母国与东道国签订的投资条约（基础条约）诉诸国际仲裁的权利受到限制的投资者是否可以根据基础条约中的最惠国条款，去选择适用东道国在其他投资条约（第三方条约）中给予第三方投资者的"更为有利"的争端解决程序？尤其是选择对投资者"有利"或"更优条件"的国际仲裁？例如，当甲国与乙国签订的投资条约中没有规定"东道国—投资者"国际仲裁条款或者对将争议诉诸国际仲裁附加了若干前提条件（如等待期或规定仅涉及征收补偿问题可申请仲裁），而甲国与丙国签订的投资条约中则允许将争议直接提交国际仲裁或者附加更少的前提条件即可提交国际仲裁，则乙国投资者是否可以依据基础条约中的最惠国条款主张享有和丙国投资者一样的待遇，将其与甲国间的投资争端直接提交国际仲裁或者可以不用满足前提条件即可申请国际仲裁？即最惠国条款是否可以适用于投资争端解决程序的问题。②

（二）对问题的争议

该问题在国际贸易关系领域③或者国际投资关系领域中都从未遇见过，一经提出便引起国际上极大的争议，在实践中更是不断有投资者向国际仲裁庭提出这样的要求与尝试。终于使得 1997 年 ICSID 仲裁庭受理的"Maffezini v. Spain 案"成为这一争议的导火索。在该案中外国投资者

---

①　王楠：《最惠国待遇条款在国际投资争端解决事项上的适用问题》，《河北法学》2010 年第 1 期。

②　严格来讲的话，国际投资争端解决中的程序事项问题是一个包括了管辖权确定、准据法选择等与争端解决程序相关的法律问题。但是从现有的案例来看，所有的案例均为管辖权争议，因此本书所指称的程序事项问题仅限定为与管辖权确定有关的问题。

③　在国际贸易领域，争端解决方式一般为"国家—国家"模型，加上由于当今世界大部分国家，尤其是贸易大国多为 WTO 成员方，依照 WTO 对争端解决的规定，要求成员方排他地将争端提交 WTO 争端解决机制（DSB），因此没有出现过有成员方提出利用最惠国条款来挑选争端解决机构（场所）的问题。当然，在理论上存在着某个 WTO 成员方缔结的其他条约中规定了与 WTO 不同的争端解决方式，这的确会出现管辖权竞合的问题，但是由于无法判断何者"更优"，也就很难利用最惠国条款去挑选争端解决机构，故也从来没有过相关案例。关于区域贸易管辖权与 WTO 管辖权的冲突，可以参阅王春捷《区域与 WTO 管辖权冲突协调机制初探——以 NAFTA 的实践为例》，《东岳论丛》2012 年第 12 期。

Maffezini（阿根廷）主张最惠国条款可以适用于投资争端解决程序，因而其可援引该条款享受东道国（西班牙）给予第三国的在争端解决程序方面更优惠的待遇。该案仲裁庭在其管辖权决定（Decision on Jurisdiction）中指出，双边投资条约中的最惠国条款可以适用于争端解决程序，投资者可以依据最惠国条款选择其认为更有利的争端解决规定。① 在"Maffezini v. Spain 案"的示范和引导下，投资者频繁通过援引最惠国条款向国际仲裁庭提起投资仲裁。最惠国条款越来越多地被适用于争端解决的程序性事项，被学者认为是"使得传统的着重保护实体权利的最惠国条款开始了向保护程序性权利的扩张，从而也使得国际仲裁庭扩张了管辖权"②。

　　对于最惠国条款适用于国际投资争端解决程序问题，当前国际仲裁庭和理论界存在两种不同的实践和观点。一类是肯定派观点，认为为了避免歧视起见，投资者可以援引基础条约中的最惠国条款，转而适用第三方条约中的争端解决方式来代替原基础条约中规定的争端解决方式；另一类是否定派观点，认为最惠国条款的适用条件并不满足，尤其是缔约国和投资者之间缺乏国际仲裁的一致意思，因此不可适用于投资争端解决程序。从当前国际仲裁庭裁决案件的数量来看，仲裁庭支持最惠国条款适用于争端解决程序的裁决比反对其适用于争端解决程序的裁决略多一些（13∶8）。双方理由各有依据，无论哪一方也没有形成压倒性的胜利，导致了十多年来国际仲裁界的实践还没有形成一种前后一致的规则。不同解决投资争议的仲裁庭，甚至同一仲裁庭的不同成员对于最惠国条款与争议解决程序的关系持有不同的观点，导致了不同裁决书中对于此问题的认识也有所不同。有时即使针对同一个投资条约规定的最惠国条款，仲裁庭也可能做出完全不同的决定。例如"Siemens v. Argentina 案"③ 和"Wintershall v. Argentina 案"④，针对同样的德国—阿根廷双边投资条约（BITs）中规定的最惠国条款和提起国际仲裁前 18 个月先向东道国国内法院提起救济

---

① Maffezini v. Spain, ICSID Case No. ABR/97/7, Decision on Objection to Jurisdiction of January 25, 2000, para. 58.

② 陈安、蔡从燕：《国际投资法的新发展与中国双边投资条约的新实践》，复旦大学出版社2007 年版，第 191 页。

③ Siemens A. G. v. The Argentina Republic, ICSID Case No. ARB/02/8.

④ Wintershall v. The Argentina Argentina Republic, ICSID CASE No. ARB/04/14.

的时限要求，两个不同的仲裁庭却给出了完全相反的裁决。各国学者也大多基于本国国情的考虑而主张不同的观点。

这种不统一的实践和观点直接影响着国际仲裁裁决结果的可预见性和一致性，更是大大地减损了最惠国条款的制度价值。对于缔约国来说，可能在不知不觉中签订了许多对本国经济发展并非有利的投资协定。结果在投资争端产生之后由于最惠国条款的援引，使得原本基础条约约定的争端解决方式的适用具有了很大的不确定性，不仅大大降低了投资争端解决程序的效率，也损害了东道国的合法权益。对投资者来讲，将最惠国条款适用于投资争端解决程序使得投资者可能规避东道国的法律管辖，产生了"条约挑选"和"条约搭配"的行为，这种适用甚至可能也超出了投资者母国签订投资条约时的本意。因此，最惠国条款的这种适用可能并不符合缔约双方缔约当时的合理预期或扭曲了缔约双方缔约时的原意，使得双方缔约的意图落空。但是，从最惠国待遇的权利义务"多边化"效果和"非歧视"的要求来看，似乎又不能排除最惠国条款的适用。

因此本书所要提出并回答的问题是，最惠国条款能否（扩大）适用于国际投资争端解决程序？

二 研究的意义

从实践来看，最惠国条款能否适用于国际投资争端解决程序这种争议只发生在国际仲裁中。投资者最初提起索赔请求的依据并非是最惠国条款，而是东道国对投资条约中实体义务的违反。投资者援引最惠国条款只是为了争取国际仲裁庭管辖权的成立，这与东道国违反最惠国待遇之诉存在质的不同。虽然当前学术界对该问题进行了研究，但是大多都集中在对国际仲裁庭的裁决理由和解释方法的评价上。从方法论来看，这是立足于解释论的研究。从立法论角度来展开研究的成果笔者暂时没有找到，当然这可能是笔者所采用的搜索工具①或者本人的学识有限之故。

笔者赞同这样的观点，即没有辩论与交锋的科学研究是一潭沉寂的死

---

① 笔者使用的主要国际文献数据库为：Westlaw International、HeinOnline、EEBO、Kluwer Law Online Journals。中文文献数据库主要为：中国知网数据库（CNKI）、北大法宝法律信息数据库、超星数字图书馆、万方数据知识数据库。

水，无法取得共识的学界是一盘可悲的散沙。① 针对目前国际仲裁中表现出的不同实践和理论界的不同观点，笔者认为当前的学术研究应该对前人的成果进行归纳和总结，从立法论的角度深层次地研究最惠国条款的适用范围。尤其是，当前的学术研究应进一步探究最惠国条款的理论基础与适用的一般规则，去研究诸如"最惠国条款的适用范围是什么？最惠国条款适用的范围如何类别化？"之类的问题。② 就本书的研究而言，通过研究"最惠国条款能否适用于国际投资争端解决程序"这样的一个小的问题，去试着研究"最惠国条款的适用范围"这样的一个大的问题。因此，本书的研究具有理论和实践的双重意义。

理论意义在于：通过研究最惠国条款适用的一般规律和范围，找出最惠国条款适用于国际投资争端解决程序的特殊性，完善最惠国条款的相关理论。

实践意义在于：第一，当前国际仲裁庭在最惠国条款适用于国际投资争端程序问题上，大量运用法律解释的技术来阐述意见，不仅使得裁决缺乏说服力，也导致了裁决之间缺乏一致性而影响了当事人的合理预期。最惠国条款在国际投资争端解决程序的适用上的特殊性能为国际仲裁庭和当事人类似案件的实践提供指导。第二，最惠国条款已经成为中国对外签订国际投资条约的必备条款，同时近年来中国在缔约的实践中逐步全盘接受国际仲裁的管辖权。最惠国条款的多边化效应会使得这种接受被大大地扩展，导致了早期投资条约中针对国际仲裁设置的"安全阀"被拆除，增加了中国在国际仲裁中被诉的风险。通过本书的研究，为中国应对这一威胁提供可行的应对措施。

三　研究综述

最惠国条款能否适用于国际投资争端解决程序是近年来国际投资法领域出现的一个新问题，国际和国内均有相关的研究。从研究的内容来看，

---

① 宋晓：《程序法视野中冲突规则的适用模式》，《法学研究》2010 年第 5 期。当然，交锋也意味着对前人观点的不同评价，尤其是挑战一些权威的观点和结论。在笔者看来，交锋不一定是非要推翻某种观点，对某种观点提出质疑也是一种交锋的形式。

② 笔者在这些年从事法学研究的过程中，逐渐形成了一个可能不太成熟的观点，即任何法律制度都具有相对性，其适用的范围或者领域也应该是相对的，没有放之四海而皆准的法律制度。最惠国条款也不例外，应该也有一定的适用范围。光从目前大量国际条约中的最惠国条款的适用例外的规定中，就足以证明这一点。

国内外的成果主要围绕以下两个争议焦点展开。

(一) 最惠国条款的适用范围

1. 国外研究

国外对最惠国条款适用范围的研究主要集中在国际贸易领域。最早的研究是从当时国际上流行的《友好航海通商条约》 (Friend Commence Navigation, FCN) 中的最惠国条款开始的。早期的研究主要是对这些条约中的最惠国条款适用范围进行介绍，在 WestLaw 和 Heionline 两大法律资料网站上搜索到的论文最早为 1907 年发表在《耶鲁法学期刊》上的《论最惠国条款在国际商务条约中的作用》 (*Effect of "Most-Favored-Nation" Clause in Commercial Treaties*)。该文从国际条约法的角度对当时国际航海和通商条约中出现的最惠国条款进行了总结和分析，将最惠国条款的适用范围限定在航海和通商领域。[①] 同一时代对最惠国条款适用范围论述较多的著作是 1906 年出版的《奥本海国际法》，该书从国际法的角度详述了最惠国条款所适用的事项，将最惠国条款的适用范围限制在国际贸易当中。尤其是第一次从适用例外的角度反面论述了最惠国条款的适用范围，[②] 堪称经典之作。该书的观点后来被大量涉及最惠国条款的著作和论文引用。

作为国际经贸领域有着重要影响的国际组织，联合国国际法委员会 1964 年在对最惠国条款进行研究后，认为最惠国条款的适用范围主要在国际贸易领域，但是将最惠国条款的适用范围作为条约法的一般规则进行国际法性质的编纂暂时还不适宜。[③] 1978 年国际法委员会通过了《关于最惠国条款的规定（草案）》，该草案代表着当时国际社会对最惠国条款研究的最高水平，草案中最惠国条款的适用范围也被限定在国际贸易领域。[④]

---

① Thomas Barclay, "Effect of Most-Favored-Nation Clause In Commercial Treaties", *Yale Law Journal*, Vol. 17, 1907.

② [英] 詹宁斯、瓦茨:《奥本海国际法》（第 2 分册），王铁崖等译，中国大百科全书出版社 1998 年版，第 742—743 页。

③ Endre Ustor, "First Report on the Most-Favored Nation Clause", *Year Book of International Law Committee*, U. N. Doc. A/CN. 4/213, 1969.

④ The comments of Colombia, Netherlands, Sweden in "Comments of Member States, organs of the United Nations, specialized agencies and other intergovernmental organizations on the draft articles on the Most-favored-nation clause adopted by the International Law Commission at its twenty-eighth session", in *Yearbook of the International Law Commission*, Vol. II, 1978.

　　此后，随着世界自由贸易理论的兴起，部分国际法学者对最惠国条款在国际贸易领域的应用，特别是 GATT 和 WTO 中的最惠国条款的适用范围做了大量的研究。形成了以下有代表性的观点：美国的约翰·H. 杰克逊教授，他先后出版了一系列的代表作如《GATT/WTO 法理与实践》①、《国家主权与 WTO 变化中的国际法基础》②、《世界贸易体制——国际经济关系的法律与政策》③ 等，在这些著作中杰克逊教授将最惠国条款的适用范围限定在国际贸易领域，并认为最惠国待遇是整个多边贸易体制的"基石"；另一位知名学者 Alan O. Sykes 也认为最惠国条款的适用范围为贸易领域，最惠国条款在促进全球贸易多边化的过程中功不可没。④ 同时，由于 WTO 存在的多项最惠国条款适用范围例外的规定，学者们对这些例外进行了研究。如 Daniel Lovric 认为种种最惠国待遇适用的例外构成了对普遍最惠国待遇的挑战，最惠国条款的适用范围是受到严格的限制的；⑤ Antoni Estevadeordal 等人认为从全球来看，区域性贸易规则是对最惠国待遇的一种合理违反，也限制着最惠国待遇适用范围的进一步扩大；⑥ Anna Lanoszka 认为部分 WTO 成员方单边化的贸易政策将冲击普遍最惠国待遇的适用范围，这是危险的。⑦

　　虽然随着缔约实践中最惠国条款适用范围不断地扩大，逐渐在世界很多领域得到了广泛的适用，其适用范围已经伸及国际法的许多领域，诸如国际海、陆、空运输，外国侨民管理，乃至国际私法中种种民事权利、外

---

　　① ［美］约翰·H. 杰克逊：《GATT/WTO 法埋与实践》，张玉卿等译，新华出版社 2002 年版，第 67—69 页。

　　② ［美］约翰·H. 杰克逊：《国家主权与 WTO 变化中的国际法基础》，赵龙跃等译，社会科学文献出版社 2009 年版，第 55—58 页。

　　③ ［美］约翰·H. 杰克逊：《世界贸易体制——国际经济关系的法律与政策》，张乃根译，复旦大学出版社 2001 年版，第 177—178 页。

　　④ Alan O. Sykes, "The Law, Economics and Politics of Preferential Trading Arrangements: An Introduction", *Stanford Journal of International Law*, Summer, 2010.

　　⑤ Daniel Lovric, "Deference to the Legislature in WTO: Challenges to Legislation", *Wolters Kluwer Law & Business*, Vol. 26, 2010.

　　⑥ Antoni Estevadeordal, Kati Suominen and Robert Teh, *Regional Rules in the Global Trading System*, Cambridge University Press, 2009. p. 38.

　　⑦ Anna Lanoszka, "The Promises of Multilateralism and the Hazard of Single Undertaking: the Breakdown of Decision Making within the WTO", *Michigan State Journal of International Law*, Vol. 5, 2008.

国法院的判决执行等，对传统的最惠国条款的适用范围提出了挑战。① 但是，学者们对于最惠国条款的适用范围还没有形成较为统一的观点。学者 Nartnirum 认为那些对自由化有着迫切希望的事项和领域，最惠国条款都有适用的空间和可能。反之其适用的范围就大大缩小，因此最惠国条款的适用范围是具有开放性和变动性的。② Nartnirum 的这种观点表明最惠国条款的适用范围是不断扩大的，至少不是国际贸易领域的"专款专用"，具有典型的代表意义。

即便如此，国际上还是有新的不同意见出现。1999 年联合国贸发会议（UNCTAD）曾发布报告，该报告研究了国际投资协定中最惠国条款的适用范围问题，指出最惠国条款的适用范围仅仅为实体性事项领域。③ 在当前的国际仲裁中，也有不少东道国会提出诸如联合国贸发会议一样的观点。

2. 国内研究

国内的研究也是从国际贸易条约中的最惠国条款开始的。国内目前能查到的最早的研究成果当属吴昆吾先生于 1929 年出版的《最惠国条款问题》一书。作者在书中对当时世界上大量签订的《友好航海通商条约》中的最惠国条款进行了介绍，并列举了一些国际条约中最惠国条款适用范围的实践情况。④ 学者王毅在 1988 年发表的《论最惠国条款适用中的同类规则》为国内较早研究最惠国条款适用范围的文献。王毅认为最惠国条款是一项专门适用于国际经济贸易及其有关事项的法律条款，即最惠国条款只能适用于国际经济、贸易、航运、定居、领事等范围之内，而不得

---

① 根据笔者的检索，有一些其他领域的研究也出现了"最惠国待遇"或者"最惠国条款"的提法，如在人权领域（Randan Green，1994）、外交关系领域（Marian Nash Leich，1983）、反垄断法领域（Anthony J. Dennis，1995）、国际税收协定（George W. Kofler，2005）等方面进行了研究，具体探讨了这些领域中最惠国条款适用的问题。但是仔细阅读这些文章，在谈及最惠国待遇（条款）时，基本都采用了最惠国条款的通常含义，尤其是 WTO 法律体系中最惠国条款的通常含义。在最惠国条款的适用范围问题上，均以条约中最惠国条款的明确规定为前提，笔者认为这些领域对最惠国条款适用范围的研究并没有比国际贸易领域对最惠国条款适用范围的研究更有特色和进步。

② Nartnirum Junngam，"An MFN Clause and BIT Dispute Settlement：A Host State's Implied Consent to Arbitration by Reference"，*UCLA Journal of international Law and Foreign Affairs*，Vol. 399，2010.

③ UNCTAD，"Most-Favored0nationa Treatment in International"，*UNCTAD Series on Issues in International Investment Agreements*，UNCTAD/ITE/IIT/10，UN，1999.

④ 吴昆吾：《最惠国条款问题》，外交部条约委员会印行，1929 年版，第 56—58 页。

超出这一范围。任何将最惠国待遇承诺于国际经济贸易范围以外的事项,
诸如国际政治、军事、领土等方面的条款,都是违反了最惠国条款本身固
有的性质,因而在法律上是不成立的。其法律依据在于,国家承诺的最惠
国待遇自始至终是为了国际经济贸易事项,主权国家未承诺的事项,对于
国家并无法律约束力。① 王铁崖先生在 1995 年出版的《国际法》著作中,
将最惠国待遇条款放在对外国人的待遇章节中加以论述,在体例上做出了
重大变动。② 此后的许多国际法著作也基本上做这样的内容安排。这表明
学者们也注意到了最惠国条款的适用范围有从贸易领域向其他领域扩大适
用的趋势。

　　从 1995 年中国的"复关"谈判开始,国内掀起了对 GATT/WTO 研
究的热潮,此时研究最惠国条款适用范围的成果大多集中在对 GATT/
WTO 最惠国待遇的介绍上。有代表性的成果如赵维田先生 1996 年出版的
《最惠国与多边贸易体制》③ 以及后来 2000 年出版的《世界贸易组织
(WTO) 的法律制度》④,作者将最惠国条款与多边贸易体制联系在一起
展开研究,将最惠国待遇视为国际贸易领域的"基石"。

　　自 2001 年中国加入 WTO 至今,国内对最惠国条款适用范围的研究也
逐渐集中在国际贸易和国际投资领域这两大块,主要是 WTO 中的最惠国
条款和投资协定(尤其是 BITs)中的最惠国条款适用范围的研究。

　　对国际贸易领域中最惠国条款适用范围的研究,研究者们主要围绕
WTO 或者 WTO 某个领域的最惠国条款的适用范围来展开。例如,王传丽
对 WTO 中的"普遍最惠国待遇"进行了研究;⑤ 韩立余分别对货物贸易、
服务贸易、知识产权贸易中的最惠国待遇进行了研究,并比较了其差异
性;⑥ 董会咏、唐慧俊从 WTO 对最惠国待遇发展的角度,比较了 WTO 多
边最惠国待遇与传统双边最惠国待遇的差异;⑦ 白艳对 WTO 服务贸易法

---

　　① 王毅:《论最惠国条款适用中的同类规则》(上),《国际贸易问题》1988 年第 6 期。
　　② 王铁崖:《国际法》,法律出版社 1995 年版,第 68—70 页。
　　③ 赵维田:《最惠国与多边贸易体制》,中国社会科学出版社 1996 年版,第 33—35 页。
　　④ 赵维田:《世界贸易组织(WTO)的法律制度》,吉林人民出版社 2000 年版,第 51—
55 页。
　　⑤ 王传丽:《国际贸易法》,法律出版社 2008 年版,第 50—52 页。
　　⑥ 韩立余:《世界贸易组织法》,中国人民大学出版社 2005 年版,第 78—79 页。
　　⑦ 董会咏、唐慧俊:《WTO 对最惠国待遇的发展——比较 WTO 多边最惠国待遇与传统双
边最惠国待遇》,《山西财经大学学报》2004 年第 1 期。

中的最惠国待遇进行了介绍和分析;① 石静霞对 WTO 服务贸易法中的最惠国待遇进行了深入研究,并出版专著《WTO 服务贸易法专论》,对货物贸易和服务贸易最惠国条款的差异进行了分析;② 沈木珠对国际区域贸易协定与最惠国待遇关系的冲突角度展开了研究,并提出了协调的对策;③ 龙英锋对 WTO 协定中国内税领域的最惠国待遇进行了研究;④ 张卫华、李春伟对最惠国待遇原则在《SPS 协定》中的适用进行了详细的分析;⑤ 徐大泰对 WTO 的《TRIPS 协议》中的最惠国待遇进行了法律解析。⑥

　　由于 WTO 法律规则也同时规定了最惠国待遇的适用例外制度。因此,国内也有不少人从最惠国制度适用例外的角度展开对最惠国条款适用范围的研究。如艾素君对 WTO 有关区域贸易安排中规定的对发展中国家的特殊和差别待遇例外进行了研究;⑦ 张宏乐、黄鹏从自由贸易区的兴起来分析其背后的法律依据,即 WTO 协议中最惠国条款及其例外,分析了最惠国条款的适用范围;⑧ 蒋成华从货物贸易最惠国待遇的例外——GATT1994 第 24 条关于关税同盟和自由贸易区的实体外部标准进行了分析;⑨ 钟立国也对 GATT1994 第 24 条的法律功能和范围进行了分析。⑩

　　国内对国际投资领域最惠国条款适用范围的研究,较多体现在国际投资法教材中。这些教材对最惠国条款的适用范围一般做笼统介绍,往往采用的是诸如"投资者""投资"等国际投资条约中最惠国条款表述的常见

---

　　① 白艳:《GATS 最惠国待遇制度探微》,《社会科学研究》2003 年第 3 期。

　　② 石静霞:《WTO 服务贸易法专论》,法律出版社 2006 年版,第 28—32 页。

　　③ 沈木珠:《区域贸易协定与最惠国待遇关系的冲突与协调——兼论我国之应对措施》,《国际贸易问题》2005 年第 2 期。

　　④ 龙英锋:《WTO 协定中的国内税最惠国待遇探疑》,《税务研究》2005 年第 9 期。

　　⑤ 张卫华、李春伟:《试析最惠国待遇原则及国民待遇原则在〈SPS 协定〉中的适用》,《河南政法管理干部学院学报》2003 年第 5 期。

　　⑥ 徐大泰:《〈TRIPS 协议〉中最惠国待遇的法律解析》,《湖北第二师范学院学报》2011 年第 1 期。

　　⑦ 艾素君:《对发展中国家的特殊和差别待遇——以 WTO 有关区域贸易安排的规定为视角》,《国际贸易问题》2007 年第 10 期。

　　⑧ 张宏乐、黄鹏:《从 WTO 协议中"最惠国条款"及其例外看自由贸易区的兴起》,《国际商务研究》2010 年第 2 期。

　　⑨ 蒋成华:《GATT 第 24 条关于关税同盟和自由贸易区的实体外部标准解读》,《世界贸易组织动态与研究》2011 年第 1 期。

　　⑩ 钟立国:《GATT1994 第 24 条的历史与法律分析》,《法学评论》2003 年第 6 期。

措辞，并列举某些具体投资条约中最惠国条款的适用范围规定（正向规定）以及适用例外（反向规定）来解释说明最惠国条款的适用范围。比较有代表性的著作有：姚梅镇的《国际投资法》①、余劲松的《国际投资法》②、张庆麟的《国际投资法专论》③。此外，部分学位论文也研究了国际投资领域中的最惠国条款的适用范围，如牛光军在其博士学位论文《国际投资待遇论》中对国际投资领域的各种待遇进行了论述，其中述及最惠国条款适用范围的一些问题，如受到"同类规则"的限制；④王曙光在其博士学位论文《国际投资自由化法律待遇研究》中，论述了最惠国待遇由国际贸易领域扩大适用到国际投资领域的必然性。⑤

这些研究成果表明，最惠国条款并非国际贸易领域的独有条款。在此基础上，有学者认为最惠国条款的适用范围仅为实体性事项，而不包括程序性事项。如陈辉萍教授认为最惠国条款只适用于实体方面的待遇，不适用于争端解决方面的程序性条款。⑥再如徐崇利教授认为实体性事项之间具有可比性，能分出"优劣"，而程序性事项则无法判断"优劣"，故最惠国条款只能适用实体性事项。⑦还有学者认为，最惠国条款主要适用于国家和个人在经济交往中的待遇问题。⑧

（二）最惠国条款的解释问题

1. 国外的研究

近年来，伴随着最惠国条款适用于国际投资争端解决程序的争议，部分国际组织专门组织了对最惠国条款与国际投资争端解决程序关系的研究。典型的代表有联合国国际法委员会（UNLTC）、联合国贸易与发展会议（UNCTAD）、经济合作与发展组织（OECD）。

在联合国国际法委员会看来，关于最惠国条款适用范围的核心问题在

---

① 姚梅镇：《国际投资法》（第 3 版），武汉大学出版社 2011 年版，第 23—25 页。
② 余劲松：《国际投资法》（第 3 版），法律出版社 2007 年版，第 34—37 页。
③ 张庆麟：《国际投资法专论》，武汉大学出版社 2007 年版，第 38—42 页。
④ 牛光军：《国际投资待遇论》，博士学位论文，中国政法大学，2000 年。
⑤ 王曙光：《国际投资自由化法律待遇研究》，博士学位论文，中国政法大学，2005 年。
⑥ 陈辉萍：《ICSID 仲裁庭扩大管辖权之实践辨析——兼评"谢叶深"案》，《国际经济法学刊》2010 年第 3 期。
⑦ 徐崇利：《从实体到程序：最惠国待遇适用范围之争》，《法商研究》2007 年第 2 期。
⑧ 廖诗评：《论国际条约中的"更优条款"》，《政治与法律》2009 年第 4 期。

于如何去解释它。① 在联合国国际法委员会 2008 年第 59 届会议上，代表们认为当前国际仲裁庭在实践中采取的不同方法解释最惠国条款对最惠国条款的适用范围造成了巨大的挑战，应该加强对不同条约中最惠国条款的解释。② 此后的几届会议中，国际法委员会认为《维也纳条约法公约》第 31—33 条在最惠国条款的解释中起重要作用，最惠国条款的具体措辞对于条约解释至关重要。③ 最新的报告是 2013 年第 65 届会议上的报告，根据该报告，最惠国条款研究组审议了部分学者提交的文件④后认为，对最惠国条款的适用范围，尤其是能否适用于国际投资争端解决程序应该取决于缔约国的合意，最惠国条款适用于投资争端解决程序不能违反缔约国缔约的真实意图。⑤

　　最惠国条款在国际投资争端解决程序的适用问题，也引起了联合国贸发会议的注意。2010 年随着"Maffzini 案"的管辖权决定公布，⑥ 联合国贸发会议专门发布了题目为"Most-Favoured-Nation Treatment：a Sequel"的报告，对最惠国条款适用范围的新发展，尤其是适用于投资争端解决程序带来的新问题进行了研究。该报告明确指出了最惠国条款的法律性质为"基于条约的义务"且是由"具体的条约规定的"，⑦ 报告列举了最惠国条款适用于投资争端解决的危害，并建议缔约国在缔约的时候缩小最惠国条款的适用范围，最好明确最惠国条款是否适用于投资争端解决程序。为

---

① International Law Commission, "Report of the Working Group on the Most-Favored-Nation Clause", *UNDOC. A/CN. 4/L. 719*, July 20, 2007.

② 联合国国际法委员会：《联合国国际法委员会第五十九届会议最惠国条款工作组报告》（中文版），（A/63/10）A/CN. 4/L. 719，2008。

③ 联合国国际法委员会：《国际法委员会第六十三届和第六十四届会议工作报告—秘书处编写的关于大会第六十七届会议期间第六委员会讨论情况的专题摘要》（中文版），A/CN. 4/657，2013。

④ 联合国国际法委员会：《投资条约下的马菲基尼问题》（佩雷拉先生）；《投资协定最惠国条款的解释和适用》（麦克雷先生）；《投资仲裁庭的混合性质对最惠国条款适用于程序规定的影响》（福尔托先生）；《混合法庭所处理的双边投资协定：投资争端解决办法的法律性质》（村瀬信也先生）；《最惠国条款案文调查及与马菲基尼有关的判例》（哈穆德先生）。参见《国际法委员会第六十五届会议报告》（中文版），A/68/10，2013。

⑤ 联合国国际法委员会：《国际法委员会第六十五届会议报告》（中文版），A/68/10，2013。

⑥ Maffezini v. Spain, ICSID Case No. ABR/97/7, Decision of The Tribunal on Objections to Jurisdiction.

⑦ UNCTAD, "UNCTAD's Most-Favoured-Nation Treatment：a Seque", *Series on Issues in International Investment Agreements*, 2010.

了避免适用的不确定性，尤其是缔约国可以考虑在投资条约中取消最惠国条款（No MFN treatment clause），这是一个在以前的国际研究中没有出现的观点。① 而且该观点有着国际缔约实践的支持，比如约旦与新加坡 2004 年 5 月签订的自由贸易协定中就不包含最惠国条款，② 阿尔巴尼亚 2004 年分别与罗马尼亚和塞黑签署的自由贸易协定中也没有最惠国条款。③

　　2004 年 9 月，经济合作与发展组织发布了名为"国际投资法中的最惠国待遇"的工作组研究报告。该报告对国际投资实践中对最惠国条款适用的新发展进行了总结和评价，认为当前国际上对最惠国条款的适用范围存在分歧，不具备最惠国条款统一性立法的条件。因此，对投资条约中的最惠国条款扩张适用于投资争端解决程序的解释应该根据《维也纳条约法公约》中的解释规则来进行。同时，"同类规则"是最惠国条款适用的重要参照物，虽然各国对"同类规则"的标准没有达成共识，但是该规则可以提供有效的指引和参考。④

　　除了国际组织的研究外，国外学者也对最惠国条款与国际投资争端解决程序关系的解释展开了研究。在此问题上，学者们也是争论不休，普遍认为对于最惠国条款能否适用于投资争端解决程序，不能一概而论，这是一个需要根据缔约国的意图来解释的问题。具体而言，可以分为赞成最惠国条款适用于投资争端解决程序的观点和反对最惠国条款适用于投资争端解决程序的观点。

　　赞成派的观点有：Yannick Radi 认为投资条约中最惠国条款的适用范围是缔约双方设置的"特洛伊木马"，是否打开"木马的门"，即将最惠国条款扩张适用于投资争端解决程序由缔约国决定。⑤ Tony Cole 认为国际投资条约中围绕最惠国条款适用的主要问题是对它的过度解释，只要仲裁

---

① UNCTAD, "UNCTAD's Most-Favoured-Nation Treatment: a Seque", *Series on Issues in International Investment Agreements*, 2010.

② http://www.mit.gov.jo/portals/0/Jordan_ 20Singapore_ 20FTA.fdf.

③ Pia Acconci, "Most-Favored-Nation Treatment", *The Oxford Handbook of International Investment Law*, Vol. 2, 2005.

④ Marie-France Houde, "Most-Favored-Nation Treatment in International Investment Law", *OECD Working Paper*, No. 2, 2004.

⑤ Yannick Radi, "The Application of the Most-Favored-Nation Clause to the Dispute Settlement Provisions of Bilateral Investment Treaties: Domesticating the Trojan Horse", *The European Journal of International Law*, Vol. 18 No. 4. 2007.

庭的解释不违反缔约国的本意就可以适用。① Parker 等人认为在最惠国条款的适用问题上，国际仲裁庭不能过分地迁就缔约国，从保护投资者的角度出发，应该将最惠国条款适用于投资争端解决程序。② Nartnirum Junngam 认为最惠国条款的发展应该与时俱进，最惠国条款的适用范围是开放性的，通过解释将最惠国条款适用于投资争端解决程序是最惠国条款在新时期的发展。③

反对派的观点有：Juren Kurtz 认为最惠国条款和国际投资存在着"不匹配"的问题，必须限制最惠国条款的解释。与最惠国条款在国际贸易领域中所起的积极作用不同，将最惠国条款适用于国际投资领域尤其是争端解决领域中可能是有害的。④ Budolf Dolzer 等人认为最惠国条款适用于投资争端解决程序为投资者带来"超出缔约国意图"的保护。这种解释最惠国条款的方法是不当的，缔约国应该及早明示，否则会带来程序混乱。⑤ Scott Vessel 认为当前国际仲裁对最惠国条款适用于国际投资争端程序存在着不一致的实践，应该形成一致的解释路径来避免危害。当条约中的最惠国条款没有明确表明适用于投资争端解决程序时，就意味着排除适用。⑥ Gabriel Egli 认为将最惠国条款适用于投资争端解决程序完全违背了缔约国的意图，为了防止最惠国条款的扩大解释带来的危害，主权国家可以考虑在 BITs 中取消最惠国条款，甚至不签订 BITs。⑦ Stephen W. Schill 认为不顾缔约国的真实意思而随意解释最惠国条款与争端解决程序的关系，并在国际仲裁中不加控制地适用于投资争端，是一种"缔约国意想

① Tony Cole, "The Boundaries of Most Favored Nation Treatment in International Investment Law", *Michigan Journal of International Law*, Vol. 3, 2012.

② Parker, and Stephanie L., "A BIT at a Time: The Proper Extension of the MFN Clause to Dispute Settlement Provisions in Bilateral Investment Treaties", *The Arbitration Brief*, No. 1, 2012.

③ Nartnirum Junngam, "An MFN Clause and BIT Dispute Settlement: A Host State's Implied Consent to Arbitration by Reference", *UCLA Journal of international Law and Foreign Affairs*, Vol. 399, 2010.

④ Juren Kurtz, "The MFN standard and Foreign Investment: An Uneasy Fit?" *Journal of World Investment & Trade*, Vol. 5, No. 6, 2004.

⑤ Budolf Dolzer and Terry Myers, "After Tecmed: Most-favored-nation Clause in Investment Protection Agreements", *ICSID Review-Foreign Investment Law Journal*, Vol. 19, 2004.

⑥ Scott Vessel, "Clearing a Path Through a Tangled Jurisprudence: Most-Favored-Nation Clauses and Dispute Settlement Provision in Bilateral Investment Treaties", *Yale Journal of International Law*, Vol. 32, 2007.

⑦ Gabriel Egli, "Don't Get BIT: Addressing ICSID's Inconsistent Application of Most-Favored-Nation Clauses to Dispute Resolution Provisions", *Pepperdine Law Review*, Vol. 4, 2012.

不到"的情形，除非缔约国明示同意这种适用，否则不能扩大适用。[①]
Susan D. Franck 认为将最惠国条款适用于投资争端解决程序导致了国际仲裁庭对条约的不同理解而使得裁决之间缺乏一致性，这种国际仲裁裁决的不一致性导致了争端解决的不确定性。从而损害了投资者和东道国所持有的合法期望，这显然不利于实现投资条约的保护功能。[②]

2. 国内的研究

就最惠国条款的解释而言，《清华周刊》1932 年第 11 期上发表了王铁崖先生的文章《最惠国条款的解释》。文章对最惠国条款进行了较为详细的介绍，尤其是阐述了最惠国条款的两种形式：有条件最惠国条款和无条件最惠国条款以及当时国际上对最惠国条款的不同解释。就适用范围而言，仍然强调从条约中的措辞和用语来解释。[③] 1981 年周鲠生教授出版了《国际法》一书，在条约法章节中论及了最惠国条款的理解，强调最惠国条款的适用范围取决于条约中最惠国条款的表述。[④] 特别值得一提的是，该书既是新中国成立后出版的第一部有分量的国际法著作，也是 20 世纪 80 年代以前中国唯一的一部国际法教科书，是世界国际法学中自成一派的法学著作，填补了中国国际法学研究的空白。其前身《国际法大纲》曾被日本东京帝国大学指定为国际法学必读之参考书目，因此该书对解释最惠国条款的适用范围有重要的参考价值。

近年来，随着中国学者对最惠国条款的研究不断深入，也开始关注最惠国条款在国际投资争端解决中扩大适用的问题。尤其是注重研究国际仲裁庭在仲裁实践中对最惠国条款的解释和所采用的解释方法。2007 年徐崇利教授在《法商研究》上发表了《从实体到程序：最惠国待遇适用范围之争》一文，首次在国内提出了最惠国条款是否可以扩张适用于国际投资争端解决程序这个命题。徐教授根据国际仲裁庭数个不同裁决中对最惠国条款的解释入手，分别从同类规则、文本分析原则、效果分析原则角

---

① Stephen W. Schill, "Crafting the International Economic Order: The Public Function of Investment Treaty Arbitration and its Significance for the Role of Arbitrator", *Leiden Journal of International Law*, Vol. 23, 2010.

② Susan D. Franck, "The Legitimacy Crisis in investment Arbitration: Privatizing Public International Law Through Inconsistent Decision", *Fordham Law Review*, Vol. 73, 2005.

③ 邓振来编：《王铁崖文选》，中国政法大学出版社 1993 年版，第 55 页。

④ 周鲠生：《国际法》，商务印书馆 1981 年版，第 85 页。

度批评了国际仲裁庭对最惠国条款的解释存在巨大缺陷，进而认为最惠国条款不能适用于国际投资争端解决程序。① 这篇文章开启了国内对最惠国条款研究的新领域，也引发了学术界的巨大争议。从当前研究者的观点来看，可以分为赞成最惠国条款适用于国际投资争端解决程序的观点和反对最惠国条款适用于国际投资争端解决程序的观点。

赞成派的观点有：刘颖、封筠认为投资争端解决安排与对外国投资者的保护之间存在重要联系，因此应通过有条件的解释将最惠国条款适用于国际投资争端解决程序。② 乔娇认为将投资条约的程序权利多边化是最惠国条款在国际投资法领域下发展的新功能，程序权利对投资者实体权利的保障很重要，如果一国的投资者获得了更多的争端解决安排，则对另一国投资者是不公平的，应该将最惠国条款适用于国际投资争端解决程序。③ 王楠认为尽管国际仲裁实践中存在着严重分歧的观点，但是都不否认措辞模糊的最惠国条款可以适用于投资争端解决，因此问题只是在于如何限制解释最惠国条款适用于投资争端解决程序而已。④

反对派的观点有：陈安教授认为最惠国待遇原则从来就不是、也不应当是绝对的和至高无上的强制性原则，也不是国际习惯法原则。最惠国条款应该从属于国家主权，国家有权在争端解决程序上区别对待不同的国家。⑤ 梁丹妮认为不同的投资条约中规定了不同的争端解决程序，这种差别是不同的缔约谈判产生了不同的条约规定，并非东道国对投资者歧视的结果。在援引最惠国条款要求适用第三方条约中的争端解决程序时，应该满足"相同情况""同类原则""公平竞争"等一系列的条件和要求。⑥ 黄世席认为最惠国条款是否适用于投资争端解决程序应该取决于特定的最惠国条款所使用的语言。在缔约国没有意向扩大适用的情形下，明确推定

---

① 徐崇利：《从实体到程序：最惠国待遇适用范围之争》，《法商研究》2007 年第 2 期。

② 刘颖、封筠：《国际投资争端中最惠国待遇条款适用范围的扩展——由实体问题向程序问题的转变》，《法学评论》2013 年第 4 期。

③ 乔娇：《论 BIT 中最惠国条款在争端解决上的适用性》，《上海政法学院学报》（《法治论丛》）2011 年第 1 期。

④ 王楠：《最惠国待遇条款在国际投资争端解决事项上的适用问题》，《河北法学》2010 年第 1 期。

⑤ 陈安：《区分两类国家，实行差别互惠：再论 ICSID 体制赋予中国的四大"安全阀"不可贸然拆除》，《国际经济法学刊》2007 年第 3 期。

⑥ 梁丹妮：《国际投资条约最惠国待遇条款适用问题研究——以伊佳兰公司诉中国案为中心的分析》，《法商研究》2012 年第 2 期。

最惠国条款不适用于投资争端解决程序是比较可行的选择。① 师华、崔一认为将最惠国条款扩张适用于投资争端解决程序导致了争端解决程序的不确定性，大大降低了争端解决程序的效率，不利于国际投资的发展。② 徐树认为最惠国条款适用于投资条约中的实体待遇，但是绝对不能适用于国际投资争端解决事项。除非条约有明确的相反的约定，将最惠国条款适用于国际投资争端解决事项超出了投资条约的本意。③ 郭桂环认为国际仲裁机构在最惠国条款适用于投资争端解决事项问题上存在着宽泛解释和限制解释的缺陷，导致了最惠国条款的适用困境。④ 林一飞认为将最惠国条款适用于国际投资争端解决程序使得东道国放弃了本应享有的权利，承担了额外的义务。⑤ 王海浪认为最惠国条款不是一条习惯国际法规则，其适用应取决于缔约方的合意，在缔约方没有明确同意的情况下将最惠国条款适用于国际投资争端解决程序将带来无法预见的结果。⑥ 赵骏认为最惠国条款在投资争端解决程序中的适用是个极具争议的话题，国际仲裁有不同的实践，理论界也争议很大，将最惠国条款适用于国际投资争端解决程序使得东道国的主权面临挑战。⑦ 朱明新认为最惠国条款随意适用于国际投资争端解决的实践可能引发最惠国待遇条款适用结果的非一致性，并危及最惠国待遇条款适用的可预期性。⑧

　　此外，国内部分学位论文也对最惠国条款适用于国际投资争端解决程序问题进行了研究。博士学位论文有：张宏乐博士的《国际投资协定中的最惠国条款研究》从国际公法的角度对最惠国待遇进行了分析。作者

---

① 黄世席：《国际投资仲裁中最惠国条款的适用和管辖权的新发展》，《法律科学》2013 年第 2 期。

② 师华、崔一：《论最惠国待遇条款在投资争端解决中的适用》，《山西大学学报》2012 年第 5 期。

③ 徐树：《最惠国待遇条款"失控"了吗？——论国际投资条约保护的"双边主义"与"多边化"》，《武大国际法评论》2013 年第 1 期。

④ 郭桂环：《论 BIT 中最惠国待遇条款的解释》，《河北法学》2013 年第 6 期。

⑤ 林一飞：《双边投资协定的仲裁管辖权、最惠国待遇及保护伞条款问题》，《国际经济法学刊》2006 年第 1 期。

⑥ 王海浪：《最惠国条款在 BIT 争端解决中的适用问题》，《国际经济法学刊》2007 年第 2 期。

⑦ 赵骏：《论双边投资条约中最惠国待遇条款扩张适用于程序性事项》，《浙江社会科学》2010 年第 7 期。

⑧ 朱明新：《最惠国待遇条款适用投资争端解决程序的表象与实质——基于条约解释的视角》，《法商研究》2015 年第 3 期。

注意到了最惠国条款扩张适用于投资争端解决程序这一现象，并介绍和评价了国际仲裁庭在数个争议案件中的解释规则。但只是指出了问题，而没有解决问题。① 硕士学位论文有：明皓的《多边投资条约中最惠国条款研究》；② 卢铄栋的《最惠国条款适用于争端解决程序事项问题研究——以ICSID 的仲裁实践为中心》③；方荀的《ICSID 仲裁实践中最惠国待遇适用范围问题的研究》④；赵丽的《论最惠国条款在 ICSID 仲裁中的扩大适用》⑤；徐晶的《ICSID 仲裁庭扩大管辖权问题研究》⑥；杜益娇的《论 IC-SID 仲裁实践中最惠国待遇条款的适用和我国的应对策略》⑦ 等。这些论文注意到了当前国际仲裁中最惠国条款的扩大适用于投资争端解决程序问题，一般选取某个国际仲裁庭（如 ICSID）的实践来展开分析。主要采取解释论的立场和研究方法来阐述自己的观点，也分为赞成派和反对派两种不同的观点，且论文存在一定的同质化现象。

（三）已有研究的评析

综上所述，国际组织和国内外学者近年来都开始关注最惠国条款适用于国际投资争端解决程序问题并展开了相关的研究。在目前的研究中，对该问题的态度形成了较为明显的分歧，尚未形成系统性和理论性的认识和阐述。且现有成果也主要立足于法律解释论的视角，力图为最惠国条款的适用范围找出合理的解释方法与路径。就研究对象而言，主要通过研究国际仲裁庭在不同的个案中所使用的对最惠国条款的解释方法和裁判立场来阐释其观点。尤其是通过批评个案仲裁庭的条约解释方法来提出更为"合理"的最惠国条款的解释规则与路径。

但是，由于最惠国条款的法律性质为条约义务，不同国际条约中最惠国条款表述的差异性以及国际仲裁庭"不遵循先例"的裁判实践，如果将研究定位在如何通过解释具体条约中最惠国条款的措辞来得出缔约国所

① 张宏乐：《国际投资协定中的最惠国条款研究》，博士学位论文，复旦大学，2010 年。
② 明皓：《多边投资条约中最惠国条款研究》，硕士学位论文，西南政法大学，2010 年。
③ 卢铄栋：《最惠国条款适用于争端解决程序事项问题研究——以 ICSID 的仲裁实践为中心》，硕士学位论文，厦门大学，2008 年。
④ 方荀：《ICSID 仲裁实践中最惠国待遇适用范围问题的研究》，硕士学位论文，华东政法大学，2011 年。
⑤ 赵丽：《论最惠国条款在 ICSID 仲裁中的扩大适用》，硕士学位论文，中国政法大学，2011 年。
⑥ 徐晶：《ICSID 仲裁庭扩大管辖权问题研究》，硕士学位论文，外交学院，2013 年。
⑦ 杜益娇：《论 ICSID 仲裁实践中最惠国待遇条款的适用和我国的应对策略》，硕士学位论文，华东政法大学，2013 年。

谓的"真意"的话，除了能对国际仲裁庭个案的解释方法和裁判立场提出评价外，很难从复杂的个案中抽象出有说服力的统一性的结论。自从1997 年"Maffezini 案"以来，这种争议一直持续了十多年就是最明显的例证。尤其是，现有研究即便是通过条约解释的方法得出的所谓"结论"，也会轻易的被缔约国对最惠国条款适用范围的意思明示或者在缔约中使用了与"结论"相反的最惠国条款的措辞所直接证伪。

此外，由于"同类规则"与"更优惠待遇"已成为国际上公认的最惠国条款的适用规则，就"同类规则"而言，需要比较条约中实体性规则与程序性规则的具体差异体现在何处，就"更优惠待遇"而言，不仅需要阐明对于不同的投资争端解决程序应采取何种判断标准来判断"优劣"，更需要针对不同条约的规定来类别化地比较不同的情形。对于这两项规则的解释当前的研究也没有进行更深入细致的探讨。

因此，当前国内外对于最惠国条款适用于国际投资争端解决程序问题的研究仍任停留在条约的解释方法上，并没有从法理上说明最惠国条款与国际投资争端解决程序是否具有相合性。

四　研究的分析思路

最惠国条款能否在国际投资争端解决程序中适用？应先研究最惠国条款适用的一般规则，再考察最惠国条款在国际投资争端解决程序中的适用是否符合其适用的一般规则。因此，本书重点围绕最惠国条款在国际投资争端解决程序中的适用是否具有特殊性来展开论证。具体而言：

首先研究和分析当前国际仲裁庭和理论界对于最惠国条款适用于国际投资争端解决程序的争议。包括争议的起源、实践和理论的分歧、争议的焦点和本质。尽量全面地展示所提出的问题。

其次研究和分析最惠国条款适用于国际投资争端解决程序的特殊性所在。分别从实然层面和应然层面这两个方面来展开论证。在实然层面，全面梳理最惠国条款适用的规则，进而分析最惠国条款适用于国际投资争端解决程序是否符合规则。在应然层面，指出最惠国条款的理论基础与运行的应有效果，进而分析最惠国条款适用于国际投资争端解决程序是否符合理论基础和应有效果。

最后对中国的缔约实践进行总结，指出中国面临的问题并提出相应的建议。

第一章　最惠国条款适用于国际投资争端解决程序的理论与实践争议

第一节　争议的起源

一　最惠国条款概述

（一）最惠国条款的概念

根据联合国国际法委员会的定义，最惠国待遇（Most-Favored-Nation Treatment）是指授予国给予受惠国或与之有确定关系的人或事的待遇不低于授予国给予第三国或与之有同于上述关系的人或事的待遇。① 而"一国据以对另一国承诺在约定关系范围内给予最惠国待遇的一种条约约定"则为最惠国待遇条款（Most-Favored-Nation Treatment Clause）（以下简称最惠国条款）。② 即条约中含有最惠国待遇内容的条款就是最惠国条款。③

（二）最惠国条款的作用

根据最惠国待遇，受惠国得到的最惠国标准取决于授予国给予其他国

---

① 联合国国际法委员会 1978 年第 30 次会议上通过的《关于最惠国条款的规定（草案）》（*Draft Articles on Most-Favored-Nation Clauses*）第 5 条。英文原文为："Most-favoured-nation treatment is treatment accorded by the granting State to the beneficiary State, or to persons or things in a determined relationship with that State, not less favorable than treatment extended by the granting State to a third State or to persons or things in the same relationship with that third State." See Draft Articles on Most-Favoured-Nation Clauses of the UN International Law Commission, in "Report of the International Law Commission on its Thirteenth Session", 2 *Y. B. Int'l L. Comm.* 11, 1978, U. N. Doc. A/CN-4/Ser. A. 1978/Add. 1, p. 2.

② 见上述草案第 4 条。

③ Bryan A. Garner, *Black's Law Dictionary*, West Group Press, 2009, p. 1105.

家人或事的待遇标准，故属于相对标准待遇。① 在国际经济法中，最惠国待遇与国民待遇一起构成了非歧视原则的内容，如果说国民待遇解决的是东道国国民与外国国民的平等待遇问题的话，最惠国待遇要解决的则是同在东道国的外国国民平等待遇的问题。从条约法的视角看，最惠国条款要得以适用，必须存在着两种不同的条约：一是基础条约，即规定授予国与受惠国之间含最惠国条款内容的条约；二是第三方条约，即由授予国与受惠国之外的第三国签订的条约，也是作为最惠国条款援引参照的标准条约。因此，根据基础条约中的最惠国条款，受惠国可以享受到授予国与第三国条约中的权利，而该权利来源于一个受惠国并未参与的条约，这突破了传统法律中"契约对第三方无损益"的原则。② 所以，国际条约中的最惠国条款就像一条锁链，把诸多分散缔结的国际条约连接起来，确保东道国根据某一条约提供的待遇不得低于相同缔约方在相同领域根据其他协定所提供的待遇。③

（三）最惠国条款的法律性质

法律规则是指立法者将具有共同规定性的社会或者自然事实，通过文字符号赋予其法律意义，并以之具体引导主体权利义务行为的一般性规定。④ 自然法从人类共同体的整体利益出发推定出商业自由或贸易自由的一般原则。但是，由于一般实在国际法中不存在这样一个一般原则和具体规则，因此，国与国之间商业自由和贸易自由的建立和维持要通过特别协定的约定。国际条约遂成为国家之间约定的建立和维持商业自由的法律安排。⑤

国际条约是国际法主体之间缔结而以国际法为准，旨在确立其相互间权利与义务关系的国际书面协议。⑥ 从缔约方的数量来看，有双边条约（bilateral treaty）和多边条约之分（multilateral treaty）。双边条约是指只限

---

① 郑蕴：《国际投资自由化背景下最惠国待遇及我国的应对》，《经济导刊》2012年第6期。

② 赵维田：《世贸组织（WTO）的法律制度》，吉林人民出版社2000年版，第58—60页。

③ 王庆海：《试论最惠国待遇与人权的国际保护》，《中国法学》1994年第2期。

④ 谢辉：《论法律规则》，《广东社会科学》2005年第2期。

⑤ 张建邦：《论知识产权最惠国待遇制度的生成与特征》，《国际经济法学刊》2011年第1期。

⑥ 万鄂湘、石磊、杨成铭、邓洪武：《国际条约法》，武汉大学出版社2008年版，第3页。

两方国际法主体参加的条约,多边条约是指两方以上的国际法主体参加的条约。① 从缔约实践来看,最惠国条款在双边和多边条约中均有规定的例子。

虽然最惠国待遇已经成为一种重要的待遇标准,但是国际上一般还是认为一个国家的最惠国义务只有在条约中规定了最惠国条款时才存在。② 因此,最惠国条款不是一条习惯国际法规则,③ 并未取得世界各国的"法律确信",④ 而是一项条约义务。⑤ 以下是部分有代表性的观点:

国际法学者奥本海认为:"尽管最惠国待遇得到了绝大多数条约的支持,但是很难说其已经成为一项习惯国际法原则而为国际社会所遵守。主流的观点还是认为,只有条约中规定了最惠国待遇,它才成为缔约国的一项义务。"⑥

国际经济法专家杰克逊认为:"根据习惯国际法,独立于条约款项的最惠国或经济上非歧视性义务是否存在? 学者们比较倾向于认为,这种义务只是在条约款项规定后才会产生。在没有条约的情况下,假定各国都享有主权上的权利,在经济事务方面对外国实施歧视。"⑦

---

① 李浩培:《条约法概论法》,法律出版社 2003 年版,第 30—31 页。

② Marie-France Houde, "Most-Favored-Nation Treatment in International Invest Law", *OECD Working Paper*, No. 2, 2004.

③ 中国有学者甚至认为,在国际投资关系中,很难找到为各国所普遍遵守的国际习惯法规则:首先,发展中国家和发达国家在国际投资法律保护的一系列重大问题上存在很大分歧,很少形成国际习惯法规则客观要素的"国际通例"。其次,晚近在国际投资的法律保护方面,发展中国家虽然向发达国家做出了一定程度的妥协,但是这种妥协是受东道国吸引外资政策和目标以及投资者母国政策和实力影响的产物,很难证明发展中国家的此类举动是基于"法律确信",即构成国际习惯法的主观要素。参见徐崇利《双边投资条约研究》,博士学位论文,厦门大学,1996 年。

④ 通常认为,国际习惯是各国重复类似的行为而具有法律拘束力的结果。国际习惯由两个因素构成:一是各国的重复类似行为,另一是被各国认为有法律拘束力。前者是"常例",是客观的因素,后者是"法律确信",是主观的因素。国际习惯不是国际惯例,其不单纯是各国重复的类似行为,而必须是各国出于主观上的认识认为具有法律拘束力。单纯的重复的类似行为只能被视为惯例,而没有法律拘束力。但是,这种惯例逐渐被各国认为有法律拘束力,就可以转变成习惯。参见王铁崖《国际法》,法律出版社 1995 年版,第 14 页。

⑤ 王海浪:《最惠国条款在 BIT 争端解决中的适用问题》,《国际经济法学刊》2007 年第 2 期。

⑥ [英] 詹宁斯、瓦茨:《奥本海国际法》(第 2 分册),王铁崖等译,中国大百科全书出版社 1998 年版,第 742 页。

⑦ [美] 约翰·H. 杰克逊:《世界贸易体制——国际经济关系的法律与政策》,张乃根译,复旦大学出版社 2001 年版,第 177 页。

陈安教授认为:"在国际法中,最惠国待遇原则从来就不是、也不应当是绝对的和至高无上的强制性原则,也不是国际习惯法原则。这一点,已经成为当代国际法学界的主流共识。"①

韩立余教授认为:"在性质上,最惠国待遇仅仅是一种协定待遇,不是一般的或习惯的国际法的待遇。正因为如此,有些国家不能取得最惠国待遇。"②

笔者认同以上观点,认为最惠国条款的性质为条约义务,国家只有在有条约规定的情况下才承担最惠国待遇义务。

二 最惠国条款的传统适用范围

最惠国条款最早起源于国际贸易领域,尤其在国际货物贸易领域得以广泛适用。经过数百年的曲折发展,已经成为当今国际贸易赖以进行的"基石"。③ 并逐渐在世界很多领域得到了适用,其适用范围已经触及国际法的许多领域,诸如国际海、陆、空运输,外国侨民管理,乃至国际私法中种种民事权利、外国法院的判决执行等。④ 而且,随时主权国家的缔约实践,最惠国条款的适用范围呈现出逐步扩大的趋势。⑤ 甚至有学者认为最惠国条款的适用范围是开放性的,具有一定的不确定性,"最惠国条款是针对缔约国不称职的缔约技巧和缺乏想象而设立的保障措施"⑥。尽管随着缔约国的实践使得最惠国条款的适用范围不断地扩大,但是传统上人们一直认为最惠国条款的适用范围仅为实体性待遇事项,不涉及程序性问题。⑦ 实践

---

① 陈安、蔡从燕:《国际投资法的新发展与中国双边投资条约的新实践》,复旦大学出版社2007年版,第389页。

② 韩立余:《世界贸易组织法》,中国人民大学出版社2005年版,第78—79页。

③ 赵维田:《世贸组织(WTO)的法律制度》,吉林人民出版社2000年版,第51—53页。

④ 赵维田:《论国际贸易中的最惠国原则》(上),《国际贸易问题》1992年第2期。

⑤ 这种扩展甚至到了人权待遇。参见 [美] 约翰·杰克逊《GATT/WTO 法理与实践》,张玉卿、李成钢、杨国华等译,新华出版社2002年版,第67页。

⑥ Nartnirun Junngam, "An MFN Clause and BIT Dispute Settlement: A Host State's Implied Consent to Arbitration by Reference", *UCLA Journal of international Law and Foreign Affairs*, Vol. 399, 2010.

⑦ 陈辉萍:《ICSID 仲裁庭扩大管辖权之实践辨析——兼评 "谢业深" 案》,《国际经济法学刊》2010年第3期。

中关于最惠国条款的争议也为实体性争议。①

　　然而 1987 年的"亚洲农产品公司诉斯里兰卡案"（Asian Agricultural Products v. Sri Lanka）是《华盛顿公约》仲裁庭（ICSID）受理的第一个涉及投资保护条约争端的案件，该案在国际上尝试对最惠国条款传统适用范围提出了挑战。

　　该案基本案情如下：亚洲农产品公司是一家香港公司，其与斯里兰卡政府的某些机构和个人建立了一个位于斯里兰卡的合资农场，从事虾类产品的养殖和出口业务。而这个农场所处的位置处于斯里兰卡反政府武装"猛虎组织"控制下，在一次由斯里兰卡政府武装力量组织的镇压行动中，政府武装征用了该农场。使得农场遭到了毁灭性的破坏，一些员工也被打死。1987 年亚洲农产品公司在 ICSID 提起仲裁，主张斯里兰卡政府违反了 1980 年斯里兰卡—英国 BITs，而斯里兰卡—英国 BITs 作为条约应该扩展适用于香港。因为英国与斯里兰卡 1980 年 2 月 13 日签订 BITs，同年 12 月 18 日生效，之后通过换文（Exchange of Notes）于 1981 年 1 月 14 日对香港生效。基于此，亚洲农产品公司要求根据斯里兰卡—英国 BITs 获得 8000 万美元的赔偿。仲裁庭根据"完全保护和安全"标准拒绝了亚洲农产品公司的主张，但是根据 BITs 中的另一个条款做出了实体判决，该条款要求东道国政府承担投资者因为武装冲突和起义而造成的投资损失。仲裁庭最终裁决东道国政府赔偿 460 万美元。②

　　在本案中斯里兰卡政府主张申诉方亚洲农产品公司的损失是由于军事行动中的意外情况造成的，而两国的 BITs 中包含了一个战争和国内叛乱的例外。亚洲农产品公司则试图通过斯里兰卡—英国 BITs 中的最惠国条款而援引斯里兰卡—瑞士 BITs 中的条款而绕过这个战争例外的规定。但是仲裁庭拒绝了亚洲农产品公司的主张，认为斯里兰卡—瑞士 BITs 中并

---

①　例如，在目前 WTO（GATT）争端解决机制中涉及最惠国待遇的案件有："美国—海关服务案"（L/6264 35S/245）、"印度尼西亚—某些影响汽车工业的措施案"（WT/DS54&55&59&64/R）、"欧共体—香蕉的进口、销售及分销体制案"（WT/DS27/AB/R）、"美国—拒绝给予来自巴西的非橡胶鞋类最惠国待遇案"（DS18/R-39S/128）、"加拿大—影响汽车工业措施案"（WT/DS139&142/AB/R）等，这些案件均涉及实体领域，而没有涉及程序性的争端解决问题。

②　S. Ripinsky and K. Williams, "Case summery of Asian Agricultural Products Limited v. Republic of Sri Lanka", *Damages in International Law*, British Institute of International and Comparative Law Press, 2008, p. 99.

不存在更为优惠的待遇。① 在论及最惠国条款时，仲裁庭认为，因为申诉方没有对斯里兰卡—瑞士 BITs 进行解释，所以没有证明斯里兰卡—瑞士 BITs 中是否包含比斯里兰卡—英国 BITs 更为优惠的条款，因此后一个条约中的最惠国条款不能在本案中援引。② 然后仲裁庭强调申诉方有责任证明其所要援引的条款中的待遇事实上比基础条约中的待遇要优惠。③

由于该案申诉方所主张的最惠国条款适用范围属于实体性事项，这与现代各国在规定最惠国条款时所普遍联想到的适用范围（即实体事项）完全一致。但是该案却引发了人们的思索：最惠国条款究竟有无固定的适用范围？遗憾的是该案的仲裁庭并没有对此进行论证和研究。该案仲裁庭采用了另外一种分析方法，从"更优惠"的角度来进行了认定，最终认定结果是第三方条约中的相应待遇并没有比基础条约中的待遇更为优惠，所以最惠国条款不能适用。显然，该案并没有动摇人们对最惠国条款传统适用范围的信念。④

因此，该案并没有引起人们对最惠国条款适用范围的足够重视和研究。最惠国条款仅仅适用于实体性事项的观念仍然深入人心。以至于有学者认为：在 1997 年"Maffezini v. Spain 案"之前，国际上对最惠国条款适用范围的问题几乎被遗忘了，也没有著作和案例跟进。⑤ 一直到标志性的"Maffezini v. Spain 案"发生。

三　争议的导火索："Maffezini v. Spain 案"

ICSID 在 1997 年受理的"Maffezini v. Spain 案"（以下简称"Maffezini 案"）成为引发最惠国条款能否适用于国际投资争端解决程序问题的导

---

① Asian Agricultural Products Limited v. Republic of Sri Lanka, ICISD Case No. ARB/87/3, para. 54.

② Ibid. , para. 56.

③ Asian Agricultural Products Limited v. Republic of Sri Lanka, ICISD Case No. ARB/87/3, paras. 56-58.

④ Yannick Radi, "The Application of the Most-Favored-Nation Clause to the Dispute Settlement Provisions of Bilateral Investment Treaties: Domesticating the Trojan Horse", *The European Journal of International Law* , Vol. 18, 2007.

⑤ Jrügen KURTZ, "The MFN Standard and Foreign Investment: An Uneasy Fit?" *The Journal of World Investment and Trade*, Vol. 5, 2004.

火索，裁决结果也使得对这一问题争议引起了世界各国的重视。①

　　该案案情为：在西班牙的阿根廷海外投资者 Maffezini 与东道国发生了投资争端，1991 年西班牙与阿根廷签订的双边投资条约（以下简称西阿基础条约）第 10 条规定，在投资者与东道国发生投资争端的情况下，如果投资者要提起 ICSID 仲裁，除非东道国另行同意，否则投资者必须履行以下程序：自任何一方提出争端存在之日起友好解决 6 个月；如未果则向西班牙法院寻求当地司法救济，期限为 18 个月；如投资者对西班牙本地的司法救济仍不服，才可将争端提交至 ICISD 进行仲裁。② 西阿基础条约在第 4 条中同时规定，在该条约所覆盖的所有事项方面（all matters subject to the agreement），缔约双方须给予另一方最惠国待遇。③

　　Maffezini 在与西班牙发生投资争端之后，认为 1991 年西班牙与智利签订的双边投资条约（以下简称西智第三方条约）第 10 条规定，如果自投资争端发生之日起协商 6 个月未果，投资者就有权选择提起 ICSID 仲裁。因而 Maffezini 主张，其可援引西阿基础条约中的最惠国条款享受西智第三方条约规定的在解决争端方面的更优惠的待遇，从而不用经过西班牙国内司法救济程序而直接提起国际仲裁。西班牙方面则辩称，根据西阿基础条约第 4 条的规定，最惠国条款的适用范围是"事项"，事项是仅指实体事项或者给予投资者的待遇的实体方面，而不包括程序事项或管辖权事项，因而不符合最惠国待遇的同类原则。同时，西班牙还指出，西阿基础条约中第 10 条的规定构成了用尽当地救济规定，Maffezini 并没有把争端提交东道国法院而是直接向 ICSID 提出仲裁申请，其做法违反了当地救济规定，因而 Maffezini 无权根据最惠国条款直接向 ICSID 申请仲裁。④

　　对于上述的管辖权争议，仲裁庭认为：西阿基础条约第 10 条的规定即使不能视为"用尽当地救济规定"，其至少也应当构成规定了期间限制的当地救济，仲裁庭对这种形式的当地救济表示尊重。在基础条约对于最惠国条款的适用范围是否包含争端解决事项没有明确规定的情况下，就必

---

　　① 陈安、蔡从燕：《国际投资法的新发展与中国双边投资条约的新实践》，复旦大学出版社 2007 年版，第 190 页。

　　② Maffezini v. Spain, ICSID Case No. ABR/97/7, Decision of The Tribunal on Objections to Jurisdiction, para. 19.

　　③ Ibid., para. 38.

　　④ Ibid., paras. 10–15.

须对缔约国的原意进行判断，或者从缔约国对待外国投资及其本国投资者的实践中进行揣摩。对于缔约国的原意的判断，仲裁庭主要是从以下两方面来考虑的：第一，仲裁庭通过引申国际法院审理的"Ambatielos 案"①中仲裁委员会的观点"通商条约中争端解决安排与对通商者的切实保护密不可分"从而得出结论：在国际投资中，争端解决安排与对外国投资者的保护同样也密不可分，因而如果某个第三方条约中的争端解决规定相对于基础条约来说对保护投资者的权利和利益更为有利，此类规定即可以被投资者援引。第二，在西阿基础条约中规定的最惠国条款的适用范围是"本协定所覆盖的所有事项"，仲裁庭认为，其范围比西班牙签订的其他双边条约的最惠国条款的适用范围都要广泛，因而 Maffezini 可依据西阿基础条约的最惠国条款来主张在程序上更为便利的待遇。而对于基础条约缔约国的缔约实践进行分析时，仲裁庭认为，一方面虽然阿根廷在与西班牙签订双边投资条约时，因为阿根廷的坚持基础条约才在 6 个月协商之外规定了 18 个月的国内诉讼要求，但其后阿根廷改变了立场，在其与其他国家签订的双边条约中允许投资者经过一定期限的协商之后直接提起投资仲裁；另一方面另一缔约国西班牙在其缔约实践中其原本就倾向于允许投资者在经过 6 个月的协商期后直接提起国际投资仲裁，因而将最惠国条款适用于争端解决事项符合基础条约缔约国对待外资的实践。②

综上所述，仲裁庭认为，尽管依据基础条约中的当地救济条款，Maffezini 在未经西班牙国内救济的情况下直接提起 ICSID 仲裁，ICSID 对此没有管辖权，但是在西阿基础条约中规定的最惠国条款可以适用于

---

①　Ambatielos 是一位希腊船东，他与英国政府在 1919 年签订了买卖 9 艘尚在建造中的船舶的合同。Ambatielos 主张卖方没有适当履行合同导致其受到了损失，双方一致同意将违约的问题提交到英国法院。英国海事法院做出了不利于原告的判决，而原告在上诉后又最终放弃了上诉。希腊政府接管了其国民的这个案子，并于 1951 年在国际法院对英国政府提起诉讼，希腊政府认为英国政府部门在英国海事法院的诉讼过程中错误地没有提交相关证据。希腊政府还申诉说英国上诉法院在审理过程中拒绝给上诉人机会以提交新的证据，所有这些都构成了对 Ambatielos 实质的损害。希腊政府主张英国政府有义务根据其与希腊政府在 1886 年和 1926 年签订的条约将该争议提交仲裁。在后来的程序中，希腊政府要求国际法院直接对 Ambatielos 的诉求进行裁决。英国政府提起了初步反对意见并认为国际法院对此事没有管辖权，国际法院在 1952 年 7 月 1 日做出的判决中裁定其对该案的实质问题没有管辖权，但国际法院同时认为其有管辖权来决定英国是否有义务将此争议提交仲裁。而此后最终提交的仲裁委员会在其 1956 年 3 月 6 日做出的裁决中完全否决了原告的主张。

②　Maffezini v. Spain, ICSID Case No. ARB/ 97/7, Decision of The Tribunal on Objections to Jurisdiction, paras. 57-60.

争端解决事项，因而 Maffezini 可以援引此条款启动在西班牙与智利双边投资条约中规定的争端解决机制，在协商未果时直接提起国际投资仲裁。

在"Maffezini 案"的示范下，越来越多的投资者尝试在国际投资仲裁中援引最惠国条款要求适用第三方条约中的争端解决条款。近年来，随着部分国际仲裁机构在国际投资争端解决的实践中支持将最惠国条款适用于投资争端解决程序，这种新的实践引发了国际上对最惠国条款适用范围的争议。

四　"Maffezini v. Spain 案"后的争议情况

国际投资争端的解决类型根据参与主体可以分为"私人—私人""国家—国家""东道国—投资者"三种模式。从当前国际仲裁实践的情形来看，最惠国条款能否扩大适用于国际投资争端解决程序的争议只发生在"东道国—投资者"型国际投资仲裁中。国际上有学者研究了近年来国际仲裁实践中最惠国条款适用于投资争端解决程序的情况，并进行了相关的统计后认为，对于最惠国条款能否在国际投资争端解决程序适用问题上，国际仲裁庭的态度可以归纳为三类：支持、反对和主张对该问题不能一概而论。在该学者看来，第三种态度看似合理，但是比其他两种态度相比起来，这种态度更不可取，因为它会损害当事人的法律预期。[1] 笔者同意这种观点，并进而认为，主张对问题不能一概而论的观点实际上归根到底还是要求仲裁庭必须表态：是支持还是反对，只不过这种表态具体到了个案而已。因此，从晚近国际仲裁庭的实践结果来归纳的话，国际仲裁庭在最惠国条款的适用能否由传统的实体性范围扩大到程序性的国际投资争端解决程序上存在着明显的分歧，形成赞成与反对两种不同的实践。

（一）赞成适用的实践

在"Maffezini 案"仲裁庭支持将最惠国条款适用于国际投资争端解决程序后，不同的国际仲裁庭又在 Gas Natural v. Argentina 案、[2] Siemens v. Argentina

---

① Zachary Douglas, "The MFN Clause in Investment Arbitration: Treaty Interpretation off the Rails", *Journal of International Dispute Settlement*, Vol. 2, 2011.

② Gas Natural SPD v. The Argentina Republic, ICSID Case No. ARB/03/10.

案、① Camuzzi v. Argentina 案、② Tecmed v. Mexico 案、③ Interaguas v. Argentina 案、④ Vivendi v. Argentina 案、⑤ Tza Yap Shum v. Peru 案⑥等至少13 个案件中，和"Maffezini 案"仲裁庭的立场保持一致，赞成将最惠国条款适用于投资争端解决程序中（见表1-1）。其裁决理由除了 Tza Yap Shum v. Peru 案属于条约的效力外，⑦ 其他裁决几乎都沿用了"Maffezini 案"的理由。

表 1-1　　　国际仲裁庭赞成最惠国条款适用于争端解决程序案例

（截至 2016 年 12 月 31 日）

仲裁机构	案件名称	状态
《华盛顿公约》仲裁机构（ICSID）	Maffezini v. Spain 案	已裁决
	Siemens v. Argentina 案	已裁决
	Gas Natural v. Argentina 案	已裁决
	Camuzzi v. Argentina 案	已裁决
	Tecmed v. Mexico 案	已裁决
	Interaguas v. Argentina 案	已裁决
	Vivendi v. Argentina 案	已裁决
	Tza Yap Shum v. Peru 案	已裁决
	Impregilo SPA v. Argentina 案⑧	已裁决
	Hochtief AG v. Argentina 案⑨	已裁决
国际商会（SCC）	RosInvest Co. UK Ltd. v. Russian 案⑩	已裁决
	Renta v. Russian 案⑪	已裁决
联合国国际贸易法委员会（UNCITRAL）	National Grid v. Argentina 案⑫	已裁决

---

① Siemens A. G. v. The Argentina Republic，ICSID Case No. ARB/02/8.

② Camuzzi v. The Argentina Republic，ICSID Case No. ARB/03/2.

③ Tecmed v. Mexico Republic，ICSID Case No. ARB/00/2.

④ Interaguas v. The Argentina Republic，ICSID Case No. ARB/03/17.

⑤ Vivendi v. The Argentina Republic，ICSID Case No. ARB/97/3.

⑥ Tza Yap Shum v. Peru Republic，ICSID Case No. ARB/07/6.

⑦ 本案中，中国香港的投资者谢业深希望适用第三方条约即《秘鲁—哥伦比亚投资协定》第 12 条中对其更有利的争议解决条款——可以向 ICSID 提交与投资有关的任何争议，而不受制于《中国—秘鲁投资协定》第 8 条第 3 款只允许将征收补偿数额争议提交 ICSID 的限定。仲裁庭最终认定《中国-秘鲁投资协定》第 8 条第 3 款对争议范围明确限定的规定优先于最惠国待遇条款的一般规定，驳回了谢业深的此项请求。

⑧ Impregilo SPA v. The Argentina Republic，ICSID Case No. ARB/07/17.

⑨ Hochtief AG v. The Argentina Republic，ICSID Case No. ARB/07/31.

⑩ RosInvest Co. UK Ltd. v. Russian Federation，SCC Case No. 079/2005，Award on Jurisdiction.

⑪ Renta 4 S. V. A. A v. Russian Federation，SCC Case No. 24/2007，Award on Jurisdiction.

⑫ National Grid PLC v. Argentina，Decision on Jurisdiction，Ad hoc - UNCITRAL Arbitration Rules，June 20，2006.

（二）反对适用的实践

反对将最惠国条款适用于国际投资争端解决程序的观点源自 2004 年 Salini v. Jordan 案（以下简称"Salini 案"）做出的管辖权决定。

该案案情为：意大利投资者 Salini 与约旦政府签订了建设水坝的合同，后双方发生争议。在该案中，Salini 已经与约旦政府签订了一份投资合同，约定投资争端由约旦国内法院管辖。这项约定也得到 1999 年约旦与意大利签订的双边投资条约（以下简称约意基础条约）中争端解决机制安排的肯定。但是约旦在此前与美国和英国签订的双边投资条约中都承诺，有关建设合同的纠纷投资者可直接提交 ICSID 进行仲裁。于是 Salini 根据约意基础条约中的最惠国条款要求获得与美英投资者同等的关于争端解决的待遇。[①]

仲裁庭认为 Salini 不能援引最惠国条款指向争端解决事项。其依据主要有：第一，Salini 已与约旦政府签订的建设合同中对争端解决机制进行了安排，这反映了当事双方当时的意愿，不能以最惠国条款加以排除与规避。[②] 第二，本案中约意基础条约中最惠国条款的相关措辞是"投资者的投资以及收益"，并非 Maffezini 案中关于最惠国条款的适用范围是"协定覆盖的所有事项"，后者的范围显然比前者要宽泛得多。因此表述不清的最惠国条款不能适用于争端解决事项。[③] 同时，仲裁庭对于最惠国条款的扩大化解释表达了担忧，认为如果允许援引最惠国条款启动第三方条约中的争端解决机制，则相关当事方就可以选择适用其中任一条约的规定，由此会造成"搭便车"的后果，使国际投资法律关系陷入不稳定的状态。[④]

与"Salini 案"相比，Plama v. Bulgaria 案（以下简称"Plama 案"）仲裁庭认为最惠国条款不能适用于争端解决程序的态度更为坚决。

该案案情为：塞浦路斯投资者 Plama 认为东道国保加利亚对其构成了间接征收而向 ICSID 提交仲裁。保加利亚—塞浦路斯 BITs 中第 4 条规定，仅在涉及征收补偿额争端的情况下，投资者才有权将其提交给国际特设仲

---

① Salini Costruttori v. Jordan, ICSID CASE No. ABR/02/13, Decision of The Tribunal on Objections to Jurisdiction, para. 27.

② Ibid., para. 66.

③ Ibid., paras. 102–119.

④ Ibid., paras. 114–115.

裁庭（UNCITRAL），并且在提交之前还有 3 个月的磋商期。同时第 3 条规定，缔约任何一方给在其境内的缔约另一方投资者的投资的待遇，应不低于其给予任何第三国投资者的投资的待遇。虽然保加利亚—塞浦路斯BITs 中仅仅规定把关于征收补偿的争端提交国际仲裁庭，但是根据其中的最惠国条款，Plama 认为其可以享有已在保加利亚生效的《欧洲能源宪章》（Energy Chart Treaty）中将投资争端提交 ICSID 仲裁的权利。

　　仲裁庭认为，除非基础条约中的最惠国条款明确表明适用于争端解决程序，否则最惠国条款的适用不应全部或部分涉及第三方条约中的争端解决程序的问题。[1] 仲裁协议的存在是仲裁得以进行的前提条件，无论是国内法还是国际法都要求仲裁协议必须清楚明确毫不含糊。如果要通过参照适用其他协议而达成仲裁的意思，除非当事双方本来的意思就是如此，否则仲裁协议的有效成立就成为问题。[2] 在缔结条约时，保加利亚和塞浦路斯把特定的"投资者—东道国"争端解决程序限制于条约规定的范围，并且没有通过最惠国条款扩展这些规定的意图。[3] 因此仲裁庭驳回了Plama 关于最惠国条款的请求。

　　此后，不同的国际仲裁庭又在 Wintershall v. Argentina 案、Telenor v. Hungary 案等至少 8 个案件中反对将最惠国条款适用于投资争端解决程序，其裁决大都参照了上述两案的理由（见表 1-2）。

表 1-2　　国际仲裁庭反对最惠国条款适用于争端解决程序案例

（截至 2016 年 12 月 31 日）

仲裁机构	案件名称	状态
《华盛顿公约》仲裁机构（ICSID）	Salini Costruttori v. Jordan 案	已裁决
	Plama v. Bulgaria 案	已裁决
	Wintershall v. Argentina 案[4]	已裁决
	Telenor v. Hungary 案[5]	已裁决
国际商会（SCC）	Berchader v. Russian 案[6]	已裁决

---

[1]　Plama v. Bulgaria, ICSID CASE No. ARB/03/24, paras. 197-212.

[2]　Plama v. Bulgaria, ICSID CASE No. ARB/03/24, paras. 195-197.

[3]　Plama v. Bulgaria, ICSID CASE No. ARB/03/24, para. 204.

[4]　Wintershall v. Argentina, ICSID CASE No. ARB/04/14.

[5]　Telenor v. Hungary, ICSID CASE No. ARB/04/1415.

[6]　Berchader v. Russian Federation, SCC Case No. 080/2004, Award on Jurisdiction.

仲裁机构	案件名称	状态
联合国国际贸易法委员会 （UNCITRAL）	Austrian Airline v. Slovak 案①	已裁决
	Paushok v. Mongolia 案②	已裁决
东盟国际仲裁庭	Yaung Chi Oo v. Myanmar 案③	已裁决

综上所述，大量的实践表明国际仲裁庭至少在一定程度上使得最惠国条款"创造性"地适用于程序性的争端解决程序。④ 截至 2016 年 12 月 31 日，从各种国际仲裁庭披露的仲裁文书来看，投资者已经至少在 21 个案件中主张最惠国条款可以扩张适用于国际投资争端解决程序，认为其有权对东道国提起国际仲裁请求，并且相关的国际仲裁庭业已对此种请求做出了裁决。从数量上看其中有 13 个案件的裁决持赞成态度，而 8 个案件的裁决则持反对态度。可以说，将最惠国条款适用于国际投资争端解决程序是当前国际仲裁中比较"主流"的实践。⑤ 甚至在 2011 年 ICSID 受理的"Impregilo SPA v. Argentina 案"中，仲裁庭更是将"已经有大量的国际仲裁庭将最惠国条款适用于投资争端解决程序"作为其管辖权成立的依据之一。⑥ 但是随着国际仲裁庭的"主流"实践，国际上的批评声也与日俱增，国际仲裁庭可以说是在一片批评声中前行。⑦ 尤其值得深思的是，在前述已经裁决的案例中，至少有 7 个案例中的东道国被告都是发展中国家阿根廷，且最终的仲裁裁决结果也都是对阿根廷不利的，表明阿根廷政府因在这些程序事项上弃守防线、洞开门户，以致在国际仲裁中引来如潮的

---

①　Austrian Airline v. Slovak Republic, UNCITRAL, 20 October, 2009.

②　Paushok v. Mongolia, UNCITRAL, 28 April, 2011.

③　ASEAN Arbitral Tribunal, Yaung Chi Oo v. Myanmar, ASEAN Case No. ARB/01/01, Award of March 31, 2003.

④　陈安、蔡从燕：《国际投资法的新发展与中国双边投资条约的新实践》，复旦大学出版社 2007 年版，第 191 页。

⑤　刘京莲：《阿根廷国际投资仲裁危机的法理与实践研究——兼论对中国的启示》，厦门大学出版社 2011 年版，第 112 页。

⑥　Impregilo SPA v. The Argentina Republic, ICSID Case No. ARB/07/17, paras. 99-108.

⑦　Nartnirun Junngam, "An MFN Clause and BIT Dispute Settlement : A Host State's Implied Consent to Arbitration by Reference", *UCLA Journal of international Law and Foreign Affairs*, Vol. 399, 2010.

官司，交付了昂贵的学费。[①] 有人甚至研究了国际仲裁庭的实践，总结出所谓规律：当投资者试图通过最惠国条款来避开基础条约中提交国际仲裁的等待期时，则仲裁庭倾向于支持投资者的主张；当投资试图通过最惠国条款来建立国际仲裁庭的管辖权或者扩张国际仲裁庭的管辖范围时，则仲裁庭会相对谨慎。[②]

因此，笔者认为对于最惠国条款能否适用于国际投资争端解决程序问题，要想单从裁决数量多寡上来得出较为信服的结论，可能还为时过早。只有从当前国际上对此问题的理论和实践分歧入手展开研究，尤其是要探求分歧的焦点和背后的法律原因，进而寻求有说服力的答案。

第二节　理论之争

除了在国际投资仲裁实践中分歧严重外，当前国际社会在理论上关于最惠国条款能否适用于国际投资争端解决程序也存在争议。也分别形成了赞成派与反对派两种截然不同的观点，并各有支持其观点的理论依据。两派争议的焦点如下。

一　最惠国条款适用的客体

虽然从最惠国条款适用的历史和公认的理论来看，其适用的客体一直为实体性权利。但是在赞成派看来，针对东道国的不法行为提出国际仲裁是投资者拥有的一项重要程序权利，[③] 该权利与投资者的实体性权利紧密相连、相互依存。程序权利对实体权利的授予很重要，不可能将二者孤立起来。[④] 因为实体权利的实现只有依靠程序性的规定方可实现，如果硬性

---

① R. D. Bishop, "Investment Claims-First Lessons from Argentina", *International Investment Law and Arbitration*: *Leading Cases from the ICSID*, *NAFTA*, *Bilateral Treaties and Customary International Law*, Cameron May Press, 2005.

② 梁丹妮：《国际投资条约最惠国待遇条款适用问题研究——以伊佳兰公司诉中国案为中心的分析》，《法商研究》2012 年第 2 期。

③ Aaron M. Chandler, "BITS, MFN Treatment and the PRC: The Impact of China's Ever- Evolving Bilateral Investment Treaty Practice", *International Lawyer*, Vol. 43, 2009.

④ 乔娇：《论 BIT 中最惠国条款在争端解决上的适用性》，《法治论丛》2011 年第 1 期。

的将二者区分开来，只会让它们各自失去意义。① 在 "RosInvest v. Russian 案"中仲裁庭甚至直接认为："提交国际仲裁的权利是否属于程序性权利本身是有疑问的，诉诸法律的权利可以被理解为投资条约保护投资者的实体权利。"② 赞成派仲裁庭的代表性观点见表1-3。

表 1-3　　　　　　　　　　赞成派仲裁庭的代表性观点

案件名称	主要理由
Maffezini v. Spain 案	实体性权利与程序性权利相互依存，二者不能被分开
Vivendi v. The Argentina 案	
National Grid v. Argentina 案	
RosInvest v. Russian 案	提交国际仲裁的权利本身就是实体性的法律权利

而反对派则认为虽然现代各国缔结的国际投资条约大多数都规定了最惠国条款的实体性适用事项，而没有明确规定最惠国条款是否适用于程序性事项尤其是争端解决程序，但是将最惠国条款适用于争端解决程序的实践，这可能是多数投资条约缔约国未曾想过的。因为程序权利与实体权利是两种性质完全不同的权利。③ 例如，在 "Maffezini 案"中，被申请人西班牙政府认为最惠国条款的适用范围是 "事项"，事项是仅指实体事项或者给予投资者的待遇的实体方面，而不包括程序事项或管辖权事项。④ 还有反对派的学者认为，从最惠国条款适用的历史实践和相关理论来看，都将最惠国条款的适用范围限定在实体性权利领域。即便在赞成派仲裁庭引经据典的 "Ambatielos 案"中，对于最惠国条款能否适用于司法领域，国际法院也是将其作为实体问题，而非程序问题加以分析和判断的。⑤ 反对派仲裁庭的代表性观点见表1-4。

---

① Emilio Maffezini v. Kingdom of Spain, ICSID Case No. ARB /97/7, Decision on Jurisdiction, para. 54.

② RosInvest Co. UK Ltd. v. The Russian Federation, SCC Case No. Arb. V079 /2005, Award on Jurisdiction, October 2007, para. 132.

③ Budolf Dolzer and Terry Myers, "After Tecmed: Most-favored-nation Clause in Investment Protection Agreements", *ICSID Review-Foreign Investment Law Journal*, Vol. 19, 2004.

④ Maffezini v. Spain, ICSID Case No. ABR/97/7, Decision of The Tribunal on Objections to Jurisdiction, paras. 10-13.

⑤ 徐崇利：《从实体到程序：最惠国待遇适用范围之争》，《法商研究》2007 年第 2 期。

表 1-4　　　　　　　　　　　　反对派仲裁庭的代表性观点

案件名称	主要理由
Salini Costruttori v. Jordan 案	最惠国条款的适用范围传统上一直是实体性事项，而且程序权利与实体权利是两种法律性质完全不同的权利。
Plama v. Bulgaria 案	
Paushok v. Mongolia 案	

二　最惠国条款的宗旨

赞成派认为，国际投资条约中规定最惠国条款的宗旨是实现非歧视的目标，为同在东道国的不同国籍的投资者之间建立公平的竞争场所。[①] 如果一国的投资者相比较其他国家的投资者拥有了更多的程序权利，如可以提交国际仲裁或者可以更优惠的前置条件提交国际仲裁，那么该投资者就获得了竞争优势，这是对其他投资者的歧视。将最惠国条款适用于国际投资争端解决程序可以为不同投资者进行公平竞争提供制度性保障，使得投资者之间获得平等的保护，而不必为争取获得同等待遇而分心。[②] 赞成派仲裁庭的代表性观点见表 1-5。

表 1-5　　　　　　　　　　　　赞成派仲裁庭的代表性观点

案件名称	仲裁庭观点
Maffezini v. Spain 案	最惠国条款的宗旨是实现非歧视的目标，将最惠国条款适用于该条约下的争端解决程序可以防止歧视的产生
Gas Natural v. Argentina 案	
Camuzzi v. Argentina 案	
Interaguas v. Argentina 案	

而反对派的观点则认为，不同的投资条约中规定了不同的争端解决程序，这是不同的谈判条件下产生的不同结果，这并非东道国的对投资者或者投资的歧视。[③] 将最惠国条款用于国际投资争端解决程序会带来投资者

---

① 温先涛：《〈中国投资保护协定范本（草案）〉论稿（一）》，《国际经济法学刊》2011年第 4 期。

② Gabriel Egli, "Don't Get BIT: Addressing ICSID's Inconsistent Application of Most-Favored-Nation Clauses to Dispute Resolution Provisions", *Pepperdine Law Review*, Vol. 4, 2012.

③ 梁丹妮：《国际投资条约最惠国待遇条款适用问题研究——以伊佳兰公司诉中国案为中心的分析》，《法商研究》2012 年第 2 期。

"条约挑选"和"条约搭配"的投机性行为。所谓"条约挑选"是指投资者选择第三方条约中的争端解决方式来替代基础条约中的争端解决方式。而"条约搭配"是指投资者将基础条约与第三方条约中争端解决程序"混合搭配",避开两个条约中对自己不利的部分,而留下对自己有利的部分。[①]"条约挑选"和"条约搭配"是对最惠国条款的滥用,不仅使得争端解决程序陷入混乱,而且导致争端双方更多地去关注诉讼程序上的技巧而非自己的举证责任,弱化了通过投资争端解决程序解决投资实质问题的真正原意。[②] 简言之,"条约挑选"和"条约搭配"的做法有悖于最惠国条款保障公平竞争之初衷。[③] 中国还有学者更激烈地认为,国际仲裁庭通过对最惠国条款适用范围的解释扩大了国际仲裁的管辖范围,但是相关的裁决却没有保持一致性,使得最惠国条款的适用具有很大的不确定性,这严重背离了最惠国条款的宗旨。[④] 反对派仲裁庭的代表性观点见表1-6。

表1-6   反对派仲裁庭的代表性观点

案件名称	仲裁庭观点
Austrian Airline v. Slovak 案	不同的争端解决程序是缔约国不同谈判的结果,即便基础条约使用了"所有事项"这样的措辞,也不能表明最惠国条款应该适用于投资争端解决程序
Plama v. Bulgaria 案	

三　国际投资条约的宗旨

由于最惠国条款是规定在国际投资条约中的,因此,赞成派认为国际投资保护是指资本输入国、资本输出国单独或者共同地采取的某种形式的法律保护措施。[⑤] 缔约国之间签订投资条约的宗旨是促进和保护外来投资

---

① 刘颖、封筠:《国际投资争端中最惠国待遇条款适用范围的扩展——由实体问题向程序问题的转变》,《法学评论》2013 年第 4 期。

② Carlos G. Garcia, "All the other Dirty Little Secrets: Investment Treaties, Latin America, and the Necessary Evil of Investor-State Arbitration", *Florida Journal of International Law*, Vol. 16, 2004.

③ Yannick Radi, "The Application of the Most-Favored-Nation Clause to the Dispute Settlement Provisions of Bilateral Investment Treaties: Domesticating the Trojan Horse", *The European Journal of International Law*, Vol. 18, 2007.

④ 陈安:《中外双边投资协定中的四大"安全阀"不宜贸然拆除——美、加型 BITs 谈判范本关键性"争端解决"条款剖析》,《国际经济法学刊》2006 年第 1 期。

⑤ 慕亚平:《国际投资的法律制度》,广东人民出版社 1999 年版,第 59 页。

者和投资，作为具有约束力性的法律文件，一部高标准的投资保护协定会给投资者和债权人以某种程度的安全感。① 而一个公平公正的争端解决机制是促进保护外资的关键因素，允许将最惠国待遇条款扩展适用于争端解决程序是提高投资保护的重要组成部分，② 有利于投资条约宗旨的实现。③ 有国际仲裁庭甚至直接在裁决理由中指出："国际投资条约中有关争端解决的安排本质上就是为了保护投资者，允许投资者根据最惠国条款享受第三方条约中的更为优惠的安排符合基础条约的目的和宗旨。"④ 赞成派仲裁庭的代表性观点见表 1-7。

表 1-7　　　　　　　　　　赞成派仲裁庭的代表性观点

案件名称	仲裁庭观点
Gas Natural v. Argentina 案	条约的名称和序言中往往包含了"保护"或"促进"的措辞，将最惠国条款适用于国际投资争端解决程序符合投资条约的目的
Siemens v. Argentina 案	
Impregilo SPA v. Argentina 案	
RosInvest Co. UK Ltd. v. Russian 案	
Renta v. Russian 案	

而反对派则认为，国际投资条约的宗旨并非只是单纯地保护投资者，而是应该在投资者和东道国之间实现利益平衡。⑤ 将最惠国条款用于国际投资争端解决程序会增加东道国被诉于国际仲裁庭的机会，由于国际仲裁存在着过度保护投资者的制度性倾向，可能会对投资东道国主权形成不合理的挑战。⑥ 尤其是在东道国明确反对的情况下推定缔约国的意愿而将最惠国条款适用于国际投资争端解决程序，其结果必然是背离缔约国的意

---

① 温先涛：《〈中国投资保护协定范本（草案）〉论稿（一）》，《国际经济法学刊》2011年第 4 期。

② Daha H. Freyer and David Herlihy, "Most Favored-Nation Treatment and Dispute Settlement In Investment Arbitration: Just How Favored Is Most-Favored?" *ICSID Review*, Vol. 20, 2005.

③ Emmanuel Gailard, "Establishing Jurisdiction Though a Most-Favored-Nation Clause", *New York Law Journal*, No. 2, June 2005.

④ Siemens A. G. v. The Argentina Republic, ICSID Case No. ARB/02/8, Decision on Jurisdiction of August 3, 2004, paras. 80-81.

⑤ 余劲松：《国际投资条约仲裁中投资者与东道国权益保护平衡问题研究》，《中国法学》2011 年第 2 期。

⑥ 刘笋：《国际投资仲裁引发的若干危机及应对之策述评》，《法学研究》2008 年第 6 期。

愿，甚至损害东道国的主权。① 更有学者直接批评说国际仲裁庭将最惠国
条款适用于国际投资争端解决程序的做法损害了投资者和东道国所持有的
合法期望，显然不利于实现投资条约的保护功能与宗旨。②

对于在现实中国际仲裁庭将最惠国条款适用于投资争端解决程序、扩
大保护投资者的实践已经引发了一些学者对国际投资仲裁机制的猛烈批
评，他们还自发起草了一份《关于国际投资体制的公共声明》，声明指出
在许多案例中仲裁员对双边投资条约解释时将保护私人财产和跨国公司的
经济利益置于国家的管理权和民族自决权之上。在解释最惠国条款时有的
仲裁庭以牺牲东道国国家和政府以及它们所服务的公民利益为代价，做出
了过度有利于外国投资者的解释，这严重影响了国际法旨在维护的保护外
国投资者和东道国维护公共利益之间的平衡。③ 例如，在东盟仲裁庭受理
的"Yaung Chi Oo v. Myanmar 案"中，仲裁庭也认为，尽管"Maffezini
案"的仲裁机构指出最惠国条款可以适用于投资争端解决程序，但是并
不能通过最惠国条款创设出本案仲裁庭对缅甸的管辖权，因为这对缅甸的
国家主权是不尊重的。④ 反对派仲裁庭的代表性观点见表1-8。

表1-8　　　　　　　　　　反对派仲裁庭的代表性观点

案件名称	仲裁庭观点
Telenor v. Hungary 案	将最惠国条款适用于国际投资争端解决程序属于对投资条约目的的过度解释
Berchader v. Russian 案	
Yaung Chi Oo v. Myanmar 案	

第三节　争议焦点及其本质

虽然在实践和理论中对于最惠国条款能否适用于国际投资争端解决

① Gabriel Egli, "Don't Get BIT: Addressing ICSID's Inconsistent Application of Most-Favored-Nation Clauses to Dispute Resolution Provisions", *Pepperdine Law Review*, Vol. 4, 2012.

② Susan D. Franck, "The Legitimacy Crisis in investment Arbitration: Privatizing Public International Law Through Inconsistent Decision" *Fordham Law Review*, Vol. 73, 2005.

③ Osgoode Hall Law School, *Public Statement on the International Investment Regime*, York University Press, 2010, p. 31.

④ ASEAN Arbitral Tribunal, Yaung Chi Oo v. Myanmar, ASEAN Case No. ARB/01/01, Award of March 31, 2003.

程序存在着截然不同的态度，但是如果仔细研读不同仲裁庭的裁决书和学者的观点，能够发现两方的争议焦点，这些焦点背后有其深刻的法律本质。

一　争议焦点

（一）同类规则

"同类规则"是最惠国条款适用的重要条件，要求"受惠国只有在授予国给第三国以该条款主题范围以内的待遇的情况下，取得最惠国待遇的权利"①。

赞成派仲裁庭认为，最惠国条款的受益者是投资者（投资），争端解决程序与投资者（投资）的保护密不可分，一旦基础条约中最惠国条款适用范围的表述使用诸如"所有事项"（all matters）、"待遇"（Treatment）、"投资活动"（Activities）等笼统性的措辞，则将最惠国条款适用于投资争端解决程序符合"同类规则"，"Maffezini v. Spain 案"、"Camuzzi v. Argentina 案"等是典型的代表。

尤其是在上述情形下，当基础条约中的最惠国条款的适用例外中没有将争端解决程序排除时，更是没有理由将最惠国条款排除适用于争端解决程序之外。②典型的如"Siemens v. Argentina 案"③，该案仲裁庭亦同样采取了对缔约国的原意进行判断的方法，并认为：首先，阿根廷—德国BITs的标题和序言表明其目的与宗旨就是"保护与促进投资"，这表明缔约国签订BITs的意图是给对方的投资者（投资）创造更好的投资待遇，以更好地吸引外国私人投资。所以最惠国条款的解释应该根据词语的通常

---

① 联合国国际法委员会：《关于最惠国条款的规定（草案）》第10条。

② Siemens A. G. v. The Argentina Republic, ICSID Case No. ARB/02/8, para. 82.

③ 本案中德国投资者 Siemens 公司与东道国阿根廷发生了投资争端。按照1991年阿根廷与德国签订的 BITs 中第10条的规定，外国投资者与东道国发生投资争端应首先提交予阿根廷国内法院进行解决，在经过18个月的国内司法程序之后才能将争端提交予 ICSID 进行国际仲裁。同时在阿根廷—德国 BITs 第3条中规定了最惠国条款，其适用范围是"缔约方赋予另一缔约方公民或公司在其境内与投资有关活动的待遇，不得低于赋予其本国公民、公司或者第三方公民、公司的待遇"。而1991年阿根廷与智利签订的 BITs 中规定投资争端不用经过18个月的国内司法程序就可直接提交予 ICSID 进行国际仲裁。据此 Siemens 公司要求援引阿根廷—德国 BITs 中的最惠国条款适用阿根廷—智利 BITs 中的争端解决程序来避开18个月的国内司法程序。阿根廷方面则认为，阿根廷—德国 BITs 中规定的最惠国条款的适用范围不应包括争端解决程序。

含义和条约的目的来解释，争端解决事项的安排无疑对于保护外国私人投资具有实质意义，因而最惠国条款适用的范围理应包括争端解决程序。其次，虽然阿根廷—德国 BITs 中使用了活动（activities），而非"所有事项"，但由于阿根廷—德国 BITs 规定了最惠国条款适用的除外领域（如关税同盟、自由贸易区等），这从反面表明在除外领域之外，其他领域是适用最惠国条款的。因此仲裁庭认为 Siemens 公司可以通过最惠国条款适用阿根廷—智利 BITs 中的争端解决程序。① 赞成派仲裁庭的代表性观点见表1-9。

表 1-9　　　　　　　　　　　　赞成派仲裁庭的代表性观点

案件名称	仲裁庭观点
Maffezini v. Spain 案	最惠国条款适用范围的表述使用诸如"所有事项""待遇""投资活动"等笼统性的措辞，则将最惠国条款适用于投资争端解决程序符合"同类规则"
Tecmed v. Mexico 案	
Camuzzi v. Argentina 案	
Interaguas v. Argentina 案	
Siemens v. Argentina 案	最惠国条款的适用例外中没有将争端解决程序排除时，可以将最惠国条款适用于投资争端解决程序

而反对派仲裁庭则认为，即便基础条约中的最惠国条款采取了模糊性的宽泛表述措辞，也没有将国际投资争端解决程序排除在最惠国条款的适用范围之外，将最惠国条款适用于投资争端解决程序也是不符合最惠国条款的适用条件"同类规则"的。如"Salini 案"仲裁庭认为，最惠国条款与争端解决程序之间没有必然的关系，争端解决方式与投资待遇是两类不同的事项。② "Plama 案"仲裁庭更是认为，最惠国条款对排除适用领域的规定只是在于列举那些缔约国不希望适用最惠国条款的情形，而并非在于完全排除最惠国条款的适用，因此这不符合"同类规则"。③ 反对派仲裁庭的代表性观点见表1-10。

---

① Siemens A. G. v. The Argentina Republic, ICSID Case No. ARB/02/8, paras. 37, 83, 85, 92.

② Salini Costruttori v. Jordan, ICSID CASE No. ABR/02/13, Decision of The Tribunal on Objections to Jurisdiction, paras. 106-112.

③ Plama v. Bulgaria, ICSID CASE No. ARB/03/24, para. 83.

表 1-10　　　　　　　　　反对派仲裁庭的代表性观点

案件名称	仲裁庭观点
Salini Costruttori v. Jordan 案	投资争端解决方式与投资待遇是两类不同的事项，不符合同类规则的要求
Berchader v. Russian 案	
Austrian Airline v. Slovak 案	
Paushok v. Mongolia 案	
Plama v. Bulgaria 案	即便最惠国条款的适用例外中没有将争端解决程序排除，也不能解释为符合同类规则的要求而将最惠国条款适用于投资争端解决程序

(二) 当地等待期

赞成派仲裁庭认为，如果第三方条约中规定的提交国际仲裁的当地等待期短于基础条约中的等待期，或者没有等待期的限制，则可以利用最惠国条款缩短或者避开基础条约中的等待期要求，提前将争端提交国际仲裁。典型的案例如 "Maffezini v. Spain 案" "Gas Natural v. Argentina 案" 等。赞成派仲裁庭的代表性观点见表 1-11。

表 1-11　　　　　　　　　赞成派仲裁庭的代表性观点

案件名称	仲裁庭观点
Maffezini v. Spain 案	投资者可以利用最惠国条款来避开当地等待期中对投资者不利的部分
Gas Natural v. Argentina 案	
Interaguas v. Argentina 案	

而反对派仲裁庭则认为，当地等待期是东道国的 "当地救济" 要求，即使不是 "当地救济" 要求，也是东道国同意将争议提交国际仲裁的必要前置条件，这种前置条件不能通过最惠国条款予以规避。如在 "Wintershall v. Argentina 案" 中，仲裁庭认为基础条约中 18 个月的等待期是东道国阿根廷同意与投资者将争端提交国际仲裁的重要前提，因此德国投资者 Wintershall 不能通过德国—阿根廷 BITs 中的最惠国条款来适用美国—阿根廷 BITs 中更短的当地等待期要求。[①] 反对派仲裁庭的代表性观点见表 1-12。

———————

① Wintershall v. Argentina, ICSID CASE No. ARB/04/14, paras. 159-160.

表 1-12　　　　　　　　　　反对派仲裁庭的代表性观点

案件名称	仲裁庭观点
Wintershall v. Argentina 案	不同争端解决程序的等待期规定构成不同的前置条件,这些条件不能通过最惠国条款予以规避。
Plama v. Bulgaria 案	
Paushok v. Mongolia 案	

（三）国际仲裁范围

　　赞成派仲裁庭认为,如果第三方条约中的可提交国际仲裁的事项范围（如所有事项）大于基础条约中的可提交国际仲裁的事项范围（如仅限于国有化和补偿数额）,则可以通过最惠国条款来扩大提交国际仲裁的范围。如在"RosInvest Co. UK Ltd. v. Russian 案"中,仲裁庭支持了英国投资者 RosInvest 通过 1989 年的苏联—英国 BITs 中的最惠国条款适用 2000 年俄罗斯—丹麦 BITs 中的争端解决程序,因为基础条约中的可提交国际仲裁的事项仅仅为"有关征收补偿数额",而第三方条约中可提交国际仲裁的事项要宽泛得多。[①] 赞成派仲裁庭的代表性观点见表 1-13。

表 1-13　　　　　　　　　　赞成派仲裁庭的代表性观点

案件名称	仲裁庭观点
RosInvest Co. UK Ltd. v. Russian 案	提交国际仲裁的范围越大,越有利于提高对外国投资者的保护。为了避免歧视,投资者可以通过最惠国条款来扩大提交国际仲裁的范围
Tza Yap Shum v. Peru 案	
Interaguas v. Argentina 案	
Impregilo SPA v. Argentina 案	
Hochtief AG v. Argentina 案	

　　而反对派仲裁庭则认为,仲裁的前提条件是双方当事人的合意,即有效的仲裁协议的存在,不能通过最惠国条款将缔约国在不同投资条约中同意国际仲裁管辖的同意等同起来。例如,在"Plama 案"中,仲裁庭认为投资者必须在国家明确同意将争端提交国际仲裁的情形下才可以申请国际仲裁,最惠国条款不能用来推定缔约国对国际仲裁事项的同意。[②] 反对派

---

　　① RosInvest Co. UK Ltd. v. Russian Federation, SCC Case No.079/2005, Award on Jurisdiction, paras.126-130.

　　② Plama v. Bulgaria, ICSID CASE No. ARB/03/24, paras. 197-212.

仲裁庭的代表性观点见表 1-14。

表 1-14 　　　　　　　　　　　**反对派仲裁庭的观点**

案件名称	仲裁庭观点
Plama v. Bulgaria 案	仲裁属于意定管辖，有效的仲裁协议的存在是仲裁管辖权的依据。通过最惠国条款将缔约国在不同投资条约中同意国际仲裁管辖的同意等同起来是错误的
Telenor v. Hungary 案	
Tecmed v. Mexico 案	
Berchader v. Russian 案	
Paushok v. Mongolia 案	
Salini Costruttori v. Jordan 案	

（四）公共政策

赞成派仲裁庭认为，虽然最惠国条款可以适用于投资争端解决程序，但是要符合"公共政策"的要求，只要不违反"公共政策"，最惠国条款就能适用。在"Maffezini v. Spain 案"中，仲裁庭在裁决中指出为了防止最惠国待遇被滥用，基于"公共政策考虑，至少有四种程序事项不适用最惠国待遇"：[①]

第一，不得违反用尽当地救济要求，如果基础条约要求投资者在诉诸国际仲裁之前必须用尽当地司法或者其他救济，则投资者不能援引最惠国条款。

第二，如果缔约国在基础条约中已经约定了一个包括岔路口条款的争端解决安排，当存在多种救济方式的时候，投资者一旦选择了一种救济方式，就不能再选择另外一种。这种约定不能够通过引用最惠国条款而加以规避。

第三，如果基础条约规定某个特定的仲裁机构，比如说 ICSID，就不能为了把争端提交一个不同的仲裁体系而引用最惠国条款改变这种选择。

第四，如果成员方已经同意一个包含有详细程序性规则的高度组织化的仲裁体系，比如提交给《北美自由贸易协定》（NAFTA）以及类似争端解决体系，这些机制都不能够通过最惠国条款的运作而加以更改，因为这些特定规定反映了成员方的准确意志。

---

① Maffezini v. Spain, ICSID Case No. ARB/ 97/ 7, Decision of The Tribunal on Objections to Jurisdiction, para. 63.

后来在"Siemens v. Argentina 案"中仲裁庭提出了"一国敏感的经济和外交政策",① 在"Tecmed v. Mexico 案"仲裁庭提出了"当事人赖以接受条约的基本条件和确切意图",② 在"Tza Yap Shum v. Peru 案"仲裁庭提出了"经缔约方特别谈判谈判达成的事项"③ 等新的所谓"公共政策"。赞成派仲裁庭的代表性观点见表 1-15。

表 1-15　　　　　　　　　　赞成派仲裁庭的代表性观点

案件名称	仲裁庭观点
Maffezini v. Spain 案	即便最惠国条款可以适用于投资争端解决程序,也要符合"公共政策"的要求。而"公共政策"则是个开放性的概念,需要在不同的个案中予以解释才能确定
Siemens v. Argentina 案	
Tecmed v. Mexico 案	
Tza Yap Shum v. Peru 案	

反对派仲裁庭则认为,所谓"公共政策"究竟从何而来?而且如何解释"公共政策"也是一大难题,根本没有可操作性。例如,在"Plama v. Bulgaria 案"中,仲裁庭曾经当庭询问申请人:"既然你方主张依照'Maffezini 案'中的管辖权依据,要求将最惠国条款适用于国际投资争端解决程序,那么'Maffezini 案'管辖权决定中所谓的排除最惠国条款适用的公共政策到此出自何处?"申请人的代理律师干脆直接回答说:"这个词不过是仲裁员们杜撰出来的(they just made it up)。"④ 反对派仲裁庭的代表性观点见表 1-16。

表 1-16　　　　　　　　　　反对派仲裁庭的代表性观点

案件名称	仲裁庭观点
Plama v. Bulgaria 案	"公共政策"的提法本身就值得商榷,因此并不能取得世界性的"法律确信"。就操作而言,如果支持了"公共政策"的抗辩,则东道国可能滥用这一"政策"来逃避责任
Austrian Airline v. Slovak 案	
Berchader v. Russian 案	
Tza Yap Shum v. Peru 案	

---

① Siemens A. G. v. The Argentina Republic, ICSID Case No. ARB/02/8, para. 82.
② Tecmed v. Mexico Republic, ICSID Case No. ARB/00/2, para. 136.
③ Tza Yap Shum v. Peru Republic, ICSID Case No. ARB/07/6, para. 99.
④ Plama v. Bulgaria, ICSID Case No. ARB/03/24, para. 221.

二　争议本质

由于最惠国条款的法律性质为条约义务，尽管分歧严重，但是无论是赞成派还是反对派均十分注重对缔约国在条约中规定最惠国条款的"本意"的探求，体现了对缔约国意思自治的尊重。因此，国际投资条约中最惠国条款的表述直接影响着其适用的范围，这是最惠国条款能否适用于投资争端解决程序争议的法律根源。

（一）国际投资条约中最惠国条款的表述类型

1. 最惠国条款的一般表述

虽然不同投资条约中的最惠国条款在具体内容和外延可能有很大的差别，但是其目标是一致的：所有投资者（投资）均应同等对待。[①] 因此总体上说，当今国际投资条约中最惠国条款的表述具有很大的相似性，已经形成了一定标准化和格式化的表述。[②]

有学者认为，国际投资协定中的最惠国条款一般来说通常包括以下两个方面内容：第一，缔约任何一方给予其境内的缔约另一方的公民或公司拥有或控制的投资的待遇，不得低于它给予任何第三国的公民或公司的待遇；第二，缔约任何一方给予其境内的缔约另一方的公民或公司，他们与投资相关的活动的待遇，不得低于它给予任何第三国的公民或公司的待遇。[③]

笔者认为该学者的总结是比较准确的，认为这种表述模式为"投资者+投资（活动）"模式。这种表述模式在实践中也得到了国际仲裁庭的认可，在2004年的"Siemens v. Argentine 案"的管辖权决定中，ICSID 仲裁庭就认为，投资条约在表述最惠国条款的适用范围时并列提到"投资者"和"与投资有关的活动"或者单独提及其中一项仅仅是一种强调，不能认为没有提及上述任何一点就意味着对该点的排除。就最惠国条款的适用而言，强调投资条约在界定最惠国条款的适用范围时

---

① UNCTAD, "Most-Favored-Nation Treatment", *UNCTAD Series on issues in international investment agreements*, UNCTAD/ITE/IIT/10/Vol. Ⅲ, UN, 1999, p. 5.

② Ruth Teitelbaum, "Who's afraid of Maffezini? Recent Developments in the Interpretation of the Most Favored Nation Clause", *Journal of International Arbitration*, Vol. 22, 2005.

③ Stephan W. Schill, "Multilateralizing Investment Treaties Through Most-Favored-Nation Clauses", *Berkeley Journal of International Law*, Vol. 27, 2009.

措辞的不同没有实质的意义。① 此外，第二年（2005）"Plama案"仲裁庭也持同样的观点。② 从国际投资协定中最惠国条款表述的缔约实践来看，当前国际上大部分国际投资协定中最惠国条款也是围绕这种表述模式展开的。例如，美国 2012BITs 范本中第 4 条对最惠国条款的表述（见表 1-17）：

表 1-17　　　　　　　美国 2012BITs 范本最惠国条款

第 4 条：最惠国待遇③	1. 缔约一方应当对缔约另一方投资者在其境内设立、并购、扩大、管理、运营、销售或其他投资处置方面，在同等情况下给予不低于任何第三国投资者享有的待遇。 2. 缔约一方应当对合格投资在其境内设立、并购、扩大、管理、运营、销售或其他投资处置方面，在同等情况下给予不低于任何第三国投资者投资享有的待遇

再如 2012 年中国签订的中国—加拿大 BITs 中第 5 条第 1 款和第 2 款的表述（见表 1-18）：

表 1-18　　　　　　　中国—加拿大 BITs 最惠国条款

第 5 条：最惠国待遇	1. 任一缔约方给予另一缔约方投资者在设立、购买、扩大、管理、经营、运营和销售或其他处置其领土内投资方面的待遇，不得低于在类似情形下给予非缔约方投资者的待遇。 2. 任一缔约方给予涵盖投资在设立、购买、扩大、管理、经营、运营和销售或其他处置其领土内投资方面的待遇，不得低于在类似情形下给予非缔约方投资者投资的待遇

但是这种表述模式到了具体的国际投资条约中其适用范围也会有差

---

① Siemens A.G.v.The Argentina Republic, ICSID Case No.ARB/02/8, Decision on Jurisdiction of August 3, 2004, para.36.

② Plama v. Bulgaria, ICSID Case No. ARB/03/24, Decision on Jurisdiction of February 8, 2005, para. 190.

③ 美国 2012 年 BITs 范本第 4 条英文原文为：Article 4: Most-Favored-Nation Treatment 1. Each Party shall accord to investors of the other Party treatment no less favorable than that it accords, in like circumstances, to investors of any non-Party with respect to the establishment, acquisition, expansion, management, conduct, operation, and sale or other disposition of investments in its territory. 2. Each Party shall accord to covered investments treatment no less favorable than that it accords, in like circumstances, to investments in its territory of investors of any non-Party with respect to the establishment, acquisition, expansion, management, conduct, operation, and sale or other disposition of investments.

别，主要的差别有：准入阶段不同最惠国条款的差别、特定事项最惠国条款的差别、最惠国条款适用例外差别等。

2. 准入阶段不同最惠国条款的表述

当前世界上大部分国家缔结的国际投资条约只规定对外资准入以后的投资给予最惠国待遇。如2003年签订的《中华人民共和国和德意志联邦共和国关于促进和相互保护投资的协定》第3条规定："缔约一方投资者在缔约另一方境内与投资有关的活动所享受的待遇，不应低于同缔约另一方订有同类协定的第三国投资者与投资有关的活动所享受的待遇。"再如2005年签订的《中华人民共和国和捷克斯洛伐克关于促进和保护投资协定》（附加议定书）第3条第2款规定："缔约一方给予缔约另一方投资者在其境内的投资及与投资有关活动的待遇，不应低于其给予任何第三国投资者的投资及与投资有关活动的待遇。"①

而美国和加拿大的双边投资保护协定范本和缔约实践都将最惠国待遇扩展到投资设立时（establishment）和设立后两个阶段。如上文中美国2012BITs范本所述与中国—加拿大BITs第5条。这种最惠国条款的表述不仅列出了所涵盖的投资活动，并且明确规定这些优惠只有在"类似情况下"（in like circumstances）才适用，如美国在1997年签订的《美国—智利自由贸易协定》、2003年签订的《美国—新加坡自由贸易协定》和《北美自由贸易协定》等都有这样的表述。②

3. 特定事项最惠国条款的表述

在部分国际投资条约中，除了有专门的最惠国条款外，在该条约的征收与补偿条款和战乱与补偿条款中往往也有最惠国待遇的规定。例如，1988年签订的《中华人民共和国和日本国关于鼓励和相互保护投资协定》中第5条规定："1. 缔约任何一方国民和公司的投资财产和收益，在缔约任何一方境内，应始终受到保护和保障。2. 缔约任何一方国民和公司的投资财产和收益，在缔约另一方境内，只有为了公共利益，依照法律和法规，非歧视性的给予补偿，方可采取征收、国有化或其他类似效果的措施。3. 本条第2款所述的补偿，应使该国民和公司处于未被采取本条第2

①　商务部条法司：《中华人民共和国和捷克斯洛伐克关于促进和保护投资协定》（http：//tfs. mofcom. gov. cn/artiele/h/au/200405/20040500218063. html）

②　OECD, "Most-Favored-Nation Treatment In Investment Law", *Working Papers on International Investment by OECD*, No.2004 \ 2, p.5.

款所述的征收、国有化或其他类似效果的措施时相同的财政状况。补偿不得迟延。补偿应能有效地兑换和自由转移，兑换和转移时所使用的外汇兑换率按确定补偿价款之日使用的有效兑换率。4. 缔约任何一方国民和公司，当其投资财产和收益被采取征收、国有化或其他类似效果的措施时，有权就这些措施和补偿的价款，根据采取这些措施的缔约另一方的有关法律和法规，请求或接受该缔约另一方有管辖权的法院的审理，或向有权限的行政机关提出申诉。5. 缔约任何一方在其境内，关于本条第 1 款至第 4 款规定的事项，给予缔约另一方国民和公司的待遇，不应低于给予第三国国民和公司的待遇。"其第 6 条接着规定："缔约任何一方国民和公司，在缔约另一方境内，由于发生敌对行为或国家紧急状态而使其投资财产、收益或与投资有关的业务活动受到损害，如该缔约另一方就发生敌对行为或国家紧急状态而采取任何措施时，享受不低于第三国国民和公司的待遇。"此外，1984 年签订的《中华人民共和国政府和法兰西共和国政府关于相互鼓励和保护投资的协定》第 4 条第 3 款和 2003 年签订的《中华人民共和国和德意志联邦共和国关于促进和相互保护投资的协定》第 2 条第 2 款都有类似的规定。①

不同的投资条约在最惠国条款适用于这些特定事项的范围上也会产生差异，如只规定了征收与补偿条款或战乱与补偿条款中的一项，或者征收和战乱判定的条件也存在差异。导致了特定事项上的最惠国条款适用的差别。

4. 最惠国条款适用例外的表述

几乎所有的国际投资条约中都规定了最惠国条款的适用例外，即缔约任何一方的投资者都不能根据最惠国条款在条约中规定的这些例外领域享受到最惠国待遇。② 最惠国条款适用例外的规定表明了缔约国对最惠国待遇的一种谨慎，避免了最惠国条款给缔约国带来的种种不确定性。与 WTO 中最惠国条款适用例外的规定不同，国际投资条约中最惠国条款适

---

① 商务部条法司：《中华人民共和国和德意志联邦共和国关于促进和相互保护投资的协定》（http：//tfs. mofcom. gov. cn/aarticle/h/at/200212/20021200058344. html）。

② UNCTAD, "Most-Favored-Nation Treatment", *UNCTAD Series on issues in international investment agreements*, UNCTAD/ITE/IIT/10/Vol. Ⅲ, UN, 1999, p. 39.

用例外往往缺乏体系化，① 这些例外可能规定在条约的正文中，也有可能规定在条约的附件或者议定书中。一般来说，在国际投资条约中常见的最惠国条款适用例外有：

（1）区域经济一体化组织

区域经济一体化组织一般包括自由贸易区、货币同盟、关税同盟、共同市场等形式。② 世界区域经济一体化的趋势是在经济全球化进程中出现的一种经济现象。区域经济一体化组织的国家（地区）往往地理位置相邻、经济法发展水平相当、基本制度差别不大，在包括投资政策在内的经济问题上更容易达成共识。因此在经济一体化组织内部往往相互给予特殊的投资待遇，这种待遇不能通过最惠国条款扩展至区域经济一体化组织以外的国家（地区）。③ 例如，1988 年签订的中国—新西兰 BITs 中第 5.1 条规定："本协定关于给予不低于任何第三国国民和公司待遇的规定，不应解释为缔约一方有义务因下述原因所产生的待遇、优惠或特权给予缔约另一方的国民和公司：1. 任何有关海关、金融、关税或贸易的地区性安排（包括自由贸易区）或任何旨在将来导致实施这类地区性安排的协议。2. 任何与同一地区第三国在具体项目范围内做出的旨在促进地区性的经济、社会、劳动、工业或金融合作的安排。"

（2）边境贸易例外

在相当一部分国际投资条约中缔约国会将"边境贸易"作为拒绝给予对方最惠国待遇的事项。联合国国际法委员会的《关于最惠国条款的规定（草案）》第 25 条规定："1. 一个非接壤的受惠国无权根据最惠国条款，享受授予国为了方便边境贸易所给予一个接壤的第三国的待遇。2. 一个接壤的受惠国只有在最惠国条款的主题是方便边境贸易的情况下，有权根据该条款享受不低于一个授予国为了方便边境贸易所给予一个接壤的第三国的待遇。"但是在缔约实践中，对于什么是"边境贸易"，需要投

---

① 如 GATT1994 中明文规定最惠国条款例外的有第 12 条（国际收支平衡）、第 20 条（一般例外）、第 21 条（安全例外）、第 24 条（关税同盟）、第 25 条（义务豁免）、第 33 条（议定书条件）、第 35 条（权利保留）。参见赵维田《最惠国与多边贸易体制》，社会科学文献出版社 1996 年版，第 66 页。

② ［美］约翰·H. 杰克逊：《世界贸易体制——国际经济关系的法律与政策》，张乃根译，复旦大学出版社 2001 年版，第 185—187 页。

③ United Nation Center on Transnational Corporation, *Bilateral Investment Treaties*, Graham & Trotman Limited Press, 2008, pp. 208-224.

资协定做出更具体解释。如 2005 年签订的《中华人民共和国和捷克斯洛伐克关于促进和保护投资协定（附加议定书）》第 3.3 条 "边境贸易"解释为 "旨在便利边境地区小额边境贸易的任何安排"。

（3）某些具体事项的排除

在有些国际投资条约中会将一些具体事项排除在最惠国条款的适用范围之外，常见的有税收事项、知识产权事项、政府采购、国有企业维持、渔业等。例如 NAFTA 第 1103 条例外规定的附件 4 第 2 段规定："每一缔约方将本协议生效后签署或生效的国际协议中涉及航空、渔业、海事包括海上救助或通信传输网络和通信传输服务所给予的待遇，作为第 1103 条适用的例外。"再如 2012 年签订的中国—加拿大 BITs 第 8.1.1 条规定："最惠国待遇不适用于与航空、渔业或海事相关的事项，包括海难救助"；第 8.2.1 条规定："最惠国待遇不适用于：1. 一缔约方境内维持的任何现存的不符措施；2. 自本协定生效后，在销售或以其他方式处置某一现存国有企业或某一现存政府机构中政府的股东权益或资产时维持或采取的措施，该措施禁止或限制对股东权益或资产的所有或控制，或者对高级管理人员或董事会人员施加国籍要求。"

（4）"祖父条款"例外

"祖父条款"[1] 是保护已经获得的利益，使其不受后来立法侵害的法律规则。[2] 这样的条款在许多投资条约中存在。如 2012 年签订的中国—加拿大 BITs 第 8.1.2 条规定："最惠国待遇不适用于根据 1994 年 1 月 1 日前生效的任何双边或多边国际协定给予的待遇。"再如 1982 年签订的中国—瑞典 BITs 中第 2.3 条的规定："尽管有本条第二款（最惠国条款）的规定，缔约一方如已同其他国家缔结关于组织关税同盟或自由贸易区的协议，则应有给予该协议参加国投资者的投资以更优惠待遇的自由。缔约一方也有按在本协定签字前同其他国家缔结的双边协议规定，给予其他国家投资者的投资以更优惠待遇的自由。"

因此，不同的投资条约中的最惠国条款适用例外是不同的。缔约

---

① 祖父条款来自美国国内法。在 1860 年美国解放黑奴的南北战争结束后，南方的几个州反黑人势力团体试图在本州宪法中写入这样的条款：只有在 1867 年以前有选举权的人（那时黑人没有选举权），其子孙后裔才享有选举权。由于在讨论拟定这个条款时，这些黑人后裔大都是孙子辈的人了，所以该条款实际上意味着选举权是祖父辈特有的权利，祖父条款因此得名。

② 赵维田：《最惠国与多边贸易体制》，社会科学文献出版社 1996 年版，第 15 页。

国可能会根据实际情况，选择一种或数种例外来排除最惠国待遇的适用。

通过上述对国际投资条约中最惠国条款表述的类型进行类别化后，可以看出不同的国际投资条约中的最惠国条款的表述差别很大。以至于有国际仲裁庭认为每一个国际投资条约中的最惠国条款"本身就是一个世界，其适用范围需要逐一分析才能确定"[1]。但是有一点可以明确的是，依照国际条约法解释理论中"（条约）不需要解释的就不必解释"的原则，[2] 如果最惠国条款的上述表述类型中能明确规定最惠国条款的适用范围，则非常有助于理解最惠国条款能否适用于国际投资争端解决程序问题。但是从当前的实践来看，所有案件中均没有这样的情况出现。则此时只有根据投资条约中最惠国条款的措辞，再次类别化最惠国条款与投资争端解决程序关系的表述类型。

（二）最惠国条款与投资争端解决程序关系的表述类型

国际投资争端的解决程序是指对处理国际投资争端所应采取何种特定方法的考虑，[3] 如磋商、外交保护、东道国国内诉讼、国际仲裁等。国际投资条约中的最惠国条款适用范围是否包括投资争端解决程序，就当前国际投资条约中条文的措辞表述来看，可以说是"含糊不清"的。[4] 但是经过仔细研究和类别化后，可以分为以下几种类型：

1. 最惠国条款适用于投资争端解决程序

世界上采用这种表述的国家不多，典型的是英国。《英国双边投资条约（范本）》第3条第1、2款首先规定了对外资的国民待遇和最惠国待遇标准，第3款接着表明："为了避免疑义，兹确认上述第1、2款应适用于本协定第8条规定。"而该投资条约范本第8条正是关于争端解决的规定。英国在对外签订国际投资条约，尤其是双边投资条约的实践中，大量

---

① Tza Yap Shum v. Peru Republic, ICSID Case No. ARB/07/6, para. 197.

② 李浩培：《条约法概论》，法律出版社2003年版，第337页。

③ 肖冰：《论国际投资争端的解决方式与法律适用问题》，《国际贸易问题》1997年第4期。

④ Scott Vessel, "Clearing a Path Through a Tangled Jurisprudence: Most -Favored -Nation Clauses and Dispute Settlement Provision in Bilateral Investment Treaties", *Yale Journal of International Law*, Vol. 32, 2007.

地使用了这种表述，明确规定最惠国条款可以适用于争端解决程序。① 因此，这样表述被视为是英国的"样板条款"。②

2. 未提及最惠国条款与投资争端解决程序的关系

这种表述使用"所有事项""所有权利"等措辞或仅仅使用"待遇"一词概括其所涉及的事项范围，但并未提及是否涉及争端解决程序问题。如《西班牙—阿根廷双边投资条约》第 4 条第 2 款："对于本协定下所有事项（all matters subject to the treaty）不应低于其给予第三国投资者在其境内之投资的待遇。"③ 再如，2003 年《中国—德国双边投资条约》第 3 条第 3 款："缔约一方给予缔约另一方投资者的投资和与该投资有关的活动的待遇不应低于其给予本国或任何第三国投资者的投资及与投资有关的活动的待遇。"

3. 未明确最惠国条款与投资争端解决程序的关系

这种表述采取了在条约中列举的方式来限制最惠国条款所适用的范围，但没有明确指明争端解决程序是否包括在此范围之内。如 NAFTA 第 1103 条对最惠国条款的适用范围规定为"投资的开业、收购、扩张、管理、计划的实施、经营以及销售或其他投资处置方面"。尽管该条款对最惠国条款的适用范围做出了限制，但此类限制仍未能明确表达最惠国条款

---

① 据笔者统计，截至 2017 年 6 月 30 日，英国已经在至少 38 项双边投资条约中明确规定："为避免疑义计，最惠国待遇条款适用于争端解决事项。"这些条约分别是 1990 年英国—布隆迪 BITs、1993 年英国—亚美尼亚 BITs、1993 年英国—巴巴多斯 BITs、1993 年英国—立陶宛 BITs、1993 年英国—秘鲁 BITs、1993 年英国—特立尼达和多巴哥 BITs、1993 年英国—乌克兰 BITs、1993 年英国—乌兹别克斯坦 BITs、1994 年英国—帕劳 BITs、1995 年英国—洪都拉斯 BITs、1994 年英国—爱沙尼亚 BITs、1994 年英国—吉尔吉斯斯坦 BITs、1994 年英国—巴基斯坦 BITs、1995 年英国—科特迪瓦 BITs、1994 年英国—拉脱维亚 BITs、1995 年英国—斯威士兰 BITs、1994 年英国—南非 BITs、1995 年英国—古巴 BITs、1995 年英国—委内瑞拉 BITs、1995 年英国—格鲁吉亚 BITs、1995 年英国—哈萨克斯坦 BITs、1995 年英国—老挝 BITs、1995 年英国—土库曼斯坦 BITs、1996 年英国—阿尔巴尼亚 BITs、1996 年英国—马尔代夫 BITs、1996 年英国—尼加拉瓜 BITs、1996 年英国—斯洛文尼亚 BITs、1996 年英国—智利 BITs、1997 年英国—汤加 BITs、1998 年英国—乌干达 BITs、1999 年英国—黎巴嫩 BITs、2000 年英国—肯尼亚 BITs、2000 年英国—塞拉里昂 BITs、2001 年英国—萨尔瓦多 BITs、2002 年英国—安哥拉 BITs、2002 年英国—波黑 BITs、2002 年英国—瓦努阿图 BITs、2002 年英国—越南 BITs。

② 徐崇利：《从实体到程序：最惠国待遇适用范围之争》，《法商研究》2007 年第 2 期。

③ Maffezini v. Spain, ICSID Case No. ABR/97/7, Decision of The Tribunal on Objections to Jurisdiction, para. 14.

是否能够适用于争端解决程序性问题。[1]

4. 明确规定最惠国条款不适用于争端解决程序

这种表述明确反对将最惠国条款适用于投资争端解决程序。例如2008年《加拿大与秘鲁自由贸易协定（附件）》第804条第1款规定："最惠国待遇并不包括国际条约或贸易协定中规定的争端解决机制，例如投资争端解决程序等。"再如2012年中国—加拿大BITs中第5条第3款的表述："为进一步明确，本条第一款和第二款提及的待遇不包括例如第三部分所述的，其他国际投资条约和其他贸易协定中的争端解决机制。"更为值得一提的是，当前在国际上颇为引人注目的《跨太平洋战略经济伙伴关系协定》（TPP）投资章节第12.5条第3款也采取了这种措辞："（各方）进一步明确，本条的待遇不适用于B部分中的国际争端解决程序或者类似机制。"[2]

由上内容可知，第一和第四种类型措辞的最惠国条款，缔约国的意图很清晰明确。在发生投资争议时具有准确的指引性，争端双方之间不会发生争议。但是第二和第三两种类型措辞的最惠国条款，由于条款表述的模糊性和概括性，这正是引起本书所讨论的问题的法律根源。也是引起最惠国条款在国际投资争端解决程序适用之争的法律本质。因其表述措辞的内在缺陷，在发生投资争议后很容易被投资者援引去争取所谓"更优"的国际仲裁庭管辖权的成立。这使得对最惠国条款的适用范围的理解成为一个条约的解释问题，也使得仲裁员的解释成为关注的焦点，[3]导致了最惠国条款的适用存在着很大的不确定性与不可预期性。因此，实践中出现了仲裁机构采用不同的解释方法得出不同的裁决结果的情形也就不足为

---

[1]　自NAFTA生效以来，只有两起案件涉及第11章下的最惠国条款，即Pope v. Canada和ADF v. USA案。但是这两个案件都不涉及争端解决程序的争议。关于这两个案件的具体分析，可参见叶兴平《国际争端解决机制的最新发展——北美自由贸易区的法律与实践》，法律出版社2006年版，第86—88页。

[2]　英文原文为：For greater certainty, the treatment referred to in this Article does not encompass international dispute resolution procedures or mechanisms such as those included in Section B.

[3]　Martins Paparinskis, "MFN Clause and International Dispute Settlement: Moving beyond Maffezini and Plama?" *ICSID Review—Foreign Investment Law Journal*, Vol 26, No. 2, 2011. 在笔者看来，这是因为法律文本无论如何也阻挡不了解释者对其内容的扩展和丰富，更阻挡不了解释者价值观念的融入。解释者解释法律总是要受到两个方面的限制：一是法律文本所载明的确定性的意义，二是解释和运用法律的共同体对法律文本的主流的理解。参见陈金钊《法律解释的哲理》，山东人民出版社1999年版，第83页。

奇了。

（三）争议本质的缘由

由于条约有必须依缔约国意思一致而产生的特点,[①] 因此最惠国条款的适用范围毫无疑义应取决于缔约国的合意,并通过条约中最惠国条款的用语和措辞表现出来。在前述国际仲裁的实践中,所有的国际仲裁庭均使用了不同的条约解释方法去解释涉案的投资条约中的最惠国条款的用语和措辞,力求探明缔约国所谓的"真实意图"来增强裁判的说理性。

但是笔者这里有明显的疑问,如果说在 2000 年"Maffezini 案"之前,世界各国可能没有意识到该问题的存在,那么在"Maffezini 案"发生后十多年的缔约实践中,各缔约国"真实意图"为什么不明确在投资条约里面呢? 即各缔约国为什么不就最惠国条款是否适用于国际投资争端解决程序明确表态呢? 对这种不明确的情形,笔者认为这些缔约国可能的"真实意图"不外乎有以下几种:

（1）缔约国共同的意思就是适用。尤其是对于那些已经加入 WTO 的缔约国而言,由于 WTO 当中的"普遍最惠国待遇"的要求和影响,缔约国也会将国际投资条约中的最惠国条款的适用和 WTO 中最惠国条款的适用联系起来,认为最惠国条款适用于投资争端解决程序是不需要单独说明的,缔约国对于最惠国条款将来可能的扩大适用是有预期的。

（2）已经了解"Maffezini 案"的裁决,但是认为自己的条约实践是一贯的而且连续的,是否适用是无关紧要的"公共政策"问题,即使将来被投资者诉上国际仲裁庭,本国也有足够的理由去抗辩。即便抗辩不成,在执行阶段仍然可以以"公序良俗"为由或通过国内司法审查措施等[②]来进一步减弱裁决的效果。

（3）已经了解"Maffezini 案"的裁决,然而对于是否适用,缔约双方并不能达成一致。此种分歧大多在双方缔约时就已经存在,只不过作为妥协,为了尽快达成条约,含糊其辞罢了。在这种缔约国真实意图并不一

---

① 李浩培:《条约法概论》,法律出版社 2003 年版,第 208 页。

② 例如,阿根廷在国际仲裁庭多次被诉后,阿根廷最高法院认为,凡涉及阿根廷公共政策的仲裁裁决,阿根廷各级法院有权审查该裁决的合理性和合宪性,如果存在仲裁裁决违反阿根廷公共政策的情形,当事人对诉诸阿根廷司法机构司法审查权的放弃无效。See Carlos E. Alfaro, Argentina: ICSID Arbitration and BITs Challenged By the Argentina Government, http://www.alfarolaw.com/ima/tapa/alfaro3.htm.

定相同的情况下，条约约文中表示出的"共同"意图当是唯一有效的。这也是当前国际仲裁中仲裁庭面对最多的情形。

（4）个别情况下，缔约双方均不了解"Maffezini 案"的裁决。这种情形笔者认为出现的概率很小，因为当今世界是个信息化的世界，无论是政府还是个人要想获得国际仲裁（尤其是 ICSID）案件的相关信息是十分便捷和容易的。除非某个国家实行严格的外资禁入或者该国政局动荡、战乱不止，以至于没有投资者愿意到该国投资，或者该国法律禁止对外投资或国贫民弱，没有实力对外投资，否则这种不了解国际仲裁发展的情形在当代世界是不该出现的，但是这种情形在理论上确实是存在的。

不管是属于上述哪种情形，这种最惠国条款适用范围模糊性表述的情形确实一直持续了多年。直到今天除了少数国家（如英国、澳大利亚）在条约中予以明确外，大多数国家在投资条约中保持了这种模糊性的表述。

笔者从利益分析的角度，认为原因在于缔约时无论是投资者母国还是东道国的地位都比较尴尬，处于两难选择的境地。作为母国自是希望本国的投资者能最大程度维护其利益，如果在投资条约中言明最惠国条款适用于投资争端解决程序，但是谁又能保证将来母国自己不会面对同样的问题？如果言明最惠国条款不适用于投资争端解决程序，可能又招致本国投资者的不满。反之，东道国也有这样的担忧，即一旦日后角色互换，也将面临投资者母国的处境。这也许是当前不少国家在最惠国条款是否适用于国际投资争端解决程序问题上保持沉默的原因。因此，最保险的做法就是在投资条约中对最惠国条款与投资争端解决程序的关系问题采取模糊性的表述，将这个"烫手山芋"交给国际仲裁庭去解决，这也许是国家间一种成功的缔约技巧，[①] 体现出较高的政治智慧。

虽然缔约国可以策略性地处理上述问题，但是由于不同国际投资条约中最惠国条款表述的多样性和模糊性，加之其适用范围也没有统一的国际标准，因此在发生争议后，必须依照缔约国的意思明示或者裁判机构的解

---

① 在学者杰克逊看来，国际经贸谈判中的妥协需要在很多地方留下，或者至少容忍模棱两可的规定，否则大多数谈判无法达成。参见［美］约翰·H. 杰克逊：《世界贸易体制——国际经济关系的法律与政策》，张乃根译，复旦大学出版社 2001 年版，第 53—54 页。

释方得以适用。①

就缔约国的意思明示而言，包括两种情形：一种是发生争议后，缔约国主动向裁判机关申明条约中最惠国条款的适用范围；另一种是裁判机关主动向缔约国政府探询其缔结条约中最惠国条款的适用范围。但是从法理上来看，缔约国和裁判机构均无这样的法定义务，且从操作层面而言，存在着技术难度②和利益因素③，所以在实践中鲜有上述两种情形出现。

就裁判机构的解释而言，由于当前存在的国际裁判的不一致性以及国际裁判的"不遵循先例"的要求，④ 也难以得出统一的让缔约国和理论界满意的规则。

因此，此时缔约国"真实意图"的判断就陷入困境。这导致了实践中国际仲裁庭竭尽全力使用各种方法解释最惠国条款，而缔约国（尤其是东道国）和理论界总是不满的"费力不讨好"的情形出现。加之当前理论上对最惠国条款的适用范围也没有深入研究而形成较为统一的共识，所以仲裁实践与理论界对最惠国条款能否适用于投资争端解决程序的分歧将一直持续下去。

---

① OECD, "Most-Favored-Nation Treatment in International Law", *Working Papers on International Investment*, 2004, pp. 3-5.

② 例如，缔约国和仲裁庭采取何种方式沟通：书面还是口头？由缔约国哪个机关来做出解释：立法机关？行政机关？司法机关？

③ 例如，投资者母国和东道国缔约国完全有可能做出相反的意思。此外，笔者认为现实中最可能出现的情形是仲裁庭主动询问缔约国，但是缔约国会出于各种考虑而置之不理。

④ 刘笋：《国际投资仲裁裁决的不一致性问题及其解决》，《法商研究》2009 年第 6 期。

第二章 最惠国条款适用于国际投资争端解决程序的现实判断：条约解释

由于最惠国条款的法律性质，使得国际仲裁庭和理论界分歧的根源在于投资条约中最惠国条款表述的模糊性。而"法律规定的不明确是引起国际争端的因素之一"①。但是，作为一种常见的法律现象，法律条文的模糊性是所有法律体系的共同特征，是其固有的特性。② 由于"法院不得以法律未设规定而拒绝裁判"③，在发生争端后，法律的解释就显得尤为重要，④ 也是十分必要的。⑤ 有学者认为"法律必须经由解释，始能适用，解释之中寓有创造法律之功能"⑥。在联合国国际法委员会看来，关于最惠国条款适用的核心问题在于如何去解释它。⑦ 还有学者也指出当前国际投资条约中围绕最惠国条款适用范围的主要问题是对它的过度解释。⑧

尽管当前国际法学者对于条约解释的原则有过分歧，但是对于目前适

---

① ［英］M. 阿库斯特：《现代国际法概论》，汪瑄、朱奇武等译，中国社会科学出版社1981年版，第3页。

② 陈欣：《WTO 争端解决中的法律解释——司法克制主义 VS. 司法能动主义》，北京大学出版社2010年版，第1页。

③ 王泽鉴：《民法学说与判例研究》（第2册），中国政法大学出版社2005年版，第3页。

④ 庞德认为法律解释是"对所选定或者确定的规则进行解释，即根据立法意图或者指向的范围，决定其含义"。See Roscoe Pound, *An Introduction to the Philosophy of Law*, Yale University Press, 2012, p. 29. 中国台湾地区学者黄茂荣指出："法律适用上之困难，主要在于解释上，而非在于语义上的问题。"参见黄茂荣《法学方法与现代民法》，中国政法大学出版社2001年版，第62页。

⑤ 李浩培先生认为，条约的解释是指对一个条约的具体规定的正确意义的剖析明白。条约必须善意履行，为了善意履行条约，必须明了条约规定的正确意义，特别是条约规定所用的文字含糊不清时。参见李浩培《条约法概论》，法律出版社2003年版，第334页。

⑥ 王泽鉴：《民法学说与判例研究》（第2册），中国政法大学出版社2005年版，第16页。

⑦ International Law Commission, Report of the Working Group on the Most – Favored – Nation Clause, UNDOC. A/CN. 4/L. 719, 20 July 2007, para. 34.

⑧ Tony Cole, "The Boundaries of Most Favored Nation Treatment in International Investment Law", *Michigan Journal of International Law*, 2012, 33 (3).

用的规则已经没有任何争议，即《维也纳条约法公约》第 31 条[①]以及其所体现的习惯国际法规则。[②] 在实践中无论是赞成派仲裁庭还是反对派仲裁庭，在对最惠国条款进行解释的时候，都围绕《维也纳条约法公约》第 31 条展开解释，力求探寻缔约国签订投资条约时规定最惠国条款的"真实意图"。但是，近年来有不少学者认为，通过《维也纳条约法公约》第 31 条的条约解释方法并不能解决最惠国条款能否适用于投资争端解决程序问题。[③] 笔者认同这种观点，认为如果继续从仲裁庭解释方法的角度去研究最惠国条款能否适用于国际投资争端解决程序问题将很难得出结论，这必然将陷入各种错综复杂的解释规则的"陷阱"，除了能对个案仲裁庭的解释方法和立场提出批评外，很难找出具有普适性的一般的规律。[④]

除了条约的解释方法外，国际仲裁庭和学者也对最惠国条款适用的规则进行了解释和研究。从法律实然层面来看，虽然当前国际上对最惠国条款的适用规则存在着不同的理解，但是还是形成了一些较为统一的认识，包括一般适用规则和适用例外规则。最惠国条款适用于国际投资争端解决程序亦应符合其适用的规则。

---

① 《维也纳条约法公约》第 31 条（解释之通则）：一、条约应依其用语按其上下文并参照条约之目的及宗旨所具有之通常意义，善意解释之。二、就解释条约而言，上下文除指连同弁言及附件在内之约文外，并应包括：（甲）全体当事国间因缔结条约所订与条约有关之任何协定；（乙）一个以上当事国因缔结条约所订并经其他当事国接受为条约有关文书之任何文书。三、应与上下文一并考虑者尚有：（甲）当事国嗣后所订关于条约之解释或其规定之适用之任何协定；（乙）嗣后在条约适用方面确定各当事国对条约解释之协定之任何惯例；（丙）适用于当事国间关系之任何有关国际法规则。四、倘经确定当事国有此原意，条约用语应使其具有特殊意义。

② 肖军：《剪不断，理还乱——国际投资仲裁管辖与最惠国待遇条款的解释》，载张庆麟主编《全球化时代的国际经济法》，武汉大学出版社 2008 年版，第 410 页。另见郭桂环《论 BIT 中最惠国待遇条款的解释》，《河北法学》2013 年第 6 期。

③ 徐崇利教授根据国际仲裁庭不同裁决中对最惠国条款的解释入手，根据《维也纳条约法公约》第 31 条分别从同类规则、文本分析原则、效果分析原则角度批评了国际仲裁庭对最惠国条款的解释存在巨大缺陷，认为《维也纳条约法公约》第 31 条不能解决最惠国条款能否适用于国际投资争端解决程序问题。参见徐崇利《从实体到程序：最惠国待遇适用范围之争》，《法商研究》2007 年第 2 期。国外学者 Scott Vessel 也持有类似观点。See Scott Vessel, "Clearing a Path Through a Tangled Jurisprudence: Most-Favored-Nation Clauses and Dispute Settlement Provision in Bilateral Investment Treaties", *Yale Journal of International Law*, Vol. 32, 2007.

④ 当然，笔者还认为，从当前国际仲裁的实践来看，仲裁庭的组成人员大多是国际上专业性很强的资深法律专家，其法律理论能力和实践水平应高于笔者，尤其是来自英美法系的仲裁员，其撰写的裁决文书中的说理部分逻辑很强且论证严密，远胜于中国国内裁判机关的法律文书，笔者很难从法律或者技术上找到明显的漏洞。

第一节　最惠国条款的适用规则

国际条约中最惠国条款表述措辞的多样性使得当前国际社会对于最惠国条款的适用规则并不能取得一致的意见，导致了全球性的相关规则目前还没有形成。经济合作与发展组织（OECD）多边投资协议（MAI）谈判的失败也提供一个很好的注脚，这个事件也说明了国际社会对于包括最惠国待遇在内的投资待遇存在分歧。联合国国际法委员会甚至在2013年7月的一份关于最惠国待遇的专门报告中对最惠国条款的国际统一立法并不看好，认为短期内国际上仍然对最惠国条款的规则"存在严重分歧，且这种分歧是不可调和的"①。但是，在最惠国条款几百年来的实践中，在国际上还是形成一些对最惠国条款的适用具有普遍指导性的规则，对本书的研究具有指导意义。

一　规则的渊源

就最惠国条款适用规则的内容而言，可以分为一般适用规则和适用的例外规则。尤其是作为最惠国条款适用的"反向规定"，最惠国条款适用例外的规定往往是缔约方在谈判过程中的利益妥协。如果没有例外的规定，无疑会影响谈判的达成。因此各个缔约国会根据各国国内的具体情况以及谈判能力的强弱，在条约中加入各种所欲的例外。② 因此，笔者对最惠国条款的适用规则的渊源从立法、学理、实践三个层面进行类别化后，分为一般规则和例外规则两个方面来展开论述。

（一）立法

目前国际上并不存在普遍的规定最惠国条款适用的国际公约，仅有的一般性法律文件是联合国国际法委员会在1978年起草的《关于最惠国条款的规定（草案）》。③ 该草案试图对最惠国条款运作的基本框架和法律

---

① United Nations, Report of the International Law Commission, Sixty-fifth session, Supplement No. 10, 2013 (A/68/10), pp. 150-164.

② Wintershall v. Argentina, ICSID Case No. ARB/04/14. para. 177.

③ 草案内容详见 http://www.china.com.cn/law/flfg/txt/2006-08/08/content_ 7057055.htm。

结构进行规制。① 虽然该草案变为正式条约的问题最终不了了之，但是该草案为如何理解及适用最惠国条款提供了一般的指南。② 而且在实践中审理涉及最惠国条款适用问题案件的法院③或者仲裁庭通常也都援用该草案的规定并结合个案的具体情形来分析最惠国条款的适用问题。④ 因此有些国家认为草案本身反映了国际法的有关内容，虽然这并不意味着国家给予对方最惠国待遇是出于国际习惯法的要求。⑤

基于此，笔者认为在国际上没有更新更权威的有关最惠国条款的立法出现之前，该草案对研究最惠国条款有着重要的意义。尤其是该草案对最惠国条款适用规则的规定，更是在国际上有着较为权威的示范作用。

1. 一般规则

草案中最惠国条款适用规则的规定主要有第 4 条、第 5 条、第 9 条和第 10 条，内容如表 2-1：

表 2-1　《关于最惠国条款的规定（草案）》最惠国条款适用规则

条款	内容
第 4 条（最惠国条款）	最惠国条款是一项条约规定，据此规定一国向另一国承担一种义务，在约定的关系范围内给予最惠国待遇
第 5 条（最惠国待遇）	最惠国待遇是授予国给予受惠国或与之有确定关系的人或事的待遇不低于授予国给予第三国或与之有同于上述关系的人或事的待遇
第 9 条（根据最惠国条款的权利的范围）	1. 根据最惠国条款，受惠国为了自身或为了与之有确定关系的人或事的利益，仅获得该条款的主题范围之内的权利 2. 受惠国根据第 1 款取得权利，只同该条款规定的或条款主题默示的人或事有关

---

① 黄世席：《国际投资仲裁中最惠国条款的适用和管辖权的新发展》，《法律科学》2013 年第 2 期。

② 陈安、蔡从燕：《国际投资法的新发展与中国双边投资条约的新实践》，复旦大学出版社 2007 年版，第 184 页。

③ 见英伊石油公司案、美国国民在摩洛哥的权利案、Ambatielos 案。

④ Marie-France Houde, "Most-Favored-Nation Treatment in International Investment Law", *OECD Working Paper*, No. 2, 2004.

⑤ The comments of Colombia, Netherlands, Sweden in "Comments of Member States, organs of the United Nations, specialized agencies and other intergovernmental organizations on the draft articles on the Most-favored-nation clause adopted by the International Law Commission at its twenty-eighth session", *Yearbook of the International Law Commission*, Vol. II, Part Two, 1978.

条款	内容
第 10 条（根据最惠国条款取得的权利）	1. 根据最惠国条款，受惠国只有在授予国给第三国以该条款主题范围以内的待遇的情况下，取得最惠国待遇的权利 2. 受惠国根据第 1 款在与其有确定关系的人或事方面取得权利，只有在人或事属于下列情况者方可：（A）其类型同于从授予国给予的待遇受益的与第三国有确定关系的人或事的类型者；（B）其与受惠国的关系同于（A）节所指的人或事与该第三国的关系者

依照草案的上述规定，从国际契约法律的角度来看，最惠国条款的适用必然要存在两种不同的条约：一种是规定授予国与受惠国之间最惠国待遇条款的条约，通常称为“基础条约”；另一种是由授予国与受惠国之外的第三国签订的条约，作为最惠国待遇援引参照标准的条约，通常称为“第三方条约”。据此，最惠国条款的适用要满足四个条件：

（1）基础条约中规定了最惠国条款（第 4 条）；

（2）授予国在第三方条约中给予第三国的受惠者待遇在基础条约中最惠国条款规定适用的主题范畴内（within the limits of the subject matter of the clause），即“同类原则”（the ejusdem generis principle），也就是在第三方条约中授予国给予受惠国或与之有确定关系的人或事的待遇与基础条约中最惠国待遇所指称的“待遇”属于同一类型（第 9 条、第 10 条）；

（3）作为“最惠国”待遇，就要保证所援引的第三方条约中所提供的主题范畴的待遇更加优惠于基础条约中所提供的待遇，即存在“更优惠”的待遇（第 5 条）；

（4）投资者母国与授予国的关系同第三国与授予国的关系相同以及受益方的类型相同，才可以在同等情况下，援引第三方条约中的条款适用于自己的投资待遇范围内（第 10 条）。

2. 例外规则

同时，草案第 23—26 条规定了最惠国条款适用例外的四种情形：

（1）普遍优惠制（23 条）。该条内容为：受惠国无权根据最惠国条款，享受一个发达的授予国在制订的普惠计划（scheme）内给予一个发展中的第三国的在非对等基础上的待遇，而此项计划是同各国作为一个国际社会整体所承认的普惠制相符合，或对一个适当的（competent）国际组织的成员国来说是同该组织通过的相应规则和程序相符合的。

（2）发展中国家之间的安排（24条）。该条内容为：一个发达的受惠国无权根据最惠国条款，享受一个发展中的授予国根据一个各有关国家都是成员的适当的国际组织的有关规则和程序所给予一个发展中的第三国的任何在贸易方面的优惠待遇。

（3）边境贸易安排（25条）。该条内容为：一个非接壤的受惠国无权根据最惠国条款，享受授予国为了方便边境贸易所给予一个接壤的第三国的待遇；一个接壤的受惠国只有在最惠国条款的主题是方便边境贸易的情况下，有权根据该条款享受不低于一个授予国为了方便边境贸易所给予一个接壤的第三国的待遇。

（4）内陆的第三国的权利和方便（26条）。该条内容为：一个非内陆国家的受惠国无权根据最惠国条款，享受授予国为了一个内陆同出入海上的方便所给予该国的权利和方便；一个内陆的受惠国只有在最惠国条款的主题是方便海上出入的情况下，方有权根据该条款享受授予国为一个内陆的第三国出入海上的方便所给予该国的权利和方便。

（二）学理

1. 一般规则

（1）最惠国条款只能适用于特定领域。有学者认为，最惠国条款主要适用于国家和个人在经济交往中的待遇问题。① 更有学者认为，最惠国条款是一项专门适用于国际经济贸易及其有关事项的法律条款，即最惠国条款只能适用于国际经济、贸易、航运、定居、领事等范围之内，而不得超出这一范围。任何将最惠国待遇承诺于国际经济贸易范围以外的事项，诸如国际政治、军事、领土等方面的条款，都违反了最惠国条款本身固有的性质，因而在法律上是不成立的。其法律依据在于，国家承诺的最惠国待遇自始至终是为了国际经济贸易事项，主权国家未承诺的事项，对于国家并无法律约束力。②

（2）最惠国条款只能适用于国家以公权力授予的权利。国际联盟时期的最惠国条款编纂分委员会专题报告员威克沙姆（George W. Wickersham）在其1927年的报告中认为：商务条约中的最惠国条款可以适用于国家以公共权威授予的任何权利、特权或豁免，但是不适用于国家

---

① 廖诗评：《论国际条约中的"更优条款"》，《政治与法律》2009年第4期。

② 王毅：《论最惠国条款适用中的同类规则》（上），《国际贸易问题》1988年第6期。

给予个人的私人权利或特权。例如，法国可以为其民主张给予英国国民以较低的税率进口某些商品、在美国拥有土地、在美国法院提起诉讼或者在美国维持居所的特权。但是，美国政府与一家英国公司的一份合同约定向该英国国民提供原材料或者向该英国国民赠予公共土地，法国不能主张与英国公司分享这一合同。因为最惠国条款中包含的优惠（favours）是指一国在其政府活动（不同于商业活动）中给予的优惠。施于国给予的作为公共权利（public right）的任何优惠可以根据无限制的最惠国条款予以主张，试图列举一个应受或可以受最惠国待遇约束的对象清单是无益的。①

2. 例外规则

（1）最惠国条款不适用于"投资者"和"投资"定义。著名国际经济法学者 Schill 认为，一个投资者不能通过基础条约中的最惠国条款将"投资者"和"投资"定义进行放大，即使第三方条约中的"投资者"和"投资"有着较宽的范围。原因在于不同投资条约对于其所保护的"投资者"和"投资"存在着不同的定义，这些定义得不到满足，将导致投资条约的不适用。这是因为：

第一，从"投资者"的定义来看，不同投资条约的分歧主要体现在投资者的国籍标准上：对于自然人投资者，多数投资条约采纳缔约国国内法标准。而对于法人投资者，不同投资条约采纳的国籍标准包括注册地标准、住所地标准、控制标准或者混合标准，其中控制标准又分为扩张性控制标准和限制性控制标准。例如，中国—芬兰 BITs 要求法人投资者须根据缔约一方法律设立且住所在该缔约一方境内，而中国—阿根廷 BITs 则还将缔约一方自然人或法人在第三国设立并拥有利益的法人视为缔约一方投资者。

第二，从"投资"的定义来看，不同投资条约的分歧主要体现在对投资特征的规定上。尽管多数投资条约均采用不完全列举的形式对"投资"进行宽泛的界定，但也有部分条约同时对投资的特征做出要求。例如，中国—墨西哥 BITs 中把债券、贷款也列举为"投资"，但同时要求该债券或贷款的原始到期期限必须至少为 3 年。而且，该 BITs 还将源于销

---

① Endre Ustor, "First Report on the Most-Favored-Nation Clause", *Year Book of International Law Committee*, U. N. Doc. A/CN. 4/213, 1969.

售货物或提供服务的商业合同或与商业交易有关的授信的金钱请求权排除在"投资"的范围之外。

　　从文本解释的角度来看，投资条约在"投资者"和"投资"的定义条款中都明确是"在本协定内"或"就本协定而言"（For the purposes of this Agreement），这表明该定义适用于该条约中的所有条款，当然也包括最惠国条款。所以最惠国条款下的"投资者"和"投资"也应该符合该条约意义下的"投资者"和"投资"。只有符合该条约定义的"投资者"和"投资"，才有权享受该条约中所赋予的最惠国待遇。不符合基础条约定义的投资者或投资无权享受该条约下的权利，也就无权援引该条约中的最惠国条款以规避该项定义。例如，在中国—墨西哥 BITs 中规定，投资者不得就其原始到期期限少于 3 年的投资主张条约保护，因此投资者不得援引该条约中的最惠国条款试图规避该定义中对于 3 年期限的要求。对此观点仲裁实践也予以了认可。在"Societe Generale v. Dominican Republic 案"中，申请人认为即使其投资不符合法国—多米尼加 BITs 中的"投资"定义，其仍然可以援引最惠国条款从而满足第三方条约中的"投资"定义。仲裁庭对这一主张予以了否定，并指出每个条约对于其所保护的"投资"和"投资者"可能存在不同的定义，每个条约仅对其所定义的"投资"予以保护，所以试图援引最惠国条款来扩张"投资"的定义范围是不能被接受的。[1]

　　（2）最惠国条款不适用于条约的时间范围。不同的基础条约在时间范围上也有所差异，这种时间上的差异也不能通过最惠国条款予以规避。因为这涉及缔约方"经过特别谈判达成的核心事宜"[2]。例如，中国—挪威 BITs 第 2 条规定，本协定适用于协定生效之前及之后在缔约国进行的投资。而中国—俄罗斯 BITs 第 11 条则规定，本协定应适用于缔约一方投资者自 1985 年 1 月 1 日起在缔约另一方境内做出的所有投资，但不适用本协定生效前引起的争议。可见，这一属时范围是针对"本协定"而规定的，适用于投资条约的所有事项。不符合这一时间范围的投资不受该条约的保护，因而也无权援引该条约中的最惠国条款。对此仲裁实践也予以

---

　　① Societe Generale v. Dominican Republic, UNCITRAL, LCIA Case No. UN 7927, Preliminary Objections to Jurisdiction, paras. 40–41.

　　② Stephan W. Schill, "Multilateralizing Investment Treaties Through Most-Favored-Nation Clauses", *Berkeley Journal of International Law*, Vol. 27, 2009.

了认可，在"Tecmed v. Mexico 案"中，西班牙—墨西哥 BITs 规定不适用于条约生效前的投资，而墨西哥—奥地利签订的 BITs 规定其适用于条约生效前的投资。仲裁庭拒绝将基础条约中的最惠国条款适用于西班牙和墨西哥 BITs 中的时间范围，认为申请人不能根据墨西哥—奥地利签订 BITs 中更为优惠的时间来对抗墨西哥政府的行为，因为此时该 BITs 尚未生效。仲裁庭还指出，条约的时间范围属于缔约国之间"特别商议"达成的核心事项，它们的适用不受最惠国条款的影响。①

（3）最惠国条款不适用于条约的例外条款。条约的例外条款构成对条约属物适用范围的限制，因而也限制了最惠国条款的适用范围，这些例外不能被超越。② 因为从法理上讲，条约的例外条款限制了条约的适用范围，因而也限制了最惠国条款的适用范围。③ 例如，中国—哥伦比亚 BITs 第 12 条、13 条、14 条分别规定了重大安全例外、金融措施例外、税收措施例外等多项例外。这些例外排除了"本协定任何规定"的适用，也包括最惠国条款。④

仲裁实践也支持了这种观点，在"ADF v. United States of American 案"中，仲裁庭认为投资者未能证明第三方条约中的政府采购待遇比《北美自由贸易协定》（NAFTA）更为优惠，即便是更为优惠的，投资者也不能援引最惠国条款，因为在 NAFTA 中政府采购属于最惠国条款适用例外事项。⑤ 此外，在"CMS v. Argentine Republic 案"中，投资者试图通过美国—阿根廷 BITs 中最惠国条款规避该条约第 11 条中的安全例外条款，因为阿根廷和第三国签订的 BITs 中没有类似上述第 11 条的内容。仲裁庭拒绝了这样的要求，认为投资条约中的例外条款不能被最惠国条款的适用所超越。⑥

（4）最惠国条款不适用于国际税收事项。将最惠国条款适用于国际税收事项上将会侵蚀国家的税收主权、减少国家的税收、导致套用税收协

---

① Tecmed v. Mexico Republic, ICSID Case No. ARB/00/2, para. 69.

② 张宏乐：《国际投资协定中的最惠国条款研究》，博士学位论文，复旦大学，2010 年。

③ Stephan W. Schill, *The Multilateralization of International Investment Law*, Cambridge University Press, 2009, p. 144.

④ 徐树：《最惠国待遇条款"失控"了吗？——论国际投资条约保护的"双边主义"与"多边化"》，《武大国际法评论》2013 年第 1 期。

⑤ ADF v. United States of American, ICSID Case No. ARB/00/1, Final Award, para. 196.

⑥ CMS v. Argentine Republic, ICSID Case No. ARB/01/8, Award, para. 377.

定现象的产生。① 因此在传统的国际税收协定中，并不存在最惠国待遇问题，互惠乃是国际税收合作的基本原则。②

（三）实践

法律的适用就是裁判者将发现的法律规范适用于个案事实，从而获得法律规范的效果的过程。③ 从现有的国际上涉及最惠国条款争端的实践来看，裁判机构在对最惠国条款进行分析和适用时，除了受到前述草案和学理形成的规则影响外，还在判例中形成了一些规则。

1. 一般规则

"最惠国条款取得的优惠随第三方条约待遇的终止而终止"规则，在实践中得到了广泛的认可，该规则是在国际法院审理的"美国国民在摩洛哥权利案"中确立的。

该案案情如下：1948 年 12 月 30 日，法国驻摩洛哥总督颁布了一个向法属摩洛哥地区进口物有关规则的法令，规定非以官方分配的法定货币支付的进口产品应当领取进口许可证，并且进口的产品应当是摩洛哥经济发展所必需的。美国政府宣布这项措施侵犯了美国的条约权利，并声明未经美国政府事前同意，摩洛哥的法律、法规不能适用于美国国民，法美之间的争端自此产生。对该争议问题进行的谈判都失败后，法国在 1950 年 10 月 27 日根据《国际法院规约》第 36 条第 2 款把该争端提交到国际法院。④

法国请求国际法院宣布：在摩洛哥的美国国民的特权应当以 1836 年《美国—摩洛哥通商条约》的规定为限；在未经美国政府事前同意的情况下，摩洛哥的法律、法规，包括财政法规和 1948 年法令都可以适用于在摩洛哥的美国国民；1948 年法令与适用于摩洛哥的经济制度是一致的；任何条约都没有免除在摩洛哥的美国国民的财政义务。⑤

美国请求法院驳回法国的请求并宣布：1948 年法令及其未经美国事前同意而适用于美国国民侵犯了美国的条约权利，摩洛哥的法律、法规未

---

① 任婕：《国际税收协定中最惠国条款的适用》，《法治论丛》2006 年第 2 期。

② 刘永伟：《国际税收协定的几个重大发展及展望》，《中国法学》2005 年第 1 期。

③ 董书萍：《法律适用规则研究》，中国人民公安大学出版社 2012 年版，第 117 页。

④ Case Concerning Rights of Nation's of the United States of American in Morocco, Judgment of August 27, I. C. J. Reports 1952, p. 176, para. 6.

⑤ Ibid. , para. 7.

经美国事前同意不能适用于美国国民。根据《美国—摩洛哥通商条约》、最惠国条款以及根据习惯和惯例，美国在摩洛哥的领事裁判权应扩大到以美国人为被告的所有案件，包括民事的和刑事的。①

针对美国提出的所谓"根据最惠国条款以及习惯和惯例，美国在摩洛哥的领事裁判权应扩大到以美国人为被告的所有案件"的要求，国际法院认为："基于英国在法国区的权利已经不存在，那么美国以此为依据要求享受权利的主张就不能得到支持，这样做的结果是与最惠国条款的建立和维持国家间没有歧视的基本平等的意图相悖的。"②

国际法院接着拒绝了美国所主张的其领事裁判权的取得是基于"国际习惯和惯例"的观点。国际法院认为美国的领事裁判权是建立在条约的权利上的，尽管 1856 年《英国—摩洛哥条约》和 1861 年的《西班牙—摩洛哥条约》赋予英国和西班牙的领事裁判权及于一切以他们的本国人为被告的案件，但西班牙于 1914 年，英国于 1937 年已经放弃了该项特权。因此美国就不能再根据最惠国条款要求享有比 1836 年《美国—摩洛哥通商条约》规定的更大范围的领事裁判权。美国也未能提出有效的习惯和惯例来支持其主张。③ 因此，当英国和西班牙与摩洛哥所签的条约已经失去法律效力后，美国也就不能根据最惠国条款来主张这些条约中的优惠。④

2. 例外规则

从现有的案例来看，裁判实践形成的例外规则主要是前文所述在"Maffezini 案"中仲裁庭所提出的东道国的"公共政策"问题，包括诸如"当地救济""岔路口条款""具体仲裁机制"等情形，以及后来"Siemens案"仲裁庭提出的"一国敏感的经济和外交政策"、"Tecmed 案"仲裁庭提出的"经缔约方特别谈判达成的事项"等。

二　规则存在的问题

最惠国条款能否适用于国际投资争端解决程序？需要分析前述最惠国

---

① Case Concerning Rights of Nation's of the United States of American in Morocco, Judgment of August 27, I. C. J. Reports 1952, p. 176, paras. 14–16.

② Ibid. , para. 26.

③ Ibid. , para. 27.

④ 梁淑英:《国际法教学案例》，中国政法大学出版社 2011 年版，第 166 页。

条款的适用规则是否已经满足，如果满足则可以适用，反之则不能适用。下文就结合前述的各项适用规则来进行分析。

从《关于最惠国条款的规定（草案）》的适用规则来看：第一，基础条约中是否规定了最惠国待遇条款？所有的案件中该项情形都已经满足。第二，授予国在第三方条约中给予第三国的受惠者待遇是否在基础条约中最惠国待遇条款规定适用的主题范畴内（同类原则），当前不同的仲裁庭和理论界争议很大。第三，作为"最惠国"待遇，所援引的第三方条约中所提供的主题范畴的待遇更加优惠于基础条约中所提供的待遇，是否存在"更优惠"的待遇，当前不同的仲裁庭和理论界争议也很大。第四，投资者母国与授予国的关系同第三国与授予国的关系相同以及受益方的类型是否相同？在所有的案件中，投资者的母国通过与授予国（东道国）签订投资条约确定法律关系，与第三国与授予国的关系相同，受益方也都是母国与第三国的投资者（投资），因此该项情形也已经满足。同时，从草案规定的例外来看，各种例外均不包括争端解决程序，因此草案规定的例外规则也没有适用的余地。

从学理规则来看：第一，当前所有案件均为国际投资争端，符合最惠国条款只能适用于经济领域的要求。第二，不同的争端解决程序也是缔约国在投资条约中以国家权威来规定的，属于国家以公权力授予的权利。同时，从学理适用的例外规则而言，几项最惠国条款的不适用事项："投资者"和"投资"定义、条约的时间范围、条约的例外条款、税收事项等情形在所有案件中均不涉及。

从裁判实践规则来看：就当前实践中个案中体现的情形而言，"最惠国条款取得的优惠随第三方条约待遇的终止而终止"之情形均不存在。同时，对于"公共政策"，当前学术界争议很大而且备受质疑，认为不但提法错误而且根本不具有可操作性。[①] 笔者赞同这种观点，对于公共政策就不再进行分析。

因此，就本书研究的内容而言，最惠国条款适用规则存在的问题为："同类规则"和"更优惠待遇"这两个规则是否满足？

---

① 陈安、蔡从燕：《国际投资法的新发展与中国双边投资条约的新实践》，复旦大学出版社2007年版，第207—208页。

第二节　"同类规则"的相符难题

同类规则是最惠国条款适用最重要的规则之一。① 从字义来看，"同类规则"一词源自拉丁文"ejusden generis"，在英文中的意思是"of the same class"（相同级别），在美国等一些国家的条约缔约实践中被称为"in like circumstance"（在类似情形下），② 它是普通法系中对案例进行解释的一个通行规则。它的含义是："适用于描述相同级别或类别的主体或客体，通常用于限定具有专门含义的措辞所列举的主体或者客体之后，不得扩大其解释的范围"③。对此，有学者将其理解为"一件事物，由于与另外的事物处于同等地位，所以对列举中的一般术语在解释时按照狭义解释的方法将后面的术语解释成列举中的所有术语都前后一致。这是英美法系的法官为了防止立法机构对案例法的随意改变而设立的规则"④。还有学者将其理解为："所谓同类规则是揭示法律或合同文本中概括性语词的意义及范围时所采用的一种方法，是指一个类概念或集合概念中列举了一些种类的事项，其未尽事项的扩大解释应当限于与所列举的事项属于同类，即使类概念可能有更加宽泛的含义也不能只从其字义解释。"⑤

笔者同意学者 Yannick Radi 的观点，即同类规则可以理解为：最惠国条款的内容都含有特定的优惠范围，一般会在条约中予以明确规定或者限制，只有第三方条约含有相同或同类事项，两者属于同一类时才会引起最惠国条款的适用。⑥ 例如 GATT1994 中第 1 条"普遍最惠国待遇"规定将

---

① Jrügen Kurtz, "The MFN Standard and Foreign Investment: An Uneasy Fit?" *The Journal of World Investment and Trade*, Vol. 5, 2004. 另见王毅《论最惠国条款适用中的同类规则》（上），《国际贸易问题》1988 年第 6 期。

② 有人认为，"in like circumstance"是适用最惠国条款时必须予以考虑的因素，即便最惠国条款的措辞中没有这样的表述，"in like circumstance"也是隐含在内的。参见陈安、蔡从燕《国际投资法的新发展与中国双边投资条约的新实践》，复旦大学出版社 2007 年版，第 187 页。

③ Bryan A. Garner, *Black's Law Dictionary*, West Group Press, 2009, p. 608

④ Preston M. Torbert, "Globalizing Legal Drafting: What the Chinese can teach Us about Ejusden Generis and All That", *Scribes Journal of Legal Writing*, Vol. 11, 2007.

⑤ 致远：《系统解释方法的理论与应用》，《法律适用》2002 年第 3 期。

⑥ Yannick Radi, "The Application of the Most-Favored-Nation Clause to the Dispute Settlement Provisions of Bilateral Investment Treaties: Domesticating the Trojan Horse", *The European Journal of International Law*, Vol. 18, 2007.

最惠国待遇授予"相同产品"（like product），GATS 第 2 条"最惠国待遇"规定将最惠国待遇授予"相同服务和服务提供者"（like services and service suppliers ）等。

同类规则的法律实质是：最惠国条款的受惠国不得要求授予国给予它同条款主题事项无关的和条款规定范围之外的任何利益。这是因为：

第一，履行最惠国条款的过程，通常是通过最惠国条款的效力来参照第三方条约的规定，使受惠国根据条约受惠。如果一旦两个条约出现"主题不符"的情形，就会出现荒谬的结果。例如英国曾有法官诙谐地对同类规则的这种"主题不符"进行了形象的描述，即"不能通过贸易条约中的最惠国条款作为引渡罪犯的理由或根据"[1]。因为"贸易行为和刑事犯罪是两个不同的领域，风马牛不相及"[2]。德国学者京特·耶尼克也认为："在规定相互商品往来的关税待遇的条约范围内的一个最惠国条款不扩及两方输入商或输入商在缔约国他方领土上的营业定居权。"[3] 再如，在国际法院审理的"Lloyds Bank 案"中，法院认为本案中的基础条约英国—法国海上通商条约是具有普通特征的条约，而第三方条约法国—瑞士条约属于含有司法内容的特别性质的条约（含有免除为诉讼费用担保的内容），因此英法条约下的当事人不能通过最惠国条款主张第三方条约项下的权益，因为二者"主题不同"而不满足同类规则要求。[4]

第二，在"主题不符"的情形下，可能是对授予国强加其始料未及、并无承诺的条款之外的义务。这样的结果是不符合国际法"国家不得被认为受其明示承诺的义务以外的义务之约束"的。[5] 在国际法院审理的"英国—伊朗石油公司案"中，英国政府认为伊朗对英国的石油公司实施了国有化征收，以行使外交保护权的名义，以单方申请的形式在国际法院对伊朗提起诉讼。英国政府主张国际法院对该争端有管辖权的主要依据是1957 年英国—伊朗条约第 9 条（最惠国条款）和 1903 年英国—伊朗条约

① A. McNair, "Law of Treaties"，转引自赵维田《世贸组织（WTO）的法律制度》，吉林人民出版社 2000 年版，第 65 页。

② 赵维田：《世贸组织（WTO）的法律制度》，吉林人民出版社 2000 年版，第 65 页。

③ ［德］京特·耶尼克：《最惠国条款》，李浩培译，《法学译丛》1979 年第 1 期。

④ H. Lautepacht, ed., *Annual Digest of Public International Law Cases*, 1929–1931, Longmans Press, 1935, p. 404.

⑤ 王毅：《论最惠国条款适用中的同类规则》（上），《国际贸易问题》1988 年第 6 期。

第 2 条（最惠国条款），要求适用伊朗给予丹麦侨民的法律保护权。国际法院拒绝了英国的观点，认为前述两个条约中的最惠国条款与伊朗接受管辖问题没有任何的关系，因为这两项最惠国条款分别规定的是领事待遇和贸易事项。[①]

从国际投资条约的结构来看，当代国际投资条约一般分为四个部分：序言、定义、实体条款、程序条款。实体性条款内容包括投资保护和投资自由化规则，程序性条款内容包括国家之间的争端解决程序以及投资者与东道国之间的争端解决程序。[②] 参见表 2-2。

表 2-2　　　　　　　　　　　常见双边投资条约内容框架

常见条约名称	X 国政府与 Y 国政府关于相互保护和鼓励投资的协定
序言	为发展缔约各方面的经济合作，特别是为缔约一方国民在缔约另一方领土内进行投资创造有利条件，认为在平等互利基础上，缔结鼓励和保护投资协定，将能鼓励投资者的积极性，从而为增进缔约各方的经济繁荣做出贡献，达成协议如下
定义条款	投资、投资者、领土、收益等
实体性条款	投资准入或促进条款、投资待遇条款、征收及其补偿条款、资金转移条款、代位权条款、透明度和安全例外条款等
程序性条款	争端解决条款（包括缔约国间争端解决条款和投资者与缔约国间争端解决条款）
附件	对正文部分的内容进行补充、说明

目前国际上，无论理论界还是裁判庭，对于最惠国条款适用于实体事项领域，是没有争议的。[③] 争议在于投资条约中的争端解决程序（管辖待遇）与实体性事项（实体性待遇或保护）是否符合同类规则。在支持最惠国条款适用于投资争端解决程序的仲裁庭看来，国际投资条约中的实体性事项（权利）与属于程序性事项的管辖权属于同类事项。

在前述"Siemens 案"中仲裁庭的观点具有典型的代表性。本案中被申请人阿根廷指出："条约第 3 条第 2 款并没有允许一方据此推测当事方

---

① Anglo-Iranian Oil Co.（UK v. IRAN），Judgment on Jurisdiction, 1952 L. C. J. 93, July 22, p. 109.

② 陈安、蔡从燕：《国际投资法的新发展与中国双边投资条约的新实践》，复旦大学出版社 2007 年版，第 22 页。

③ 陈辉萍：《ICSID 仲裁庭扩大管辖权之实践辨析——兼评"谢叶深"案》，《国际经济法学刊》2010 年第 3 期。

意图把争端解决包括在最惠国条款的适用范围之内，因为争端解决并不是和投资相关的活动。这一点在协议中第3条关于'活动'的定义就可以得到证明。该定义涉及的是具有商业和经济属性与投资相关的开发和管理方面的交易。因此，该定义并没有明确允许缔约方可以默示地推断争端解决被包含在该定义的使用中。"① 被申请人阿根廷还称："条约第3条只是提及了投资以及投资待遇，这是缺乏主题因素的，是和第10条所规定的当事方同意将异议提交有管辖权的法院或仲裁是不同的。将第3条第1款投资术语以某种方式解释成包含争端解决系统的特征是没有根据的，无论如何，根据其字面意思，争端解决程序不能被看成一项财产或一项投资。"② 但该案的仲裁庭却没有支持这种观点。仲裁庭根据条约的题目和序言所表明的在于保护、促进投资这个目的和目标进行解释。仲裁庭认为，无论是实体方面还是程序方面，二者主要目的是一致的，都是对投资者和投资活动的保护，是投资待遇的一部分。③ 以这种观点来推敲，仲裁庭把实体方面的权利和程序方面的权利看成是符合同类规则的。

这种将实体权利和程序权利同化的仲裁实践和观点还有："Maffezini案"仲裁庭认为，获得国际仲裁的权利（access to arbitration）是与不可缺少的实体待遇相关的管辖权保护;④ "Suez案" 仲裁庭认为，选择不同的争端解决程序是实体性保护的一部分（特别强调）;⑤ "GAS Natural案"仲裁庭甚至认为，提交国际仲裁本身就是一种实体保护（特别强调）。⑥

笔者不同意上述观点，认为投资条约中的实体性权利事项与程序性权利事项存在巨大的差别，故不符合最惠国条款适用的"同类规则"要求。具体理由如下。

一　范围的同类性

"程序"一词在汉语中是指按时间先后或依次安排的工作步骤。⑦ 从

---

① Siemens A. G. v. the Argentina Republic, ICSID case No. ARB/02/8, para. 37.

② Ibid., paras. 37-38.

③ Ibid., para. 102.

④ Maffezini v. Spain, ICSID Case No. ABR/97/7, Decision of The Tribunal on Objections to Jurisdiction, paras. 54-55.

⑤ Suez v. the Argentina Republic, ICSID case No. ARB/03/19, para. 57.

⑥ GAS Natural v. the Argentina Republic, ICSID case No. ARB/03/10, para. 31.

⑦ 《辞海》，上海辞书出版社1979年版，第4014页。

法律的角度来看，程序主要体现为按照一定的顺序、方式和手续来做出决定的相互关系。① 在许多学者眼中，程序法有其自身独特的价值和地位，甚至高于实体法。如孙笑侠认为："法之所以为法，并与其他社会制度和解决社会问题的过程相区别，在于它的形式化和程序化，正是法律程序的形式使得法律关系成为一种特殊的和独一无二的社会关系。"因此，"程序是法律的核心，没有程序，法律就不可能存在"②。谷口安平认为，程序法是实体法之母。③ 福勒也认为，法律的完善主要取决于它用来实现其目的的程序。④ 笔者虽然不太同意将程序法的地位置于实体法之上的观点，但是认为以上几位学者的观点至少表明了程序（法）规则和实体（法）规则是有差别的。

具体而言，从法理上看，投资条约的实体保护和程序保护在其含义、内容和适用方式上有很大的不同，这一点在当前国际上是没有争议的。⑤ 在西方法理学中有着著名的哈特区分（Hart Distinction）。根据该区分，实体性的规则被视为主要规则，违反实体规则而引起的程序性的规则被视为次要规则。只有当主要规则被违反或者侵害，才能引起次要规则的适用。⑥ 据此，国际投资条约中给予投资者（投资）的实体保护和程序性保护（争端解决程序）存在着明显的"主题不同"。如 1995 年经济合作和发展组织拟定的《多边投资协定》中规定最惠国待遇适用于"每一个缔约方给予另一缔约方投资者及其投资的待遇应不低于它'在同等情形下'在投资的设立、获得、扩大、经营、管理、维持、使用、享有及出售或其他处置方面给予任何其他缔约方或非缔约方投资者及其投资的待遇"。由此可以看出，这些活动的共同点在于它们都是"实体"方面的，是可以实际执行的，并在投资活动中经常发生的，且与经济利益和物质待遇直接相关的活动。而有关争端解决程序性问题显然和这些实体活动是不一样

---

① 季卫东：《程序比较论》，《比较研究》1993 年第 1 期。

② 孙笑侠：《程序的法理》，商务印书馆 2005 年版，第 107 页。

③ ［日］谷口安平：《程序的正义与诉讼》，王亚新、刘荣军译，中国政法大学出版社 2002 年版，第 7 页。

④ ［美］埃得加·博登海默：《法理学法律哲学与法律方法》，邓正来译，中国政法大学出版社 2004 年版，第 203 页。

⑤ Nartnirum Junngam, "An MFN Clause and BIT Dispute Settlement: A Host State's Implied Consent to Arbitration by Reference", *UCLA Journal of international Law and Foreign Affairs*, Vol. 399, 2010.

⑥ Herbert Hart, *The Concept of Law*, Oxford Clarendon Press, 1961, p. 77.

的，它只是在投资发生争端时才有适用之处，并不是和投资所保护的物质利益直接相关，而且也并不是每个投资活动都必然要发生争端的。经合组织这个定义中并没有把争端解决有关的程序性事项规定其中，说明按照通常理解，投资活动和由投资引起的争端解决并不属于同类事项。正如"Siemens 案"中被申请人阿根廷所言："争端解决程序不能被看作公民或是公司的一项活动，因为他们并不能将其执行。"①

国际法院的审判实践也可以提供一点佐证。在"刚果（金）民主共和国诉卢旺达案"中，卢旺达认为就其对《禁止并惩治种族隔离罪行国际公约》第四章的保留而言：第一，尽管正如刚果民主共和国声称的，规定在《禁止并惩治种族隔离罪行国际公约》中的实体条款的标准有强制法的地位，并且创造了对世权利义务，但是其这种实体条款自身并不足以授予法院对处理有关权利义务的争端有管辖权；第二，卢旺达辩称其对第四章的保留并非与《禁止并惩治种族隔离罪行国际公约》的对象和目的相矛盾，因为保留涉及的不是双方对该公约的实体义务而只是程序规定。② 该案法庭认可了卢旺达的论证，对强制性的实体规定和获得法庭管辖的途径进行了区分：一个具有对世特征的实体规则和获得管辖的规则是两种不同性质的事情，不能依据该争端与实体规则相关，就自动为法庭处理该争端提供管辖基础。③ 这表明在国际层面上，没有将实体权利和涉及实体权利的管辖等同起来。

二　内容的一致性

权利和权利救济的手段是两种不同的法律事物，在一般的司法理念中二者是需要严密区分的。权利受到侵害后，权利救济的手段是多样的，二者明显不是同类事项。如在刑法中，针对正在进行的侵害人身权的暴力不法行为，除了权利人可以正当防卫外，第三人也可以进行防卫，一个是为了自身的利益，一个是为了他人的利益，显然不能视为同类事项。再如，虽然在前述联合国 1973 年《禁止并惩治种族隔离罪行国际公约》中缔约国没有可能附保留条件，但可以对条约第 4 条提交国际法院管辖做出保

---

① Siemens A. G. v. the Argentine Republic, ICSID case No. ARB/02/8, para. 40.

② Case Concerning Armed Activities on the territory of Congo, Democratic Republic of Congo v. Rwanda, Jurisdiction and Admissibility, Judgment, ICJ Report February 2006, paras. 60-61.

③ Ibid. , paras. 63-65.

留，这就表明实体规则和管辖规则的明确区分。又如，合同法中有关可独立分离的仲裁条款的规定，也表明合同下所承担的实体义务和使实体义务实施的管辖方式之间有着不同的法律性质。更需要指出的是，在当前国际上关于国际投资法的大量论述中，关于投资的章节往往不包含争端解决机制的内容，其被包含在另外不同的章节中，这些都说明了大部分学者认为两者性质的不同。

因此，投资者的权利和能获得的保护手段是两个不同的法律范畴。从法理上考察，这是由于国际法律秩序和国内法律秩序的深刻不同：在国内层面，当存在实体权利时，总是自动地有通过司法体系保护这一权利的手段。即在国内层面，管辖权待遇存在于实体待遇之内。而在国际层面，大多数权利不允许强制通过管辖的过程，只有在例外的情形下管辖权待遇才能补充国际规则所承认的实体待遇，该例外情形是指国家已经同意接受国际法院管辖或者同意提交国际仲裁。相比于现存于国内法律秩序下的状况，管辖权待遇从未在国际层面上存在于实体待遇之内。换言之，实体待遇和管辖权待遇是相当不同的并且一定要被区分的，同类规则要求这两者不被等同：并非因为其本身一个是实体待遇另一个是程序待遇，而是因为管辖权待遇是作为附加权利赋予投资者的。[1]

这种观点也得到了实践的支持。在 1913 年法国最高法院审理的"矿物燃料开采工业联合公司诉戈法特案"中，法院不得不决定某些规定在法国与瑞士所签的关于判决执行和管辖权公约中的某些提起诉讼的程序要求，是否也可以通过 1871 年《法国—德国通商条约》中的最惠国条款而适用于德国公民。法庭的裁决认为：这些条款只涉及法国和德国之间的商业关系，从国际法中取得权利的角度来看，不论从明示的角度还是默示的角度，国内法中所规定的权利特别是涉及管辖权的规则，和那些发展两国主体之间商业关系的争端解决程序相比两者之间确实毫不相干。[2] 另一个例子是，早在 1990 年 WTO《与贸易有关的知识产权协定》（TRIPS）谈判组会议上，有不少谈判方代表反对在 TRIPS 中引入最惠国条款，他们

---

① Susan D. Franck，"The Legitimacy Crisis in investment Arbitration：Privatizing Public International Law Through Inconsistent Decision"，*Fordham Law Review*，Vol. 73，2005.

② UN，"Report of International Law Commission on the works of its thirtieth session，" *Yearbook of the International Law Commission*，A/CN. 4/SER. A/1978/Add. 1，Part 2，UN document A/33/10，para. 28.

认为"知识产权的保护与知识产权的获得和使用是根本不同的两类问题，例如药品发明的保护本身不会引起使用此等发明的权利"①。

三　待遇标准的等同性

在通常情况下，投资条约中往往规定了实体待遇和管辖待遇的不同满足条件。

（一）满足实体待遇的条件

常见的满足实体待遇的条件包括：适格的主体、适格的标的、适格的时间。具体而言：

1. 适格的主体条件

主体必须为合格的缔约国一方的投资者，且不存在利益拒绝（benefit of denial）的情形。例如以中国—加拿大 BITs 为例，其第 1 条第 2 项（投资者定义）规定：（在本协定内）就任一缔约方而言，"投资者"指寻求从事，正在从事或者已经从事一项涵盖投资的（为进一步明确，投资者定义中的"寻求从事"和"正在从事"仅适用于第 5 条）：①根据缔约一方法律拥有其公民身份或永久居民身份，且不拥有缔约另一方的公民身份的任何自然人；②本条第 10 款第 1 分款定义的任何企业。②

2. 适格的标的条件

必须为合格的缔约国一方的投资，且不存在利益拒绝（benefit of denial）的情形。例如以中国—加拿大 BITs 为例，其第 1 条第 1 项（投资定义）规定：（在本协定内）就任一缔约方而言，"投资"一词系指：①一家企业；②企业中的股份、股票和其他形式的参股；③债券、信用债券和企业的其他债务工具；④对一家企业的贷款：a. 当这家企业附属于投资者，或 b. 当此贷款的原始到期时限至少为三年；⑤尽管有上述第③、④分款规定，对金融机构的贷款或金融机构发放的债务证券只有在该贷款或债务证券被该金融机构所在的缔约方视为监管资本时才是投资；⑥在企业

---

① WTO, *Negotiating Group on TRIPS*, *Meeting of Negotiating Group of 5-6 January 1990*, Note by the Secretariat, MTN. CNG/NG11/18, February 27, 1990, para. 19.

② 第 10 款第 1 分款定义的任何企业为：根据缔约一方法律组成或组织的任何实体，例如公共机构、公司、基金会、代理、合作社、信托、社团、协会和类似实体，以及私人公司、企业、合伙、机构、合资企业和组织，不论是否以营利为目的、也不论其责任是有限责任还是其他形式。

中的一项权益，该权益能使所有者分享该企业的收入或者利润；⑦在企业中的一项权益，该权益能使所有者在该企业解散时获得资产分配；⑧由于向缔约一方境内投入用于该境内经济活动的资本或其他资源而产生的权益，例如：a. 依据涉及投资者的财产存在于缔约一方领土内的合同，包括交钥匙或建筑合同，或对勘探和开采石油或者其他自然资源的特许权，或 b. 依据报酬主要取决于企业的产量、收入或者利润的合同；⑨知识产权；⑩其他任何出于商业目的取得或使用的有形或无形、可移动或不可移动的财产和相关财产权利。

除了直接规定投资者和投资的定义外，中国—加拿大 BITs 第 16 条规定了利益拒绝的情形：

第一，出现下列情形时，在包括按第三部分启动仲裁程序后的任何时间，一缔约方可拒绝将本协定的利益授予作为另一缔约方企业的该另一缔约方投资者及该投资者的涵盖投资：非缔约方的投资者拥有或控制该企业；以及拒绝授予利益的缔约方针对非缔约方采取或维持如下措施：a. 阻止与该企业进行交易；或者 b. 若本协定的利益被授予该企业或其涵盖投资，将导致对该措施的违反或规避；

第二，在包括按照第三部分启动仲裁程序之后的任何时候，一缔约方可拒绝将本协定的利益授予作为另一缔约方企业的该另一缔约方投资者及该投资者的涵盖投资，如果非缔约方投资者或拒绝授予利益缔约方的投资者拥有或控制该企业，且该企业依据该另一缔约方的法律组成或组建，在该另一缔约方领土内未从事实质经营活动；

第三，为进一步明确，缔约方可在包括按照第三部分启动仲裁程序之后的任何时候，依据第一款和第二款拒绝授予本协定的利益。

3. 适格的时间条件

必须在投资条约生效的时间内适用。例如以中国—加拿大 BITs 为例，其第 35 条规定：第一，缔约双方各自完成为使本协定生效的内部法律程序后，应通过外交渠道通知对方。本协定自收到第二份通知的次月第一天起生效，且应保持至少 15 年有效期。第二，首个 15 年有效期届满后，本协定仍将继续有效。在此后的任何时候，任一缔约方均可终止本协定。另一缔约方收到终止协定的通知一年后，协定将终止效力。第三，对于本协定终止日前进行的投资，自协定终止日起算，本协定第 1 至第 34 条及本条第四款仍将继续有效 15 年。

（二）满足管辖待遇的条件

1. 一般条件

在国际投资条约中，常见的管辖待遇区别主要是东道国国内管辖和国际仲裁管辖。满足管辖待遇的条件除了要符合上述实体待遇的三个条件外，就东道国国内管辖而言，还应该满足东道国国内法律的要求；就国际仲裁管辖而言，还应该满足条约中规定的要求，如岔路口条款、用尽当地救济要求等，尤其是要有双方同意提交仲裁的意向。

例如中国—加拿大 BITs 第 21 条第 2 项规定：在遵守第三部分第 21 条的附录中对缔约方特定要求的规定的前提下，争端投资者只有在如下情况下方可依据第 20 条将诉请提请仲裁：①该投资者同意按照本协定规定的程序进行仲裁，并将此同意的通知及诉请提请仲裁的陈述送达争端缔约方；②引起诉请发生的事件至少已经过 6 个月时间；③在诉请提请仲裁至少 4 个月前，该投资者已以书面形式向争端缔约方递交诉请提请仲裁的意向通知；④在根据第③分款规定递交诉请提请仲裁的意向通知的同时，该投资者已递交其系另一缔约方投资者的证据；⑤针对据称违反本协定第二部分项下义务的措施，投资者已经放弃其根据第三国与争端缔约方之间的任何协定享有的启动或继续争端解决程序的权利；以及⑥自投资者首次知悉，或本应首次知悉声称的违反以及知悉投资者或其涵盖投资因此而招致损失或损害之日起，未超过三年期限。

2. 强制性条件

在当前的国际私法中，程序法适用法院地法被视为一项强制原则，[①]而实体法则没有这样的要求。在实践中很多国家也认为关于程序问题，尤其是管辖问题应当适用法院地法。如美国《冲突法重述》（第 1 部）第 583 条规定：“所有程序问题，应由法院地法支配。”再如《巴西民法施行法》第 15 条规定：“诉讼权限、诉讼形式和答辩方式，都应依提起诉讼的法律来裁决。”[②] 程序法适用法院地法的法理依据在于“场所支配行为”理论：[③]

---

① 翟中鞠、屈广清：《“程序法适用法院地法”原则之局限与克服》，《法商研究》1998 年第 4 期。

② 卢峻主编：《国际私法公约集》，上海社会科学院出版社 1986 年版，第 14、320 页。

③ 刘想树：《仲裁程序法的适用及我国的实践》，《广东社会科学》2002 年第 3 期。

首先，法院的活动是按照国家规定的诉讼程序法来进行的，所以与法院的诉讼活动有最密切联系的法律是法院地的诉讼程序法；其次，诉讼程序适用法院地法也是实际的需要，任何国家的法院都不允许在诉讼的中途改变程序规则，以免造成混乱，使案件不能得到顺利解决；① 最后，正如在实体问题上有时需要适用外国法来保护某些权利或法律地位是正义的要求，一个国家的法院遵循它们自己的一般程序规则，按照本国法院给予保护的方式来给予这种保护，同样是正义的一个要件。②

尽管学术界对程序法适用法院地法存在一定的争议，认为应该限制这种做法，③ 但是这种做法有其合理的理论支持和大量国家的实践。笔者认为"程序法适用法院地法"已经在国际上形成了一种"法律确信"，甚至被视为法院地的一种公共秩序，管辖待遇的条件也必须以法院地法律规定为准，这显然与实体性待遇规则存在重大不同。

由此可见，实体待遇和管辖待遇因为满足条件的不同而存在很大的差异，二者根本不符合"同类规则"。

四　价值的趋同性

与实体性规则的法的价值相比，程序设计的价值也具有特殊性。④ 具体而言：

（1）程序正义判断的复杂性

如果说实体法之实体正义是评价结果的价值准则，追求的是一种结果正义的话，那么程序的正义价值就体现在程序的运作过程中，具有过程性，追求的是一种过程正义，一种看得见的正义。程序一经产生就蕴含着设计者的价值期许，程序的价值本身就已经独立存在，取决于程序本身是否符合独立的程序正义标准。⑤

---

① 林欣：《论国际私法中的程序法与实体法问题》，《外国法译评》1994 年第 4 期。

② ［德］马丁·沃尔夫：《国际私法》，李浩培、汤宗舜译，法律出版社 1988 年版，第 339 页。

③ 李双元、邓杰、熊之才：《国际社会本位的理念与法院地法适用的合理限制》，《武汉大学学报》2001 年第 5 期。

④ 代表性的文献可参阅陈瑞华《走向综合性程序价值论——贝勒斯程序正义理论述评》，《中国社会科学》1999 年第 6 期；宋晓《程序法视野中冲突规则的适用模式》，《法学研究》2010 年第 5 期；孙向阳《程序法与实体法的关系》，《河北法学》2001 年第 3 期；肖晖《论实体权利和程序权利的同一性——兼论程序价值的非独立性》，《云南大学学报》（法学版）2004 年第 1 期等。

⑤ 陈瑞华：《程序正义理论》，中国法制出版社 2010 年版，第 7—8 页。

　　笔者认为，由于人类与生俱来的功利心使得结果正义往往容易被感知，也容易被不同国家的人们所评判。而过程正义的判断要复杂得多，过程往往不能用功利性的标准来评价。[①] 过程更多地会受到各国不同的历史文化和国情的影响，使得人们对过程正义的分歧较大，导致程序正义的判断比较困难。[②]

　　而且，在现实中还存在一种情形，即一项法律程序或者法律实施过程固然可能会形成正确的结果，但是程序的正当性并不因此得到证明，反而加剧了人们对程序正义的分歧。例如，甲乙双方约定玩"俄罗斯转盘"[③]来判断谁是无辜者，如果最终的结果确实是真的无辜者获胜，那也是运气使然，而绝不是程序的功劳。但是如果是无辜者因此丧命，人们可能不会抱怨无辜者的运气，而会怀疑程序是否正义。

　　（2）程序安定的要求

　　程序安定是指诉讼应依法定的实践先后和空间结构展开并做出终局性决定从而使诉讼保持有条不紊的稳定状态。[④] 尤其是在诉讼中，应尽量不混合或交叉使用不同性质的程序，以免引起程序上的混乱。[⑤]

　　有学者提出，程序价值与实体价值相比在于其具有安定性，包括了程序的有序性、不可逆性、时限性、法定性、终结性等。程序法毫无疑问将维护好判决的结果，顺应法的安定性要求作为一大特点。[⑥] 笔者也认同这种观点，并认为，由于程序安定的存在，意味着程序事项不能被轻易地变动，否则将很容易破坏这种安定。

　　综上，笔者认为，即便基础条约中的最惠国条款适用范围的措辞中有

---

　　① 例如美国的辛普森杀妻案，被称为"把美国刑事诉讼的程序基本都走了一遍"，花费了纳税人数百万美元，给全世界上了美式程序正义生动的一课。案情可参见 http://baike. baidu. com/view/1183157. htm。

　　② 例如同样是"成佛"。在中国人的眼中，有人历经百折而不挠，千辛万苦修行万年可以"成佛"甚至未必"成佛"，而有人屠尽苍生，放下屠刀，立地"成佛"。这样的程序正义观在西方基督教国家人们的心中则未必认同。参见宋·释普济《五灯会元》卷五十三："广额正是个杀人不眨眼底汉，放下屠刀，立地成佛。" http://baike. baidu. com/view/192367. htm? fr=aladdin。

　　③ 俄罗斯转盘是一种残忍的游戏，游戏规则是：游戏参与者往有六个弹孔的左轮手枪的弹夹里放一颗子弹，然后将弹夹随机旋转，游戏者自行拿起手枪，对自己的太阳穴开一枪。如果子弹没有射出，则游戏者可以获得一大笔巨款，如果子弹射出，游戏者将一命呜呼。

　　④ 陈桂明：《程序理念与程序规则》，中国法制出版社 2002 年版，第 2 页。

　　⑤ 同上书，第 3 页。

　　⑥ ［日］三月章：《日本民事诉讼法》，汪一凡译，台湾五南图书出版有限责任公司 1997 年版，第 29 页。

"所有事项"（all matters）等类似的表述，投资争端解决程序性事项与投资的实体性事项也并不是同类事项。因此，将最惠国条款适用于投资争端解决程序由于缺乏"同类规则"的内在要求而缺乏合理性。同时，可以延伸的结论是：由于"同类规则"的要求，最惠国条款对基础条约中的程序性权利（事项）均不能适用。

第三节　"更优惠待遇"的认定难题

从国际条约法来看，最惠国条款的实施以第三国的待遇为参照标准。[①] 投资者最终享受的待遇会随着第三方条约中"更优惠待遇"的变化而变化，具有浮动性。[②] "更优惠待遇"要求东道国给予不同国家投资者的待遇之间应该具有可比性。即第三方条约中的投资待遇与基础条约中的投资待遇相比在客观上更为"优惠"，只有在满足此前提的情形下，才可以通过基础条约中最惠国待遇条款将该项优惠待遇"导入"。[③]

如同"同类规则"一样，在"Maffezini 案"以前，最惠国条款被公认适用于实体性事项，因此判断"更优惠待遇"的实践也主要是在实体性事项中。[④] 这主要是因为：

第一，实体性权利和待遇之间具有可比性，其优劣之比明显，很容易客观地进行判断。例如基础条约规定对东道国的征收（expropriation）只给予部分补偿，而第三方条约却规定征收给予"充分、及时、有效"补偿，显然后者对投资者的待遇更为优惠。再如 WTO 争端解决机构 2007 年受理的"欧盟进口香蕉案"中，哥伦比亚和巴拿马两国认为欧盟 2006 年 1 月 1 日实施的香蕉进口体制中规定对该两国的香蕉关税为每吨 176 欧元，而"非洲—加勒比—太平洋国家"（ACP）国家在 77.5 万吨的配额内可以免税向欧盟出口香蕉，两国认为欧盟违反了 GATT1994 中的最惠国

---

① 郭桂环：《论 BIT 中最惠国条款的解释》，《河北法学》2013 年第 6 期。

② 王毅：《WTO 国民待遇的法律规则及其在中国的适用》，中国社会科学出版社、人民法院出版社 2005 年版，第 161 页。

③ 中国有学者引用国际私法的"转致"术语来形容最惠国待遇的这种"导入"，即从法律技术上说，最惠国待遇是转致到另一个条约。参见赵维田《世贸组织（WTO）的法律制度》，吉林人民出版社 2002 年 1 月版，第 58 页。

④ Fiona Marshall, *Climate Change and International Investment Agreements*: *Obstacles or opportunities*? the International Institute for Sustainable Development Press, 2010, p.38.

待遇要求。①

第二，在裁判实践中形成的共识。如在"MTD v. Chile 案"中，来自马来西亚的申请人 MTD 试图援引马来西亚—智利 BITs 中的最惠国条款来适用智利—克罗地亚 BITs 中的实体性待遇（东道国在批准投资后发放许可证的义务）。仲裁庭支持申请人 MTD 的理由在于"智利并未反对申请人的该项主张"②。而在另一起"Rumeli v. Kazakhstan 案"中，哈萨克斯坦—土耳其 BITs 中并未规定"公平与公正待遇"，但是却存在最惠国条款。仲裁庭支持投资者援引最惠国条款将哈萨克斯坦—英国 BITs 中的"公平与公正待遇"引入，并裁定哈萨克斯坦违反了对土耳其投资者 Rumeli 承担的公平与公正义务，而哈萨克斯坦对于其最惠国待遇的义务不持异议。③ 此外，在另一些案例中，东道国更是积极主张最惠国条款的适用范围仅为投资的实体待遇。如在"Siemens v. Argentina 案"中，被申请人阿根廷指出，将争议提交仲裁的条款和实体条款应当是相分离的，而阿根廷—德国 BITs 第 3 条所规定的最惠国待遇条款是实体性条款。④

反之，如果投资者不能证明第三方条约中存在着比基础条约中的某项实体待遇更为"优惠"的待遇，仲裁庭会拒绝支持最惠国条款的适用。在"Asian Agricultural Products v. Sri Lanka 案"中，申请人试图援引斯里兰卡—英国 BITs 中的最惠国条款来引入斯里兰卡—瑞士 BITs 中的实体条款。在论及最惠国条款时仲裁庭认为因为申诉方没有对斯里兰卡—瑞士 BITs 进行解释，所以没有证明斯里兰卡—瑞士 BITs 中包含比斯里兰卡—英国 BITs 更为优惠的条款，因此后一个条约中的最惠国条款不能在本案中援用。⑤ 然

---

① WTO DSB Case No. WT/DS361, para. 38.

② MTD Chile SA v. Republic of Chile, ICSID Case No. ARB/01/7, Award, para. 100.

③ Rumeli Telekom AS v. Republic of Kazakhstan, ICSID Case No. ARB/05/16, Award, para. 575.

④ 阿根廷—德国 BITs 第 3 条：（1）缔约方赋予另一缔约方公民或公司在其境内投资的待遇，不得低于其赋予本国公民、公司投资或者第三方公民、投资的待遇；（2）缔约方赋予另一缔约方公民或公司在其境内与投资有关活动的待遇，不得低于赋予其本国公民、公司或者第三方公民、公司的待遇。See Siemens A. G v. the Argentina Republic, ICSID case No. ARB/02/8, para. 82.

⑤ Asian Agricultural Products Limited v. Republic of SriLanka, ICISD Case No. ARB/87/3, Award, para 54. 裁决书此处的原文为："Accordingly, it is not proven that the SriLanka/Switzerland Treaty contains rules more favorable than those provided for under the SriLanka/U. K. Treaty, and hence, Article 3 of the latter Treaty cannot be justifiably invoked in the present case."

后仲裁庭强调申诉方有责任证明其所要援引的条款中的待遇事实上比基础条约中的待遇要优惠。① 同样，在在"ADF v. USA 案"中，投资者主张根据《北美自由贸易协定》（NAFTA），公平与公正待遇义务附加有"仅限于习惯国际法中的最低标准待遇义务"这样的限制性解释，而美国对外签订的 BITs 中却对公平与公正待遇没有附加这样的限制。因而投资者认为美国对外签订的 BITs 中的公平与公正待遇要求优惠于 NAFTA 中的公平与公正待遇。但仲裁庭没有支持投资者的观点，仲裁庭认为虽然美国对外签订的 BITs 中并未对公平与公正待遇义务做出限定性的解释，但是公平与公正义务并不是"习惯国际法的单独标准"。申请人没有足够的理由证明"单独标准"的存在，因而不能表明美国对外签订的 BITs 中的公平与公正待遇比 NAFTA 下的公平与公正待遇更优惠（favorable）。②

　　因此，由于不同条约中的实体性待遇事项存在可比性，能够判断"更优"或者存在"更优"的判断标准，所以将最惠国条款适用于实体性待遇事项并不违反缔约国在条约中规定最惠国条款的合理预期。③

　　而要判断不同投资条约规定的不同争端解决程序之间是否也存在"更优惠待遇"，则要复杂得多。笔者认为，对于不同争端解决程序，要判断其优劣，至少需要比较三种不同的情形：第一种是要比较东道国国内救济与国际仲裁二者何者"更优"？第二种是要比较不同国际仲裁机构之间二者何者"更优"？第三种要比较的是，即便是国际仲裁，不同的条约对提交仲裁的规定也不同，如何来判断"更优"的仲裁？在这三种情形下，均难以判断，存在认定难题。

一　国内救济与国际仲裁的不可比性

国内救济与国际仲裁很难比较优劣。

（一）缺乏客观标准

这两种争端解决程序各自都有自己的运行规律和合理性依据，根本没

---

　　①　Asian Agricultural Products Limited v. Republic of SriLanka, ICISD Case No. ARB/87/3, Award, para. 56.

　　②　ADF Group Inc. v. United States of American, ICISD Case No. ARB/00/1, Final Award, para. 194.

　　③　陈安、蔡从燕：《国际投资法的新发展与中国双边投资条约的新实践》，复旦大学出版社 2007 年版，第 191 页。

有客观比较的标准。二者各自的长短优劣，也只能在具体的个案中得到体现。甚至在某个具体案件中"更优"的争端解决程序可能在另一个案件中会变为"更劣"。

（二）主观标准加重对立

即使是依照主观标准，即交由争端双方来判断，这也存在问题。即以谁的主观标准为准？是投资者标准还是东道国标准？双方能否都援引其自认为"更优"的投资条约来选择最佳的仲裁机构或者法院？[①] 在发生国际投资争端时，这两方当事人的利益冲突必然导致判断的价值对立，[②] 一方认为"更优"的争端解决方式可能恰恰是对方认为"更劣"的争端解决方式。因此主观判断除了加重争端双方对立外，往往解决不了问题。

即便是采取国际仲裁中"默认"的投资者主观判断标准，也存在困境：

1. 主观判断的合理性

西方普遍学者认为，发展中国家国内法律制度不完善，国内也缺乏足够独立的司法体制。东道国的法院在受理本国政府与外国投资者发生投资争议案件的审理上，难免会倾向于维护本国政府的利益，因此不可能做到居中的公正裁决。而诉诸国际仲裁则是一种中立的解决双方争端的方式。[③] 因此和东道国法院相比，国际仲裁"更优"，也是公正的争端解决方式。[④] 更有人直接指出："当事人选择国际仲裁就是因为其中立，而中立意味着不偏不倚，公正无私。"[⑤] 在"Maffezini 案"中，当东道国西班牙认为即使最惠国条款可以适用，Maffezini 也要证明诉诸 ICSID 仲裁庭比西班牙的国内法院更为"优惠"时，仲裁庭指出："传统上投资者一直觉

---

① Ruth Teitelbaum, "Who's afraid of Maffezini? Recent Developments in the Interpretation of the Most Favored Nation Clause", *Journal of International Arbitration*, Vol. 22, 2005.

② UNCTAD, "Most – Favored – Nation Treatment", *UNCTAD Series on Issues in International Investment Agreements*, UN Publication, 1999.

③ Stephan W. Schill, *International Investment Law and Comparative Public Law*, Oxford University Press, 2010, p. 53.

④ 例如，2013 年 ICSID 秘书长麦格金尼尔女士认为，ICSID 成立至今共做出的裁决有 145 个，只有 11 个裁决被后来的专门委员会全部或部分撤销，充分说明 ICSID 裁决的公正性。参见王朝恩、王璐《国际投资法前沿问题与中国投资条约的完善——"中国与 ICSID"国际投资法与仲裁高级研讨会综述》，《西安交通大学学报》（社会科学版）2013 年第 3 期。

⑤ William W. Park, "The Specificity of International Arbitration: The Case for FAA Reform", *Vanderbilt Journal of Transnational Law*, Vol. 36, 2003.

得，通过诉诸国际仲裁而非东道国法院，他们的权利能够得到更好的保护。"① 有学者指出，仲裁庭直接认定西班牙—智利条约中可直接提请国际仲裁的规定比阿根廷—西班牙条约更加优惠，这体现了其对于"投资争议国际仲裁优越性的固有信念"②。

笔者认为如果从国际投资条约的宗旨是保护投资者这个角度而言，仲裁庭和学者的分析也许是站得住脚的，此时应以投资者的主观判断为宜。因为此时东道国的主观判断没有意义，否则国际投资条约中引入国际仲裁这种特殊的争端解决方式也没有必要了。何况如果引入东道国主观判断标准的话，东道国此时将面临不能自圆其说的尴尬境地：如果东道国认为国内救济"更优"，则人们有理由要问，既然国内救济更优，为何还要在投资条约中引入"更劣"的国际仲裁？如果东道国认为国内救济"更劣"而国际仲裁"更优"（事实上这是不会发生的），则除了迎合了投资者的主观判断外，无异于向外界公开承认本国的法治水平落后，不能给投资者提供相应的保护。

2. 主观判断的困境

但是问题在于，如果采取投资者主观判断标准，到了真正的国际仲裁实践中，国际仲裁庭的情况也许比东道国更糟糕，也陷入了尴尬的两难境地：首先，如果在仲裁员堂而皇之地将西方国家和学者的前述主观判断理由（如东道国司法不公等）写于仲裁书中，显然是对东道国的极大侮辱和冒犯。除了招来东道国政府和民间的口诛笔伐外，极有可能被东道国以仲裁员怀有"偏见"或"歧视"为由申请撤销仲裁或者日后拒绝履行仲裁裁决。因此实践中不可能也从来都没有发生过这种情形。其次，假如案件中的东道国角色变为"法制健全"的发达国家时，在这样的案情下，又当如何判断东道国国内救济与国际仲裁的优劣呢？也许这正是国际仲裁庭的难堪之处。因此，在现实的国际仲裁中，即便这种情形存在可比性，无论是学术界还是仲裁庭都很难对此进行令人信服的解说。

---

① Maffezini v. Spain, ICSID CASE No. ABR/97/7, Decision of The Tribunal on Objections to Jurisdiction, para. 55.

② Jrügen Kurtz, "The MFN standard and Foreign Investment-An Uneasy Fit?" *Journal of World Investment and Trade*, Vol. 5, 2004.

更何况国际上有学者认为"仲裁的好坏是由仲裁员决定的"①，如果这一论断成立的话，那么谁能保证仲裁员就一定会不偏不倚？也许正因为如此，还有学者认为，只有满意下面两个条件时，国际仲裁的公正性和终局性才是能获得尊重的：第一，与那些经常犯错误的可敬的法官不同，仲裁员从来不会犯错误；第二，争议的标的微小得可以被忽略。②连著名的国际经济法学学者施米托夫也认为，在商业界看来，仲裁的最大好处就是取消了纠正司法错误的上诉程序，与诉讼相比，仲裁的其他方面的好处，都是值得怀疑的。③

二　国际仲裁机构选择的差异

在不同的投资条约中，可能会规定多个不同的国际仲裁机构供争议双方进行选择，例如 ICSID、UNCITRAL、SCC 等国际仲裁机构。在这些不同的国际仲裁机构之间进行比较，何者更有利于保护外国投资者的利益呢？

（一）缺乏客观标准

在此种情形下，不同条约中规定不同的仲裁机构之间显然缺乏客观的比较标准，根本无法进行对比。④ 事实上不但在国际投资的实践中从未有投资者主张此种比较，甚至在国际贸易领域也从未有过此种比较的主张。以 WTO 为例，从成员方缔约的实践来看，的确存在着某个 WTO 成员方缔结的其他条约中规定了与 WTO 不同的争端解决方式的情形。例如美国既是 WTO 成员方，也是 NAFTA 的成员方，在对人管辖方面，NAFTA 与 WTO 争端解决机制对作为成员方的美国均享有管辖权。在对事管辖方面，虽然 NAFTA 与 WTO 两个协定在调整的范围上并不相同，但在规范内容上有很多重叠之处，比如两者均包括规范农产品贸易、保障措施、卫生和植物检疫措施、技术性贸易壁垒、纺织品和服装贸易、服务贸易、投资措

---

① Stephen R. Bond, "The International Arbitrator: From the Perspective of ICC International Court of Arbitration", *Northwestern Journal of International Law and Business*, Vol. 12, 1991.

② William H. Knull & Noah D. Rubins, "Betting the Farm on International Arbitration: Is It Time to offer an Appeal Option?" *The American Review of International Arbitration*, Vol. 11, 2000.

③ ［英］施米托夫：《国际贸易法文选》，赵秀文译，中国大百科全书出版社 1993 年版，第 674 页。

④ Alejandro Faya Rodriguez, "The Most-Favored-Nation Clause in International Investment Agreement: A Tool for Treaty Shopping?" *Journal of International Arbitration*, Vol. 25, 2008.

施的条款。而且 NAFTA 纳入了 WTO 的许多规定，从而使 WTO 的某些条款成为 NAFTA 的组成部分。此时就会出现管辖权竞合的问题。① 但是由于此时无法判断何者管辖权"更优"，缔约国也就很难利用最惠国条款去挑选争端解决机构，故 WTO 实践中也从来没有过相关案例。

（二）主观判断失效

笔者认为在此种情形下，即便投资者主观认为存在"更优"（如与仲裁员属于同国籍），这也多半是一种臆想。在裁决正式做出之前，谁能保证"更优"的仲裁庭一定就能做出对投资者更有利的裁决呢？退一步讲，即便依照某些国外学者的观点："似乎不禁止投资者在 ICSID 仲裁庭、国际商会仲裁院或者按照联合国国际贸易法委员会仲裁规则进行仲裁的仲裁庭之间自由选择更好的仲裁庭"②，但是也无法信服地说明不同的仲裁机构之间有可比性。例如 ICSID 在认可和执行力问题上，的确比投资者选择 UNCITRAL 或 SCC 更加有优势。因为其公约第 54 条要求成员国将其裁决视为本国法院的判决一样予以尊重和执行。但是前者在其公约的第 25 条里面排除了双重国籍投资者的仲裁主体资格，并且对于条约本身的解读相对其他条约来说更加严格，所以在实践中有的投资者会选择后者进行仲裁。顺着这一思路继续追问的话，如果在一份国际投资条约中同时规定了 ICSID 仲裁和地区性国际仲裁（如东盟区域性国际仲裁），而该地域性国际仲裁庭规则中又有类似 ICSID 公约第 54 条的规定，那么此时又该如何判断何者更优呢？

但是值得注意的是，"Plama 案"的仲裁庭给出了另一种解释。"Plama案"中基础条约规定了一种国际仲裁庭（国际特设仲裁庭），而第三方条约则多了选择（规定了 ICSID 仲裁庭、国际特设仲裁庭，斯德哥尔摩商会仲裁院）。仲裁庭指出如果一个条约规定了 ICSID 仲裁庭，而另外一个条

---

① 如在"美国对欧共体产品进口措施案"中，WTO 上诉机构认为，DSU 第 23 条第 1 款的规定，要求所有 WTO 成员对于违反义务或者抵消或者损害 WTO 涵盖项下的利益争议只能诉诸 DSU 规则与程序，而不能采取其他单边措施。相比而言，目前包括 NAFTA 在内大多数区域贸易协定在处理区域内与区域外可能相互冲突的管辖权时都采用了管辖权选择模式，有的只是在某些特定事项上规定了排他管辖权。在此模式下，区域贸易协定往往赋予争端当事方选择争端解决场所的权利，但如果争端当事方选择了其中一个争端解决机制，那么就不能再将同一争议提交到另一争端解决机制管辖。

② Nartnirun Junngam, "An MFN Clause and BIT Dispute Settlement : A Host State's Implied Consent to Arbitration by Reference", *UCLA Journal of international Law and Foreign Affairs*, Vol. 399, 2010.

约规定了国际特设仲裁庭，二者之间本不可以进行优惠的比较。但是另一个条约多了选择的机会就是一种优惠，因为多了选择毕竟聊胜于无。[1] 中国有学者认为"这种选择余地越大、对外国投资者越有利的解释是能够成立的"[2]。

笔者不同意这种观点，因为不同的国际仲裁机构有其不同的仲裁规则和组织规范，所以每一个独立的国际仲裁机构的法律机制有其整体性，即不同的国际仲裁机构存在"质"的差异而本质上不具有可比性。"质"不同，就缺乏比较的基础，"量"再有差别也没有比较的意义。笔者甚至在想，就"Plama 案"中仲裁庭的理由而言，多了仲裁选择就一定更优吗？如果多出的仲裁机构的仲裁规则对举证责任、证明要求、构成要件的要求远高于原基础条约中规定的仲裁机构，当事人不得不花费了较多的精力甚至金钱（如律师费）去比较几种仲裁机构的优劣后又选择了原仲裁机构，那么这种"聊胜于无"的结论还能站得住脚吗？同样的道理，如果一个规定投资者在东道国法院经过 6 个月诉讼后可提交国际仲裁的条款，相比一个要求投资者必须在东道国法院与国际仲裁之间进行终局性选择的条款（岔路口条款）岂不是更为"优惠"？因为前者为投资者提供了双重救济，而后者只提供了一种救济途径。

三　不同国际仲裁程序规则不一

根据当前常见国际投资条约中对提交国际仲裁的不同规定，存在以下几种情形的比较。

（一）提交国际仲裁的范围

不同投资条约中对提交国际仲裁的范围规定是不同的。例如中国与新加坡签订的 BITs 第 13 条第 3 款规定，由征收、国有化或其效果等同于征收、国有化的其他措施所导致的补偿金额争议在满足一定的条件后可以提交国际仲裁庭解决。中国与加拿大签订的 BITs 第 20 条第 1 款规定，只将有限的几项条约义务：国民待遇、最惠国待遇、最低待遇标准、征收和补偿、转移、业绩要求、高层管理和董事会人员入境等提交国际仲裁。而中

---

① Plama v. Bulgaria, ICSID CASE No. ARB/03/24, para. 208.

② 陈安、蔡从燕：《国际投资法的新发展与中国双边投资条约的新实践》，复旦大学出版社 2007 年版，第 204 页。

国与芬兰签订的 BITs 第 9 条的规定，允许东道国与投资者之间的任何争议提交国际仲裁解决。前文提及的 2009 年中国香港投资者"谢叶深诉秘鲁案"（Tza Yap Shum v. Peru）就属于此种情形，谢叶深希望适用第三方条约即秘鲁—哥伦比亚 BITs 第 12 条中对其更有利的争议解决条款：可以向 ICSID 提交与投资有关的任何争议，而不受制于中国—秘鲁投资协定第 8 条第 3 款只允许将征收补偿数额争议提交 ICSID 的限定。

就此种情形而言，笔者认为从保护投资者的角度而言，从宏观上来说允许提交国际仲裁的投资争议的范围越广，应该越有利于投资者利益的保护。如果第三方投资条约中规定的可提交国际仲裁的争议范围比基础条约中规定的可提交国际仲裁的争议范围更大，应该认为是存在"更优惠待遇"的。就"谢叶深诉秘鲁案"而言，令人遗憾的是，本案仲裁庭回避了这种比较，而采取了另外的一种推理方法，最终认定中国—秘鲁投资协定第 8 条第 3 款对争议范围明确限定的规定为缔约方"经特别协商的约定"（特别规定），应优先于最惠国待遇条款的一般规定，故驳回了谢叶深的此项请求。[①] 对此笔者是有所质疑的，认为仲裁庭的推论是站不住脚的，难道最惠国条款不是经缔约方特别谈判达成的吗？

但是，如果进行深入的分析，换个角度来思考的话，这种结论可能为时过早。因为为了有效地控制国际投资仲裁的影响，东道国往往在国际投资条约中对提交国际仲裁附加了一定的条件和履行要求，这些要求构成了东道国同意国际仲裁的前置条件（详见下文论述）。[②] 不同条约中前置条件的不同，将直接影响到国际仲裁范围的"优劣"。例如虽然基础条约中可提交国际仲裁的争议范围更小，但是前置条件更宽松（可直接提交国际仲裁），第三方条约中可提交国际仲裁的争议范围虽大，但是前置条件严格（须用尽当地救济或者受岔路口条款限制）。此时如何判断"更优"？同样的，虽然基础条约中可提交国际仲裁的争议范围更小，但是规定投资者可以在 ICSID、UNCITRAL、SCC 等国际仲裁机构中来选择，第三方条约中可提交国际仲裁的争议范围虽大，但是只能选择一种国际仲裁机构（如 ICSID），那么此时何者"更优"？显然无法比较。

---

① Tza Yap Shum v. Peru Republic，ICSID Case No. ARB/07/6，paras. 211-214.

② 王楠：《最惠国待遇条款在国际投资争端解决事项上的适用问题》，《河北法学》2010 年第 1 期。

（二）提交国际仲裁的前置条件

前置条件在国际法中被视为国际争端解决机构获得管辖权的必要条件，已经得到国际上广泛的认可。

国际法院在多个判例中也将管辖权的条件满足作为获得管辖权的前提，在"刚果和卢旺达境内武装行动案"的判决书中，国际法院明确指出："当提交国际法院管辖的同意附加有条件时，任何该同意的条件应该被认为是这种同意的限制。"① 另外，在"国际反种族歧视公约适用案"中国际法院也认为："公约中的前置性善意协商程序是国际法院获得管辖权的前提条件，由于本案的前提条件不能满足，因此国际法院没有管辖权。"②

作为当代国际经贸领域有重要影响的 WTO，也将前置条件作为管辖的必备条件之一。依照 WTO 争端解决机制（DSU）第 23 条第 2 款的规定："各成员方在处理争端的过程中，除按本谅解的规则与程序诉诸争端解决外，不得另行通过其他争端解决程序做出诸如已发生违法、利益受抵消或损伤、涵盖协议目的受到妨碍等认定，也不得另行通过其他争端解决程序做出与已获 WTO 争端解决机构通过的专家组或上诉机构报告或按 DSU 做出的仲裁裁决相背离的任何认定。"意味着成员方必须排他地将争端提交 WTO 争端解决机制（DSU）。③

国际投资条约中常见提交国际仲裁的前置条件有：

1. 等待期

这种前置条件要求发生争议后，投资者必须先与东道国就争端先行磋商或经过一段时间的国内程序。只有在规定期限的内双方无法达成一致，投资者才可将争端提交国际仲裁，即"先商后裁"。不同的投资条约中规定的等待期可能是不同的，如有 6 个月的，有 18 个月的，等等。

---

① Armed Activities on the Territory of Congo, Republic of Congo v. Rwanda, Jurisdiction of Court and Admissibility of Application, L. C. J. Reports, 2006, para. 89.

② Application of International Convention on the Elimination of All Forms of Racial Discrimination, Georgia v. Russian Federation, Judgment of Preliminary Objections, L. C. J. Reports, 2011, paras. 156–157.

③ 由于 WTO 争端解决机制并不承认区域贸易协定中的"管辖权选择条款"的法律效力，故区域贸易协定中的"管辖权选择条款"不可能在 WTO 争端解决机制中得到适用。参见王春捷《区域与 WTO 管辖权冲突协调机制初探——以 NAFTA 的实践为例》，《东岳论丛》2012 年第 12 期。

等待期在学界被认为并非"用尽当地救济"要求。[1] 因为无论是一定期限的磋商或者一定期限的国内程序的要求，都不会对于能否诉诸国际仲裁产生决定性的影响，只是延缓了提交国际仲裁的时间而已。[2] 如果顺着这一思路，则等待期越短，对投资者越有利。正如在"Siemens v. Argentina 案"中仲裁庭认为的那样，第三方条约中提交国际仲裁的等待期是 6 个月，确实比基础条约中的 18 个月要短，因此投资者可以适用最惠国条款来避开基础条约中更长的等待期。

笔者认为，如果单独地考虑等待期，似乎能得出上述结论，但是在国际投资条约中，缔约国在规定等待期的同时，往往也会附加其他条件，这导致了对"更优"的难以判断。如前述提交争端范围的大小，再如岔路口条款等限制条件等。同样在"Siemens v. Argentina 案"中，第三方条约在规定了 6 个月的等待期的同时，但也规定了岔路口条款这种不利条款，则此时附加不利条件的 6 个月和单独的 18 个月二者哪个"更优"？虽然该案仲裁庭认为最惠国条款正如它的名称一样，只与更优惠的待遇有关，而与不利的条款无关，但是笔者认为，即便 Siemens 可以根据最惠国条款缩短等待时间，同时也应该受第三方条约中的岔路口条款约束。

仲裁庭如此解释最惠国条款的结果明显使 Siemens 公司获得了比第三方条约中的投资者更优惠的待遇，对第三方投资者构成"歧视"，显然违反了最惠国条款的非歧视性本质。

在"Wintershall v. Argentina 案"中，国际仲裁庭也表达了类似的观点，也认为无法判断等待期的优劣。本案中申请人要求依据德国—阿根廷 BITs 中规定的最惠国条款援引阿根廷—美国 BITs 中规定的争议解决条款向 ICSID 提起仲裁请求。仲裁庭认为要求提交仲裁之前有 18 个月的等待后再到当地法院寻求救济是东道国阿根廷同意接受 ICSID 管辖权的前提条件，是构成 ICSID 管辖权成立的一个不可分割的组成部分。18 个月应视为是法院地国适用和维持国际法以及给予合理救济的机会，投资者必须接

---

[1]　Raul Emilio Vinuesa, "Bilateral Investment Treaties and Settlement of Investment Dispute under ICSID: The Latin American Experience", *Law and Business Review of American*, Vol. 1, 2002. 另见刘颖、封筠《国际投资争端中最惠国待遇条款适用范围的扩展——由实体问题向程序问题的转变》，《法学评论》2013 年第 4 期。

[2]　王楠：《最惠国待遇条款在国际投资争端解决事项上的适用问题》，《河北法学》2010 年第 1 期。

受同样的承诺条款。在缔约国对此没有明确同意的情况下不能通过最惠国条款而规避前述要求。①

2. 用尽当地救济

用尽当地救济是指"当一个国家对它的领土内的外国人的待遇不符合它的国际义务，但仍可以通过以后的行动为该外国人获取它的义务所要求的待遇（或同等待遇）时，国际法庭将不会受理代表该外国人提出的求偿，除非该外国人已经用尽有关的国家内可以利用的一切法律救济方法"②。

这种前置条件要求发生争议后，必须经过一定期限的东道国当地救济。除非投资者用尽东道国国内可以利用的法律救济，否则不能在国际层面提出求偿。③ 即"用尽当地救济"后投资者才可将争端提交国际仲裁。

显然，用尽当地救济限制了投资者直接将争端提交国际仲裁。但是能否就此认定第三方条约中不含用尽当地救济要求的国际仲裁条款比基础条约中包含了用尽当地救济要求的国际仲裁"更优"呢？笔者认为很难判断，因为除了前述东道国国内救济和国际仲裁很难判断的理由外，用尽当地救济后再提交国际仲裁等于投资者获得了"双重救济"，不见得比直接提交国际仲裁"更劣"。加之国内司法程序中有着国际仲裁没有的如二审、三审、再审等特殊司法程序的配套，此时更是不容判断两个条约中国际仲裁的优劣高低。

3. 岔路口条款限制

"岔路口"条款（fork-in-the-road）是指发生争议后，投资者可以在根据条约中的国际仲裁和东道国救济之间进行选择，但选择一旦做出即为终局，不能更改。④ 因为"岔路口"条款的引入，表明东道国提交国际仲裁的同意是有条件的，即投资者必须以放弃东道国当地救济为代价。反之，如果投资者选择了东道国国内救济，也意味着放

---

① Wintershall v. Argentina, ICSID CASE NO. ARB/04/14, para. 185.

② ［英］詹宁斯、瓦茨：《奥本海国际法》（第1分册），王铁崖等译，中国大百科全书出版社 1995 年版，第 413—414 页。

③ ［英］伊恩·布朗利：《国际公法原理》，曾令良等译，法律出版社 2007 年版，第 540页。另见马克斯·普朗克比较公法及国际法研究所编著《国际公法百科全书（第一专辑）：争端的解决》，陈致中、李斐南译，中山大学出版社 1988 年版，第 272 页。

④ 陈安、蔡从燕：《国际投资法的新发展与中国双边投资条约的新实践》，复旦大学出版社 2007 年版，第 226 页。

弃了国际仲裁。如果投资者就同一争端再次诉诸国际仲裁则需要与东道国另行达成仲裁协议。

"岔路口"条款使得投资者寻求法律救济时不能"两全其美"，构成了提交国际仲裁的重要前置条件。那么，一个含有"岔路口"条款限制的国际仲裁条款和不含有该条款限制的国际仲裁条款哪个更优？笔者认为仍然很难判断。即便不谈其他条件的制约如争端范围、等待期长短等限制而导致无法判断外，单就与前述用尽当地救济后提交国际仲裁的模式（双重救济）相比也很难判断优劣：双重救济虽然多了一层救济，但是要耗费双重的时间和经费，尤其是当出现国内判决和国际仲裁截然相反的裁判结果时，其裁判的执行效果必然会受到影响。

因此，笔者认为不同国际仲裁要求之间无法进行"更优惠待遇"的比较。笔者赞同"Impregilo SPA v. Argentina 案"中异议仲裁员 Stern 的意见，Stern 将提交国际仲裁的权利和享有这些权利的基本条件进行了区分，指出"最惠国条款仅仅关系到投资者所享有的权利，其不能更改享有这些权利的基本条件。换句话说，BITs 中所规定的享有权利的条件是不可逾越的"。Stern 进而指出："如果允许当事人将最惠国条款适用于争端解决程序将会带来巨大危害和混乱情势，甚至有可能在理论上导致那些根本没有规定国际仲裁条款的投资条约也可能会引入国际仲裁条款。"①

综上，有学者认为对不同的投资争端解决程序进行比较，往往不是一个"更优于"另一个的问题，而是一个"不同于"另一个的问题，对于不同的各争端解决程序不应主张最惠国待遇。② 笔者同意这种观点，并进而认为，在同一性质的事物之间才可能进行比较，在不同性质的事物之间缺乏可比的基础或者共同的起点。③ 实体性待遇间的差别是一种"量"的差别，而不同投资条约中争端解决程序间的不同则是"质"的差别。由于国际争端解决程序是为解决国际争端而设的，包括争端解决机构、规

---

① Impregilo SPA v. The Argentina Republic, ICSID Case No. ARB/07/17, Concurring and Dissenting Opinion of Professor Brigitte Stern.

② 徐崇利：《从实体到程序：最惠国待遇适用范围之争》，《法商研究》2007 年第 2 期。

③ 如亚里士多德把平等分为数目上的平等和以价值而定的平等。数目上的平等是绝对的平等，而以价值而定的平等既可以是平等也可以是不平等。他认为正当的途径应该是分别在某些方面以数量平等为原则，而另一些方面则以价值平等为原则。参见［古希腊］亚里士多德《政治学》，苗力田译，中国人民大学出版社 1997 年版，第 163 页。

则、方法等在内的一整套法律制度,① 通常具有整体性,② 导致了不同的
投资争端解决程序之间不存在所谓"更优",即根本不具有可比性。

　　因此,由于不同投资争端解决程序之间的优劣无法判断而不满足
"更优惠待遇"的规则要求,故不能将最惠国条款适用于投资争端解决程
序。同时,可延伸的结论是:管辖权的取得应当遵循不干涉他国国内管辖
权或属地管辖权的原则。③ 由于"更优惠待遇"的认定难题,最惠国条款
不适用于管辖权事项,即除了对国际投资争端解决程序不能使用外,对其
他所有的争端解决程序也都不能适用。④

---

①　杜玉琼:《区域经贸合作的法律问题研究》,四川大学出版社 2008 年版,第 231 页。

②　徐崇利:《从实体到程序:最惠国待遇适用范围之争》,《法商研究》2007 年第 2 期。

③　[英] 伊恩·布朗利:《国际公法原理》,曾令良、余敏友等译,法律出版社 2007 年版,第 271 页。

④　国内也有学者表达了和笔者同样的观点。参见张建邦《论知识产权最惠国待遇制度的生成与特征》,《国际经济法学刊》2011 年第 1 期。

第三章 最惠国条款适用于国际投资争端解决程序的未来考量：利弊权衡

最惠国条款在国际社会复杂的发展历史表明，最惠国条款能够被缔约国所接纳，被认为是国际贸易领域不可动摇的"基石"。[1] 这表明最惠国条款不但有其合理的理论基础，更能促进缔约国的利益，这是最惠国条款运行的应有效果。

然而，法律制度的运行会产生"双刃剑"的效果，使得规则制定的初衷和规则运行的效果有可能出现偏差，甚至与制定规则的本意"南辕北辙"。这是法律制度的"异化"作用，[2] 这种异化作用是所有法律规则都会面临的一种现象。此时作为立法者而言，受限于人类对自身和社会乃至整个世界认识的局限，加之"理性经济人"的内在本性，因此在对法律规则的制定、修改和废除上往往会趋利避害。甚至在一些学者的眼中，法的效率被置于尤为重要的地位，甚至是优先考虑的价值因素。[3] 由于国际条约是缔约国合意的产物，因此采取利弊权衡的分析方法有助于理解缔约国在条约中规定最惠国条款的目的。

将最惠国条款适用于投资争端解决程序的实践不但冲击了最惠国条款的法理基础，其运行的实然效果也与应然效果出现了偏离。对于缔约国来说，可能在不知不觉中接受了对本国经济发展并非有利的条约内容，严重损害了缔约国的合理预期和国家利益，这并非缔约国在条约中规定最惠国

---

[1] John H. Jackson, William J. Davey, and Alan O Sykes, *Legal Problems of International Economic Relations*, fifth Edition, Thomson West Press, 2008, p. 467.

[2] 例如，新中国成立初期，在刑法中曾将军人的恋爱关系纳入保护范围，他人如果与军人的恋人发展恋情的行为为犯罪行为（破坏军婚），结果是受保护的军人们后来强烈要求废除这种规定，因为该制度执行的后果是没有人愿意再和军人谈恋爱。

[3] ［美］罗纳德·科斯：《社会成本问题》，陈春良译，载罗卫东主编《经济学基础文献选读》，浙江大学出版社 2007 年版，第 196—198 页。

条款的缔约本意。①

第一节   最惠国条款适用范围的变迁及基本线索

最惠国条款适用范围的变迁与国家在国际经贸领域的利益判断和取舍密不可分，并且随着缔约实践在不断地发展和完善。最惠国条款的广泛适用表明最惠国条款有它产生的经济基础，迎合了国际经济发展的客观需要。

一   最惠国条款的形成与发展

严格来讲，最惠国待遇的产生要早于最惠国条款。因为最惠国待遇的早期实践并非是通过条约的形式规定的，而是国家的一种单方权利授予。即这种最惠国待遇是国家单方面给予某些地区（或领主）的，凭国家的单方意思就能产生法律效力，并不需要对方做出对等的互惠承诺。这并不属于现代国际条约法上所讲的以国家互相为权利义务主体的最惠国条款。因此，本书就先从最惠国待遇的起源谈起。对于最惠国待遇的起源学界存在分歧，有认为起源于 11 世纪的，② 也有认为起源于 12 世纪的，③ 笔者认为时间上的差异不影响本书主题的讨论，鉴于经合组织（OECD）在国际上的影响力，故采纳了经合组织的观点。

据经合组织的考证，最惠国待遇最早萌芽于 13 世纪。④ 当时的最惠国待遇的适用范围仅限于贸易领域。其效力也仅限于国家（或君主）将最惠国待遇给予特定的城市（地区）或特定的商人，允诺将给予其他城市的待遇也给予这些城市（地区）或商人。典型标志事件是神圣罗马帝

---

① Scott Vessel，" Clearing a Path Through a Tangled Jurisprudence：Most－Favored－Nation Clauses and Dispute Settlement Provision in Bilateral Investment Treaties"，*Yale Journal of International Law*，Vol. 32，2007.

② Endre Ustor，"First Report on the Most－Favored Nation Clause"，*Year Book of International Law Committee*，U. N. Doc. A/CN. 4/213，1969. 另见张玉卿主编《WTO 法律大辞典》，法律出版社 2006 年版，第 843 页。

③ 曾令良：《世界贸易组织法》，武汉大学出版社 1996 年版，第 140 页；另见王贵国《世界贸易组织法》，法律出版社 2003 版，第 39 页。

④ Marie-France Houde，"Most－Favored－Nation Treatment in International Investment Law"，*OECD Working Paper*，No. 2，2004.

国皇帝腓特烈二世于 1226 年缔结的一项条约中将原先授予比萨、热那亚等城市的权利同样给予了马赛市。①

　　而第一次以国家作为受惠对象，并通过国际条约的形式规定了最惠国条款的缔约实践产生于 15 世纪。1417 年英国国王亨利五世与亚眠（Amiens）的勃艮第公爵（Duke of Burgundy）缔结了一个双边商事条约，其中第一次出现了规定最惠国待遇内容的最惠国条款。该最惠国条款规定，在佛兰德斯的海港使用方面，佛兰德斯给予英国船舶的权利与佛兰德斯给予若干其他国家船舶的权利相同。之后随着各国之间商业往来的不断加强，最惠国条款越来越多地出现在国际条约中。但是此时的最惠国条款中所指的"最惠"待遇只限于与授予国给予该条款中明文规定的若干国家待遇相同的待遇。直到 17 世纪，始于 1692 年丹麦与汉萨同盟之间签订的条约中的最惠国条款规定"可以享受到给予任何第三国的同等优惠待遇"②，最惠国待遇标准才开始指称与授予国给予任何第三国的待遇相同的待遇。③ 这种表述和理解逐渐被许多国家和地区接受。因此，"任何第三国的相同待遇"成为当时最惠国待遇预定的参照标准，以该标准为核心内容的现代双边最惠国条款开始形成。此种表述模式从此一直到持续到 19 世纪中期。在此期间内，最惠国条款出现过两种模式：有条件最惠国条款和无条件最惠国条款。

　　（一）有条件最惠国条款

　　作为一项双边条约中的义务，这一时期的最惠国条款的表述上，往往附加了取得最惠国待遇的某些条件，即有条件的最惠国条款。常见的做法是在最惠国条款中要求缔约国一方给予任何第三方的优惠待遇，缔约国另一方只有提供了同样的补偿后才能享受。即缔约国一方给予第三国的优惠待遇是有条件的，缔约国另一方必须提供同样的条件才能享受这些优惠待遇。例如 1778 年美国获得独立后与法国签订了其第一个条约——《1778 美法条约》，其中最惠国条款的内容为："法国国王与合众国互相约定，

---

① Stanley Kuhl Hornbeck, "The Most-Favored-Nation Clause in Commercial Treaties: It's Function in Theory and Practice and its Relation to Tariff Polices", *Economics and Political Science Series*, Vol. 6, 1940.

② Daha H. Freyer and David Herlihy, "Most-Favored-Nation Treatment and Dispute Settlement In Investment Arbitration: Just How Favored Is Most-Favored?" *ICSID Review*, Vol. 20, 2005.

③ UNCTAD, "Most-Favored-Nation Treatment", *UNCTAD Series on Issues in International Investment Agreements*, Section II A, UNCTAD/ITE/IIT/10 Vol. III, 1999.

此国不以商务与行船上任何特殊利益给其他国家，假使这些利益不是彼缔约国得以立即同样享受的。彼缔约国得自由享受同样利益，倘若该利益是自由给予的；或须偿付同样的报偿方得享受该利益，倘若该利益是有条件给予的。"①

　　显然，有条件最惠国条款的设计是为了防止缔约另一方"不劳而获"的投机行为。从法律的角度看，有条件最惠国待遇的取得需要支付一定"对价"，讲究权利和义务的对称性，这符合当时民商法提倡的等价有偿原则。因此不但深受欧洲国家的欢迎，据称在欧洲 1830—1860 年这三十年间所缔结的条约中有 90% 是有条件最惠国条款，② 更是长期影响着美国的对外缔约历史，成为其从 18 世纪 70 年代到 19 世纪 20 年代的主要条约实践。美国前国务卿约翰·谢尔曼在 1898 年的一段话中非常鲜明地表达了美国对此问题的观点："对一个没有做出补偿的国家给予和一个做出补偿的国家一样的优惠，就打破了最惠国条款所试图保证的平等。"③ 美国的这种观点非常具有代表性，反映了当时最惠国待遇授予国对于本国利益的锱铢必较。依照这种观点，最惠国条款不是一个国家可以凭此获得其他优惠的途径，而是任何一个有最惠国条款的国家给予他国相同交易条件的承诺。这实际上造成了对不同国家之间的歧视性待遇；即支付了"对价"的国家和未支付"对价"的国家之间享受不同的待遇，违背了贸易伙伴之间的平等原则。而且在实践中如何判断是否构成"平等补偿"也极其困难，因此这种先天性的缺陷注定有条件最惠国待遇条款将"寿命不长"。国际上有学者认为，有条件最惠国条款在实践中相当于没有最惠国条款。④

　　值得注意的是，在这一历史时期虽然有条件最惠国待遇要求对方给予补偿才能享受，但是当时正是欧美等列强主宰世界秩序的时代，因此当时

---

　　① 王铁崖：《最惠国条款的解释》，载邓振来编《王铁崖文选》，中国政法大学出版社 1993 年版，第 504 页。

　　② Endre Ustor, "First Report on the Most-Favored-Nation Clause", *Year Book of International Law Committee*, U. N. Doc. A/CN. 4/213. 1969.

　　③ Letter from Secretary of State John Sherman to William I. Buchanan (Jan. 11, 1898), *Moore's Digest of International Law*, Vol. 5, 1906.

　　④ Scott Vessel, "Clearing a Path Through a Tangled Jurisprudence: Most -Favored -Nation Clauses and Dispute Settlement Provision in Bilateral Investment Treaties", *Yale Journal of International Law*, Vol. 32, 2007.

世界的主要列强国家在鼓吹有条件取得最惠国待遇的同时，采取了双重标准：在列强国家之间强调对等和互相有条件给予最惠国待遇，而在列强国家与其他世界弱小国家（特别是殖民地国家）之间搞起了"片面最惠国待遇"的实践。"片面最惠国待遇条款"在条约中赋予列强国家不用给予对方对等的好处就可以享受最惠国待遇的权利，使得这种最惠国条款成为强国通过单边的最惠国待遇承诺从弱小国家攫取利益的手段，中国历史上曾深受此种最惠国条款之害。

（二）无条件最惠国条款

随着历史的发展，由于有条件最惠国条款在理论和实践中存在的种种弊端，因此逐步演化为无条件最惠国条款。所谓无条件的最惠国条款，是指"从事关税减让谈判的两国之间相互同意，将一方现在或将来与第三国谈判取得的更优惠的关税减让，自动地、无条件地适用于对方"的条款。[1]

1860 年英法两国签订的旨在实行自由贸易的《科步登—切瑞利尔条约》（Cobden-Cheralier Treaty）中首次明确约定相互给予对方无条件最惠国待遇，使得最惠国条款有了质的飞跃。[2] 从此，"相互给予对方无条件的最惠国待遇"成为现代国际条约中最惠国条款的经典表述，也意味着现代意义的无条件最惠国待遇原则才真正诞生。[3] 我们今天所言的最惠国条款，一般指的就是这种无条件最惠国条款。[4] 从 20 世纪开始，无条件最惠国待遇条款频频被列入各种条约，特别是被视为现代双边投资协定的鼻祖的友好通商航海条约（Treaty of Friendship, Commerce and Navigation）中，并逐步成为其必备条款。

但是无条件最惠国条款的发展也经历了跌宕反复，其中反复得比较严重的至少有两次：一次是在第一次世界大战前后，为了区别对待盟友和敌对国家，防止敌对国家享受到最惠国待遇的好处，各国普遍倡导和实行以高关税为主要特征的贸易保护主义政策，纷纷对贸易加以限制。在国际缔

---

① 史晓丽、祁欢：《国际投资法》，中国政法大学出版社 2009 年版，第 110 页。

② 赵维田：《世界贸易组织（WTO）法律制度》，吉林人民出版社 2000 年版，第 53 页。

③ 邹东涛、薛福斌：《世界贸易组织教程》，社会科学文献出版社 2007 年版，第 52—53 页。

④ 本书中以下所指的最惠国待遇和最惠国待遇条款，如果不加以特别标明的话，指的都是无条件最惠国待遇和无条件最惠国待遇条款。

约实践中，最惠国条款曾一度回退到有条件最惠国条款；另一次是 1930 年开始的世界经济危机，各国贸易保护主义泛滥，连最追捧自由贸易理念的英国在缔约中也放弃了最惠国条款，实行了英联邦内部的大英帝国特惠制度。

二　最惠国条款适用范围的历史性飞跃

随着"一战"的结束和世界经济危机的消退，贸易限制和保护的做法逐渐引起各国的不满。1927 年国际联盟召开了国际经济会议，在会议上各国普遍认为："无条件最惠国待遇对于世界贸易的自由和健康发展尤为重要……最惠国条款的适用应该是最宽泛和自由的，各国不应该通过任何做法来弱化其作用。"① 在这种背景下，最惠国条款得到逐渐的复苏。据统计，1920—1940 年全世界含有最惠国条款的条约达 600 多个。② 到了 1948 年，生效的《关税与贸易总协定》（General Agreement on Tariffs and Trade，GATT）第一次在世界范围内将最惠国待遇原则纳入多边贸易体制之中，③ 将其置于更加广泛而稳定的基础之上，完成了一次历史性的飞跃。④

多边主义是"在广泛原则基础上建立的一种协调三个或三个以上国家关系的制度，该制度细化了正当的行为准则，而无须考虑各方的特殊利益或特殊情况下某一方的战略紧急需要"⑤。与传统的建立在双边贸易协定基础上的最惠国条款相比，GATT 将双边协定的最惠国条款做了重大发展，使之成为多边互惠的最惠国条款，使得所有的缔约方处于既享受最惠国优惠的同时又向其他缔约方提供优惠的同等待遇。⑥ 多边的最惠国条款在缔约方之间起了统一和平衡的作用，不但省去了缔约方之间进行双边谈判的必要性，也克服了双边谈判不可避免的互惠性和局限性，极大地迎合

---

① Endre Ustor, "First Report on the Most-Favored-Nation Clause", *Year Book of International Law Committee*, U. N. Doc. A/CN. 4/213, 1969.

② 赵维田：《论国际贸易中的最惠国原则》（上），《国际贸易问题》1992 年第 2 期。

③ GATT1947 第 1 条规定："……一个缔约国给予来源于或者目的地是另一缔约国的任何产品的任何利益、优惠、特权或豁免权，应立即和无条件地给予来源于或者目的地是所有其他缔约国领域内的该同类产品"，此条款的重要意义就在于它规定的最惠国待遇是无条件的：只要一个国家成为 GATT 的成员，那么无论它行为如何，都有权享有其他成员国给予的最惠国的待遇。

④ 赵维田：《世界贸易组织（WTO）法律制度》，吉林人民出版社 2000 年版，第 54 页。

⑤ Jeswald W. Salacuse and Nicholas P. Sullivan, "Do BITs Really Work?" *Harvard International Law Journal*, Vol 67, 2007.

⑥ 王毅：《关贸总协定中最惠国条款的法律特点》，《国际贸易》1986 年第 2 期。

了当时世界对自由贸易的要求。

此后随着 WTO 的建立，在 WTO《服务贸易总协定》（GATS）和《与贸易有关的知识产权协定》（TRIPS）中也加入了最惠国待遇条款。[1] 不但使得最惠国条款由货物贸易领域逐步扩展到其他贸易领域，而且也进一步使得最惠国条款的表述定型化和格式化，引导着国际缔约的实践。由于当前世界上大部分国家为 WTO 成员方，[2] 因此通过 WTO 法律体制的普遍最惠国条款，一个成员方在双边条约中享受的优惠待遇会通过普遍最惠国条款而扩展到各个成员方，使得缔约国签订的双边条约中的优惠待遇迅速地被多边化。WTO 的实践也表明最惠国条款发挥作用最理想的体制是多边体制，一旦其被多边性条约引入，就会发挥出比传统双边条约更大的效果。

随后最惠国条款适用范围逐渐扩大，已经辐射到了国际投资、国际海陆空运输、外国侨民管理乃至国际私法中种种民事权利、外国法院的判决执行。[3] 可谓最惠国条款发展的再一次飞跃。当然，就本书所探讨的最惠国条款是否适用于投资争端解决程序而言，从前述最惠国条款适用的历史来看，虽然最惠国条款的适用范围呈现出扩大的趋势。但是直至 1997 年"Maffezini 案"的提起，这期间从无一个外国投资者诉称国际投资条约中的最惠国条款应扩张适用于投资争端解决程序，在学术界也几无肯定之说。由此可见，主张最惠国待遇可以扩张适用于投资争端解决程序，似乎缺乏应有的历史实践和根据。[4]

三 最惠国条款适用范围变迁的启示

从前述最惠国条款变迁的历史可以看出，最惠国条款是从双边贸易条约中发展起来的一条国际法律规则。在国际贸易的发展阶段，最惠国条款的适用比较宽松。而到了贸易保护时期，各国又开始限制或者放弃最惠国

---

① GATS 中的最惠国义务是无条件的，但是有一些例外。GATS 中的最惠国待遇要求的是成员方之间相互给予的，不低于给来自不同国家的服务和服务供应商水平的待遇。TRIPS 中的最惠国待遇亦是自动、无条件的，并适用于所有的 WTO 成员方。

② 截至 2017 年 7 月 31 日，WTO 已经有 164 个成员方。参见：http://www.wto.org/english/thewto_e/whatis_e/tif_e/org6_e.htm。

③ 赵维田：《世贸组织（WTO）的法律制度》，吉林人民出版社 2000 年版，第 51—52 页。另见杨泽伟《宏观国际法史》，武汉大学出版社 2001 年版，第 111 页。

④ 徐崇利：《从实体到程序：最惠国待遇适用范围之争》，《法商研究》2007 年第 2 期。

条款的适用。但是各国愿意接受最惠国条款，表明最惠国条款对各国都是有益处的，各国都可以从中获益，达到共赢。因此作为自由贸易基石的最惠国条款的真谛就在于：奉行不同经济制度或经济贸易政策的各国逐步达成这样一种共识，即共同遵守市场机制，公平竞争，机会均等，① 就能把对国际市场的人为干扰或扭曲减至大家都可接受的最低限度。既然在现实世界中无法排除各国基于不同的利益考量，以各种理由对国际贸易采取不恰当的干扰和限制，人们只能尽量地减少它们。若是从最惠国待遇的"最惠"背后含义的"最少限制"意思上理解，恰能满足这个要求。② 因此，最惠国条款在国际贸易自由化过程中扮演着不同贸易待遇之间的"链条"或者"导管"的作用。国际社会对最惠国条款赞誉有加，最惠国条款被认为是促使形成国际贸易统一规则的有益手段，是推动贸易自由化、货畅其流的有力杠杆。③ 甚至被认为是国际贸易规则不可动摇的基石，④ 最惠国条款在国际贸易领域应得到普遍适用。⑤

　　同时，最惠国条款变迁的历史也表明国家总会根据利益的变化有选择地适用最惠国条款：对本国有利时，愿意适用；对本国不利时，附加条件限制或者放弃最惠国条款。将最惠国条款的工具性表现得淋漓尽致。就最惠国条款的适用范围来看，那些对自由化有着迫切希望的事项和领域，最惠国条款都有适用的空间和可能，反之最惠国条款适用的空间就大大缩小。因此最惠国条款的适用范围是具有开放性和变动性的。⑥

第二节　最惠国条款适用的法理根基

　　从最惠国条款在国际社会兴衰的历史可以看出，作为上层建筑范畴的

---

① 叶兴平：《国际争端解决机制的最新发展——北美自由贸易区的法律与实践》，法律出版社 2006 年版，第 82 页。

② 赵维田：《世界贸易组织（WTO）法律制度》，吉林人民出版社 2000 年版，第 75 页。

③ 赵维田：《论国际贸易中的最惠国原则》（上），《国际贸易问题》1992 年第 2 期。

④ John H. Jackson, William J. Davey, and Alan O Sykes, *Legal Problems of International Economic Relations*, fifth Edition, Thomson West Press, 2008, p. 467.

⑤ Robert E. Hudec, *The GATT Legal System and World Trade Diplomacy*, Butterworth Legal Publishers Press, 1990, pp. 113-122。

⑥ Nartnirum Junngam, "An MFN Clause and BIT Dispute Settlement : A Host State's Implied Consent to Arbitration by Reference", *UCLA Journal of international Law and Foreign Affairs*, Vol. 399, 2010.

最惠国条款必然要反映经济基础的需求，并通过制度设计来体现这些需求。因此，最惠国条款有它在国际经济法学上的合理价值和理论根据，[①]形成了最惠国条款的法理根基。

一　平等理论

最惠国条款的首要法律理论根基是平等理论，这也是最惠国条款所体现的核心制度价值。从经济基础的角度来看，这体现了经济自由化的要求。

早在 17 世纪时，国际经济学界占据主流的理论是重商主义学说（mercantilism），使得当时的国际贸易在重商主义理论指导下进行。重商主义认为一个国家金银数量的多寡是衡量该国财富的主要标准。因此，各国应该限制进口、鼓励出口，以使本国的金银尽可能少地流向国外，而使外国的金银尽可能地流入国内。于是为尽可能地积累本国财富，各国纷纷实行各种限制出口、鼓励出口的对外贸易政策。在这样的背景下，最惠国条款是不被主权国家们，尤其是主要的贸易大国所重视的。[②]

18 世纪后期，经济学家亚当·斯密出版了著名的《国富论》。该书揭露了重商主义的谬误，并且积极鼓吹国家间自由贸易的好处，甚至声称即使一国施行单方面的自由贸易政策也是大有裨益的。到了 19 世纪初，大卫·李嘉图更是提出了比较优势理论，该理论进一步论证了国家间自由贸易的益处，从而昭示世人：在贸易自由的条件下，每个国家在国际贸易中均能找到本国具有比较优势的产品，以进行规模生产销往国外，并且从国外进口本国不具有比较优势的产品。只有如此，方可使国家从国际贸易中获利最大。因此，从促进自由贸易的角度来看，最惠国条款可以使得与同一东道国签署贸易条约的贸易伙伴们"利益均沾"，有利于减少贸易门槛和壁垒。正是在这样的经济理论的支持下，最惠国待遇得到了贸易大国们的推行和支持，并得以在大量的国际贸易条约中出现，并逐步发展为国际经贸领域的"基石"性条款。

著名的 WTO 之父，美国学者约翰·杰克逊也从自由经济理论的角度

---

① 赵维田：《论关贸总协定的最惠国条款》，《外国法译评》1993 年第 1 期。

② James H. Mathis and Jagdish N. Bhagwai, "Regional Trade Agreement in the GATT/WTO: Article XXIV and the Internal Trade Requirement", *Journal of International Economic Law*, Vol. 6, 2002.

盛赞了最惠国条款，笔者非常认同他的观点。在杰克逊看来：首先，最惠国条款的非歧视要求会产生一种表示友好的效果，即有利于促进自由贸易的市场规则，将扭曲减少到最低限度而促进贸易的最大化。其次，经济学理论认为最惠国条款经常引起贸易自由政策的普遍化，因而可以产生更多的贸易自由，这是最惠国的多重效果。再次，最惠国条款的多边化效果可以使得规制制度的成本最小化，节约国家之间的缔约成本。[1] 最后，最惠国条款能够实现开放市场措施的多边化，因而能保证得到更多的自由化。[2]

但是，国际（经贸）条约调整的所有对象并非都符合自由贸易的经济原理。有些调整事项，如取消高关税壁垒和歧视性配额限制，因符合比较优势原理而会促进贸易自由化。有些调整事项，如知识产权保护、投资限制、竞争政策等，则因不符合比较优势原理而会潜在地扭曲市场和阻遏自由贸易。[3] 因此，国际条约中的规则就可以分为符合经济原理的国际贸易规则和不符合经济原理的国际贸易规则。[4] 这就决定了最惠国条款也应当区别对待不同的调整对象，根据调整对象的特殊性而采用不同的最惠国条款。例如在19—20世纪国际经贸条约的缔约实践中，一个常见现象是同一部国际条约（如FCN）中通常包含数个最惠国条款（1951年美国与丹麦FCN包含了11个最惠国条款）。再如WTO一揽子协议也根据货物、服务和知识产权的不同特点，创制了不同的最惠国条款。

因此，最惠国条款的平等理论包含了两方面的内容：一是非歧视待遇原则，[5] 二是形式平等与实质平等的兼顾。

（一）非歧视待遇原则

有学者认为，最惠国条款的目的是确认缔约国国民彼此之间的公平公

---

① ［美］约翰·H. 杰克逊：《世界贸易体制——国际经济关系的法律与政策》，张乃根译，复旦大学出版社2001年版，第178页。

② John H. Jackson, William J. Davey, and Alan O. Sykes, *Legal Problems of International Economic Relations*, fifth Edition, Thomson West Press, 2008, p. 416.

③ Jonathan T. Fried, "Two Paradigms for the Role of International Trade Law", *Canada-United States Law Journal*, Vol. 1, 1994.

④ Donald M. McRae, "The Contribution of International Trade Law to Development of International Law", *Soviet Journal of Experimental & Theoretical Physics*, Vol. 5, 1996.

⑤ Nicholas DiMascio and Joost Pauwelyn, "Nondiscrimination In Trade and Investment Treaties: Worlds Apart or Two Sides of The Same Coin?" *American Journal of International Law*, Vol. 48, 2008.

正对待以及避免歧视。[1] 所以从本质上说，缔约国在条约中引入最惠国条款的目的，是想要实现各国贸易上（或条款设定的其他领域）平等相待而不加歧视，正是从这个意义上讲，最惠国条款体现了非歧视待遇原则的要求。[2]

非歧视待遇原则在国际法中，特别是在国际经济法中是一条重要的原则。非歧视待遇如从积极和消极的角度出发，可分为优惠待遇与差别待遇。实施经贸激励措施形成的待遇系优惠待遇，实施经贸限制措施则形成差别待遇。优惠待遇和差别待遇都是符合国际法的，为国际习惯法、国际投资条约和各国外资立法广泛肯定。而歧视待遇是根本违法国际法的，为国际法否定和禁止。[3]

非歧视待遇原则背后的法律价值是平等，平等观念可谓源远流长，追求平等是人类社会古老的理念。在平等理论的视角下，人类社会正是沿着"平等—不平等—平等"的轨迹发展的，整个人类文明的发展就是一部不断追求平等并逐步实现平等的历史。[4]

以平等为内在价值要求的最惠国条款，一旦被引入条约，就成为缔约国的国际义务。要求东道国对缔约国的国民在东道国境内与其他国家的国民相比不受歧视，从而在不同国家的国民之间创造一种独立于其国籍的公平的竞争环境。[5] 即同在东道国的不同国籍的国民之间实现"外外平等"，达到为不同国籍的国民"整平游戏场所"（level playing field）的目的。[6] 依照康德的观点，这种平等意味着"一个陌生者是并不会由于自己来到另一个土地上而受到敌视的"[7]。

---

① 黄世席：《国际投资仲裁中最惠国条款的适用和管辖权的新发展》，《法律科学》2013年第2期。

② 赵维田：《论国际贸易中的最惠国原则》（上），《国际贸易问题》1992年第2期。在赵维田的另一篇文章中，作者认为"最惠国与不歧视这种一脉相通性而在学者的论著中将两者当同义词来用的例子，比比皆是"。见赵维田《论关贸总协定的最惠国条款》，《外国法译评》1993年第1期。

③ 周忠海：《国际法学述评》法律出版社2001年版，第767—768页。另见王曙光《国际投资自由化法律待遇研究》，博士学位论文，中国政法大学，2005年。

④ 都玉霞：《平等权的法律保护研究》，山东大学出版社2011年版，第1页。

⑤ 许敏：《论ICSID投资仲裁对双边投资协定中的最惠国条款的发展》，《经济问题探索》2009年第3期。

⑥ Stephan W. Schill， "Multilateralizing Investment Treaties Though Most-Favored-Nation Clauses"， *Berkeley Journal of International Law*，Vol 27，p. 27.

⑦ ［德］康德：《历史理性批判文集》，何兆武译，商务印书馆2008年版，第115页。

（二）形式平等与实质平等的兼顾

依照美国学者罗尔斯的观点，正义的要求除了形式平等外，还要求"差别原则"，即"对社会和经济不平等的安排应能使这种不平等不但可以合理地指望符合每一个人的利益，而且与向所有人开放的地位和职务联系在一起"①。只有符合差别原则才是正义，即实质平等同样重要。在主张实质平等的观点看来，在现实的不平等地位者之间，是谈不上真正的平等的。

1. 形式平等的缺陷

虽然追求平等是最惠国条款的目标，也是一种法律理想，但是现实中的情况却是世界上不同的国家间存在各种各样的经济差异，尤其是经济强国和弱国之间存在的严重的经济发展水平的不对称，使得最惠国条款的这一理想面临困境。

在1964年第一次联合国贸易与发展会议上，秘书长Raul Prebisch就曾表示："不论最惠国原则在调整平等者之间的关系上何等有效，但是这个观念不适用于经济实力不平等的国家之间的贸易。"在本次会议上通过的"总原则"也指出："最惠国待遇只能达到形式上的平等，而实际上却意味着歧视国际社会中的弱国。"这充分表明，最惠国待遇只能适用于经济结构和实力相当的各国之间，即之适用于发达国家之间和一般发展水平相当的发展中国家的贸易关系，而在经济结构和实力差距悬殊的国家之间，需要另选择合适的载体或者体制。②

因此，如果从世界各国经济水平的客观差异来分析的话，最惠国条款所追求的法律价值——平等，似乎和现实经济情况与最惠国条款的运行效果是矛盾的。最惠国待遇对形式平等的追求，忽视了现实中国家之间的差异性，而无法实现国家之间实质平等的要求，这可能是该条法律规则的天生内在缺陷。如果在经济实力悬殊的国家之间强行推广最惠国待遇，结果势必造成事实上的不公，会造成"强者更强，弱者更弱"的局面。基于此种认识，最惠国条款的合理性受到质疑，尤其是部分中国学者从中国近代历史上西方列强通过"片面最惠国条款"从中国攫取了大量非法利益

① ［美］约翰·罗尔斯：《正义论》，何怀宏等译，中国社会科学出版社1988年版，第66页。

② 赵维田：《论国际贸易中的最惠国原则》（上），《国际贸易问题》1992年第2期。

的事实出发，对最惠国条款进行了批判。①

2. 实质平等对形式平等的完善

但是，笔者这里也有明显的疑问，即如果把最惠国条款认为是一项"不平等"的约定，那么为什么当今世界的现实情况却是最惠国条款被大量地规定在国际条约中几乎成为国际投资条约的必备条款，甚至被誉为作为当今世界经贸领域的"基石"？而缔约国（尤其是弱国）为什么要接受这样的"不平等"条款？②

笔者认为，最有说服力的解释就是作为一项能被国际社会普遍接受的国际法律制度，最惠国条款在不断的发展过程中，也在不断地进行完善和纠正，而逐渐地将形式平等和实质平等兼顾起来，协调了不同缔约方的利益，从而获得了缔约国的认可，也使得最惠国条款不断地焕发新的生机。③

从法理上讲，为了缓解法律规则的统一性与国家的差异性以及各国法律人格平等与法律能力不均等之间的矛盾，当代的国际条约最终不得不设定有利于弱势国家的差别待遇来追求实质平等。④ 这种差别待遇的表现就是最惠国条款的适用例外的发展。仔细考察国际条约中最惠国条款适用范围的规定，会发现最惠国条款的适用范围实际上是由两部分构成的：一个是最惠国条款范围内的事项（正面规定），即援引第三方条约中较为优惠待遇的范围；另一个最惠国条款的例外事项（负面规定），即排除在最惠国条款适用范围外的事项。例外规定使得缔约国可以在这些事项中避开最惠国条款所规定的义务，从而使相关的法律权利和义务固定在一个可以预见的范围内，进而避免了最惠国条款给缔约国所带来的种种不确定性和不公平性。从这个意义上说，最惠国条款的例外制度是另外一种形式的"对等条件"。由于这些事项不适用于最惠国条款，所以缔约国之间在这

---

① 代表性的观点和作品如陈安、蔡从燕《国际投资法的新发展与中国双边投资条约的新实践》，复旦大学出版社 2007 年版，第 390 页；高心湛《"最惠国待遇"的源流及其他》，《历史教学》2005 年第 2 期；黎仕勇、龙庆华《从 WTO 的基本原则看中国近代史上的片面最惠国待遇》，《经济问题探索》2003 年第 6 期。

② 在这几年对国际条约的研究和学习中，笔者越来越有这样的感觉，即国际条约的签订是利益博弈的产物，对于弱者来讲，签订条约是"两害相权取其轻"的结果。如果这一观点能成立的话，那么笔者也开始对中国一些传统的观点产生了的疑问。

③ 唐慧俊：《关于最惠国待遇的公平性问题》，《理论探索》2003 年第 6 期。

④ 李春林、张章盛：《国际法的代际演进与国际法律差别待遇的历史演变》，《福建论坛》2010 年第 3 期。

些例外事项上的权利义务关系只能适用于它们之间的基础条约。由于这些例外事项的不同，导致各个条约中对这些事项的待遇也不同。在这些事项上，各国受惠者所享受的待遇是不同的，是一种有差别的待遇，这有助于实现实质平等。

从实践效果来看，晚近几十年来经过国际社会中各国之间缔约的利益博弈，最惠国条款的例外规定大量地出现，使得最惠国待遇在事实上已经变为一个相对的概念。最惠国条款的适用范围也被各种"例外"所"增补"和"修订"。① 最明显的例证就是在早在 GATT 时代，GATT 第 21 条（安全例外）、第 24 条（关税同盟例外）、第 25 条（豁免义务）等各种例外以及后来增加第 36、37、38 条"贸易和发展"例外，都从不同程度和领域上允许成员方偏离最惠国条款的规定。在 GATT 发展到 WTO 后，与最惠国待遇相悖的各种"特殊与差别待遇"条款（special and differential treatment，S&D 条款）大量涌现，已导致最惠国待遇的普遍性逐渐地被发展中国家的"特殊性"和"差别性"所补充和取代。② 再如，《北美自由贸易协定》（NAFTA）第 11 章中关于最惠国待遇的例外有：国家安全例外、③ 知识产权例外、④ 政府采购例外、⑤ 政府补贴例外、⑥ 其他协议安排例外⑦以及国别豁免清单涵盖措施的例外。⑧ 这些例外大大地限制了最惠国待遇的适用范围。

以上事实表明，正是条约中种种最惠国条款适用例外的存在，才使得最惠国条款得以发展和焕发新的生机。如果在最惠国条款中不允许各种例外的出现，势必会影响各国对经济自由化的信心，最惠国条款也有可能不会获得认同，甚至相关的国际条约也因此无法达成。例外条款的出现缓解

---

① 陈安、蔡从燕：《国际投资法的新发展与中国双边投资条约的新实践》，复旦大学出版社2007 年版，第 390 页。

② 曾华群：《论"特殊与差别待遇"条款的发展及其法理基础》，《厦门大学学报》2003年第 6 期。

③ NAFTA，Article 2012.

④ NAFTA，Article 1108（5）.

⑤ NAFTA，Article 1108（7）（a）.

⑥ NAFTA，Article 1108（7）（b）.

⑦ NAFTA，Article 1108（6）.

⑧ NAFTA，Article 1108（1）.

了各个缔约方对此问题的担忧，也缓解了由此带来的国内政治和舆论压力。① 因此，最惠国条款的例外规定并没有削弱最惠国条款的价值。相反，例外条款的出现有助于扩大最惠国条款的适用空间和被接受性，成功地将形式平等与实质平等兼顾起来。

同时，大量例外情形的出现也表明，最惠国条款的适用范围在当今国际缔约的现实中被大大地削弱和限制，缔约国们正通过"一般规定+适用例外"的缔约技巧来"趋利避害"地适用最惠国条款。笔者认为，这既是实践中各国（立法者）对最惠国条款缺陷的无声纠正，也是最惠国条款发展的"与时俱进"，这才使得最惠国条款能获得各国的广泛认同和接受。

二　国家主权理论

在国际法上，国家主权被认定为"是基于一种属于国家的权力（利），同时也是一个国家的核心因素之一，它使国家在不违背有关国际法原则、规范的前提下完全而终极地处理其内部事务，独立自主地决定对外关系"②。最惠国条款的出现是国家主权对经济全球化客观要求的回应。

经济全球化，是指世界经济进入 20 世纪 80 年代以来，全球范围内的经济融合趋势，它是以世界市场和世界经济为基础，生产要素在全球范围内的自由合理配置，逐渐消除各种市场壁垒和阻碍，使国家间的经济关系依存性不断增强的过程。③ 经济全球化与国家主权是既对立又统一的，④ 随着经济全球化的深入发展与世界市场的统一趋势，冲击主权国家之间设置的市场篱笆并构建全球自由市场秩序体系之需求日益膨胀。⑤这一大时代背景要求国际法规则做出相应的回应，即如何在规则的设置上达到趋同

---

① 在实践中，各国基于各种各样的原因和各国的具体国情不同，都保留着对经济的监控和管制权力，如果国际协定中的某个条款对缔约国管理经济的权力构成威胁的话，缔约国必定会非常谨慎，或者不愿签订这样的条约。经合组织 MAI 的失败或许就是一个较好的例子。即便在当代鼓吹经贸自由的美国，在赋予外国国民最惠国待遇的时候，也不能做到门户大开，这一点从其主导的 TPP 谈判中最惠国条款的表述和例外中鲜明地表现出来。

② 何志鹏：《国际经济法的基本理论》，社会科学文献出版社 2010 年版，第 115 页。

③ 徐泉：《国际贸易投资自由化法律规制研究》，中国检察出版社 2004 年版，第 4 页。

④ 中国有学者对这种对立与统一做了详细的论述，参见余民才《国际法专论》，中信出版社 2003 年版，第 27—28 页。

⑤ 刘志云：《哈耶克的经济思想与全球化背景下国际经济法的发展》，《国际经济法学刊》2005 年第 4 期。

化的效果来迎合这一背景。

最惠国条款在此过程中扮演着重要角色。由于最惠国条款的特殊传导性，一旦一国在双边条约中给予另一国国民以更优惠的待遇，那么与该国订有最惠国条款的其他第三国的国民同样也有权获得该待遇，使得施惠国原来承担的双边义务被多边化了。同理，更优惠待遇的反面是限制，由于最惠国条款的存在，使得任何一国的"更少限制"产生"多米诺骨牌效应"而被迅速地多边化。因此最惠国条款被视为推动经济全球化的有力杠杆。对此，有学者认为，最惠国待遇的独特法律结构具有一种奇妙的功能：自动减少贸易限制的多边效应。这种功能可以将原本为双边条约中的权利和义务多边化，从而协调不同条约中的待遇标准，① 使得不同待遇进一步地趋同化而促进经济的全球化。②

根据边沁的观点，国家行为应该"在符合本国福利的条件下，每个国家对共同利益的追求必须不伤害其他国家，并尽可能增加他国的利益"③。如果任由不同的主权国家根据自己的利益判断和喜好来不断变更规则，必将会带来规则的"丛林化"，导致规则的不稳定而使得贸易伙伴的合理预期受到侵害。尤其是国家针对不同的贸易伙伴来采取歧视性的待遇政策，更是被视为一种"政治工具"。④ 这无疑会加剧不同国家之间的经贸摩擦和争端，那些"被歧视"的国家往往会采取报复措施，甚至会引发战争。而最惠国条款使得规则趋同化的功能可以有效地减少上述情形的出现。因此最惠国条款被认为有助于减少各国之间的对峙，又可以抑制政府求助于短期的、暂时的政策，防止给这个饱受冲突的世界"雪上加霜"。⑤

当前国际法上能够得到公认的观点是：在当代国际政治和国际法的规范和理论体系中，国家主权原则乃是第一性的，居于最高位阶的基本原则。这集中规定在诸如《建立国际经济新秩序宣言》《建立国际经济新秩序宣言的行动纲领》《各国经济权利和义务宪章》等几个重要的国际法文

---

① Stephan W. Schill, *The Multilateralization of International Investment Law*, Cambridge University Press, 2009, p. 123.

② 赵维田：《世界贸易组织（WTO）的法律制度》，吉林人民出版社 2000 年版，第 75 页。

③ ［爱尔兰］凯利：《西方法律思想简史》，王笑红译，法律出版社 2002 年版，第 288 页。

④ Ruth L. Okediji, "Back to Bilateralism? Pendulum Swing in International Intellectual Property Protection", *Social Science Electronic Publishing*, Vol. 125, 2004.

⑤ ［美］约翰·H. 杰克逊《世界贸易体制——国际经济关系的法律与政策》，张乃根译，复旦大学出版社 2001 年版，第 179 页。

件之中。最惠国待遇原则乃是国家主权原则的衍生物，它应当附属于、服从于国家主权原则，它只是第二性的、居于次要地位的原则。所以最惠国待遇的授予与否、授予的条件、适用的范围等完全由授予国根据自己的意愿来决定，并通过条约的形式来做出。[1] 有学者也认为，最惠国待遇原则从来就不是绝对的和至高无上的强制性原则，更不是国际习惯法原则，最惠国待遇尚未具有一般国际法效力。美国在中国加入 WTO 前曾每年对给予中国最惠国待遇进行审查就是例证。[2] 因此，如果不存在条约的义务或者国内立法也没有规定最惠国待遇的，各主权国家就保留了针对不同的外国实施经济事务上的歧视待遇的可能性。[3] 换言之，各国根据主权原则，可以视情况而在不同外国的投资者及其投资之间实施歧视性的待遇。[4] 无论是发展中国家还是发达国家都有权根据国家主权原则，对外国贸易和投资等活动进行法律管制，任何国家都无权将自己所认可的规定或者标准强加给其他国家。[5]

因此，最惠国条款是国家行使主权的结果，是缔约国为了迎合经济全球化而在国际经济法律制度层面做出的积极回应。[6] 甚至是缔约国之间为了防止不合理差别待遇的产生而在国际条约中对本国主权的一种"礼让"。[7]

第三节　最惠国条款适用于国际投资争端 解决程序的理论挑战

国际常设法院在"Mavrommatis Palestine Concession 案"中认为，争

---

[1]　陈安：《区分两类国家，实行差别互惠：再论 ICSID 体制赋予中国的四大"安全阀"不可拆除》，《国际经济法学刊》2007 年第 3 期。

[2]　韩立余：《美国外贸法》，法律出版社 1999 年版，第 96 页。

[3]　杨丽艳、雷俊生：《国际投资法中的差别待遇初探》，《当代亚太》2003 年第 12 期。

[4]　李良才：《经济全球化背景下最惠国待遇条款的新发展》，《湖南财经高等专科学校学报》2007 年第 1 期。

[5]　徐泉：《国际贸易投资自由化法律规制研究》，中国检察出版社 2004 年版，第 276 页。

[6]　张谊浩、陈柳钦：《当代西方经济全球化理论解读》，《中国发展》2004 年第 4 期。

[7]　国际关系的发展使得国家出于礼让或者进行完全统治的目的在国际习惯和协议的制约下行使主权。最为明显的表现就是在国家成为国际组织的成员后，有些国家将主权的一部分转让或者授予区域性的国际组织和其他国际机构来行使。例如世界贸易组织的成员方接受世界贸易组织贸易政策的评审与监督，欧盟成员国将一部分立法、司法权转让给共同体等。

端是不同主体"对一个法律或事实持有不同的观点而引发的对一个法律见解或者利益之冲突"①。国际投资领域的争端解决程序存在多样化的情形，往往更多地涉及国家的主权和利益事项。② 将最惠国条款适用于国际投资争端解决程序对最惠国条款的法理根基形成了挑战。

一　平等性冲突

(一) 国际投资争端解决程序的多样性

国际投资条约中的争端解决程序，可以分为以下四种：磋商程序③、外交保护程序④、东道国国内救济程序、国际仲裁程序。

在上述四种投资争端解决程序类型中，由于磋商在实践中已经成为必经程序，⑤ 外交保护很难启动且已基本不用。⑥ 因此，就最惠国条款能否适用于国际投资争端解决程序问题而言，讨论磋商和外交保护这两种程序

---

① Mavrommatis Palestine Concessions (Greece v. U. K.), 1924 P. C. I. J. (ser. B) No. 3 (Aug. 30), p. 11. See http://www.worldcourts.com/pcij/eng/decisions/1924.08.30 _ mavrommatis. htm.

② 肖冰：《论国际投资的争端解决方式与法律适用问题》，《国际贸易问题》，1997 年第 4 期。

③ 这是国际投资争端解决中最为温和的方法，也是最基本的方式，是由发生争议的东道国与投资者根据事先约定根据双方合意（也包括在第三方调解下达成合意）来解决争议的一类方式。当今大部分国际投资条约中都规定了磋商程序，如中国—加拿大 BITs 第 21.1 条规定："在争端投资者将诉请提请仲裁之前，争端各方应首先进行磋商，以求友好解决诉请。除非争端各方另有约定，磋商应在诉请提请仲裁的意向通知提交后的 30 日内进行，磋商地点应为争端缔约方的首都，争端各方另有约定的除外。"

④ 外交保护程序，简称外交保护，是国籍国为保护受损害的人并使该人从受国际不法行为造成的损害获得赔偿所使用的外交行为或其他和平解决的方式。See United Nations, *Yearbook of the International Law Commission*, Vol. 2, Part Two . A/CN. 4 /SER. A, 2006。

⑤ 磋商程序一般是发生投资争议后的必经程序，因为如果条约约定或者东道国国内法要求此种程序自不待言，即使没有上述要求，发生争议后也没有投资者会不经和东道国磋商而直接诉诸其他程序（如直接诉诸国际仲裁庭）的情形，现实中也没有这样的案例。毕竟争议双方若能经过协商以相互妥协的方式和平地解决争议，成本最小，也有利于双方以后的合作。

⑥ 外交保护的弊端是十分明显的，即容易引发投资者母国和东道国的外交争端而饱受争议，现实中也很难想象投资者母国的大使馆会因本国投资者利益受损而向东道国外交部频发照会这种情形出现。因此在现代投资争端解决机制中已经很少看到外交保护的身影了，现在国际投资领域广泛运用的"东道国—投资者"仲裁机制的产生宣告了"外交保护"时代的终结。笔者查阅相关资料，只找到一起外交保护的案例。即意大利曾依据 1993 年意大利—古巴 BITs 代表其投资者针对古巴提出诉求，并且针对古巴提起了国家之间的投资仲裁，称古巴违反了 BITs 中关于投资促进、公平公正待遇、征收及国民待遇等条款，要求古巴做出象征性赔偿。古巴则提出反诉要求意大利赔礼道歉。2008 年仲裁庭做出对古巴有利的裁决，认为古巴并没有违反其依据 BITs 中对外国人进行保护的义务。See http://www.Ia reporter. com/articles/20110704_ 1。

没有太多实际意义。而从实践中的案件来看，该问题只会出现在国际仲裁的管辖权争议中。此时的最惠国条款是投资者希望用来避开东道国国内救济，而由国际仲裁庭确立管辖权的法律依据。① 从笔者掌握的资料来看，国际上目前还没有一起案件是投资者希望利用最惠国条款选择适用第三方条约中东道国国内救济的情况。事实上，即便投资者真的想实现东道国管辖，也没有必要借助最惠国条款。因为根据国际公法一般原则，东道国对发生在本国境内的争议有属地优先管辖权。② 因此，下文论述的重点就围绕东道国国内救济和国际仲裁展开。

1. 东道国国内救济程序

东道国国内救济是解决投资者与国家间争端的最基本和最传统的方式。③ 是指在东道国的司法机构或行政机构中依照东道国的程序法和实体法解决投资争端。投资争端交由东道国国内救济机制解决是国际法主权原则派生的属地管辖权的具体运用，主要包括司法救济和行政救济。④

一般在投资条约或者东道国国内法中规定较多的是东道国的司法救济，主要是提交东道国的法院诉讼。⑤ 例如中国—秘鲁 BITs 第 8.2 条："如争议在六个月内未能协商解决，当事任何一方有权将争议提交接受投资的缔约一方有管辖权的法院。"再如中国《中外合作经营企业法》第 25 条第 2 款规定："中外合作者没有在合作企业合同中订立仲裁条款，事后又没有达成书面仲裁协议的，可以向中国法院起诉。"

东道国国内救济的缺点是容易受到东道国政府政策的影响，不利于建立投资者的信心。同时司法程序也较长，灵活性不够。

2. 国际仲裁程序

就本书研究的问题而言，这里的国际仲裁指的是"投资者—东道国"类型的国际投资仲裁（investor-state dispute settlement）（ISDS 型投资仲裁

---

① 梁丹妮：《国际投资条约最惠国待遇条款适用问题研究——以伊佳兰公司诉中国案为中心的分析》，《法商研究》2012 年第 2 期。

② 张磊：《论外交保护中对当地救济原则的限制——以联合国〈外交保护草案〉第 15 条为线索》，《华东政法大学学报》2014 年第 5 期。

③ 石慧：《投资条约仲裁机制的批评与重构》，法律出版社 2008 年版，第 2 页。

④ 金承东：《WTO 中针对行政行为的国内救济要求》，《公法研究》2004 年第 2 期。

⑤ 但有些较为特殊的纠纷也有在投资者母国和东道国以外的其他国家的法院解决的，如因国有化或征收的补偿而引起的追索诉讼和反托拉斯诉讼就是典型的例子。参见张庆麟《国际投资法专论》，武汉大学出版社 2007 年版，第 287 页。

或国际混合仲裁)①，是指东道国和投资者将投资争议提交国际仲裁庭来解决投资争端的争议解决方式。②

长期以来，投资者与东道国间投资争端的解决一直是资本输出国和资本输入国间很有分歧的问题。资本输出国出于保护投资者的目的总是力主采取国际解决的方法。而资本输入国则强调当地救济方法，如拉美国家长期主张的"卡尔沃主义"③，力主投资争议在当地解决。④ 为了协调这种分歧，1965 年在世界银行的倡导下缔结了《华盛顿公约》并设立了"解决投资争端国际中心"（ICSID），为解决此类争端提供调解和仲裁的便利。此后，以 ICSID 为代表的国际仲裁逐渐被大量的国家和投资者所接受，开始成为解决投资者与东道国间投资争端的一种重要方式。⑤ 在实践中，除了向 ICSID 提交仲裁外，联合国贸易法委员会仲裁庭（UNCI-TRAL）、斯德哥尔摩商会仲裁庭（SCC）等也成为争端当事双方经常选择的国际仲裁机构。

对投资者母国而言，国际仲裁可以将本国投资者与东道国之间的投资争议去"政治化"，将投资者母国从私人跨国纠纷中解脱出来。例如，在 2009 年的涉及中国香港投资者的"谢叶深诉秘鲁案"（Tza Yap Shum

---

① 实际上，这种国际仲裁如果严格从管辖权来源的法律依据上分，还可以分为依合同仲裁和依条约仲裁，一般认为依合同仲裁由于合同签订主体为东道国和外国私人投资者，因此属于东道国国内合同法调整范畴。只有在依投资条约仲裁这种情况下，才会出现国际法调整的情形，依投资条约仲裁也是实践中的常态，中国有学者将这种条约仲裁称为"投资条约仲裁"，本书同意这种观点。参见石慧《投资条约仲裁机制的批评与重构》，法律出版社 2008 年版，第 14—15 页。就本文所谈的问题而言，由于最惠国条款的法律属性为条约义务，故不涉及合同仲裁的问题。

② 蔡从燕：《外国投资者利用国际投资仲裁机制新发展反思》，《法学家》2007 年第 3 期。

③ 1868 年，阿根廷外交官、法学家卡洛斯·卡尔沃（Carlos Calvo）出版了自己的专著《国际法理论与实践》（*Le droit international théorique et pratique*）。他在这本著作中提出：国内法庭应当对外国人与主权国家之间发生的争端享有排他性的管辖权，外国人不应当寻求外交保护等非本地救济。所谓外交保护（diplomatic protection），是指当本国国民在国外的合法权益受到所在国的国际不法行为的侵害，且用尽了当地救济办法仍得不到解决时，国家对该外国采取外交行动以保护本国国民的国家行为。这个理论于是以他的名字命名，就是著名的卡尔沃主义（Calvo Doctrine）。参见王虎华《国际公法学》，北京大学出版社、上海人民出版社 2008 年版，第 127 页。

④ 余劲松、詹晓宁：《论投资者与东道国间争端解决机制及影响》，《中国法学》2005 年第 5 期。

⑤ 刘笋：《论国际投资仲裁对国家主权的挑战——兼评美国的应对之策及其启示》，《法商研究》2008 年第 3 期。

v. Peru）中，① 作为中国—秘鲁 BITs 缔约一方的中国政府实际上很难表态：如果坚持"适用该协定"，势必得罪秘鲁；如果坚持"不适用该协定"，又有可能伤害香港同胞的情感。所以，当本国投资者与外国政府发生投资争议时，投资者母国可能会处境尴尬，有时默不作声，任凭具有管辖权之国际仲裁庭裁决。既能避免陷入外交纠纷而影响与东道国的正常邦交关系，又能在国际上树立"公私分明，有约必守"的良好形象。

同时，国际仲裁由于属于当事人意定管辖，地位相对中立，容易赢得投资者的信任。加之具有程序灵活、保密性好等特点，因此深受投资者青睐。更为值得一提的是，部分国际条约，如《华盛顿公约》第 54 条要求缔约国将 ICSID 的裁决视为本国法院的最后判决一样予以尊重和执行，使得国际仲裁的裁决有了强制力，有效地弥补了传统仲裁裁决执行乏力的缺陷，被认为是通过国际体制为处理国家与企业之间的纠纷开拓了新的典范。② 因此在晚近的国际投资条约中，国际仲裁成为大部分投资条约中引入的投资争议解决方式，对投资者而言，甚至成为首选方式。③

（二）国际投资争端解决程序差别待遇的合理性

早在 1999 年，联合国贸发会议（UNCTAD）在关于国际投资中的最惠国待遇的一份报告中就明确指出，最惠国条款并不意味着不考虑外国投资者在东道国所从事活动的差异性而必须对其一视同仁，对来自不同国家的投资者根据其所处的客观情况，如企业规模、经济部门的不同，可以根据这些情况给予不同的待遇，这并非歧视。④ 显然，这份报告注意到了最惠国待遇与差别待遇的关系。

差别待遇指国家给予其境内的外国公民或法人不同于本国公民或法人

---

① 本案基本案情为：2006 年 9 月 29 日，香港居民谢业深向 ICSID 提交了仲裁申请书，声称秘鲁当局征收他在秘鲁境内开设的一家鱼粉公司，即 TSG（秘鲁）有限公司，为此向秘鲁政府索赔 2000 万美元。谢叶深希望适用第三方条约即秘鲁—哥伦比亚 BITs 第 12 条中对其更有利的争议解决条款——可以向 ICSID 提交与投资有关的任何争议，而不受制于中国—秘鲁投资协定第 8 条第 3 款只允许将征收补偿数额争议提交 ICSID 的限定。仲裁庭最终认定中国—秘鲁投资协定第 8 条第 3 款对争议范围明确限定的规定优先于最惠国待遇条款的一般规定，驳回了谢叶深的此项请求。

② 何志鹏：《国际经济法治：内涵、标准与路径》，《国际经济法学刊》2012 年第 4 期。

③ 刘颖、封筠：《国际投资争端中最惠国待遇条款适用范围的扩展——由实体问题向程序问题的转变》，《法学评论》2013 年第 4 期。

④ UNCTAD，"Most-Favored-Nation Treatment"，*UNCTAD Series on issues in international investment agreements*，UNCTAD/ITE/IIT/10/Vol. Ⅲ，UN，1999.

的待遇，或给不同国籍的外国人以不同的待遇。① 也有学者认为，差别待遇是指利用法律规范向某些国家提供不同，很可能是更有利的待遇。② 差别待遇可以分为合理的差别待遇和不合理的差别待遇：前者是指投资东道国有正当理由，如基于公序良俗、动植物健康、关税同盟等国际法所认可的理由而给予不同的待遇；后者指没有正当理由，如仅出于国籍、民族、种族等原因而给予不同的待遇，这种情况下往往构成不合理差别待遇。③

合理的差别待遇不是歧视，这不但在理论上得到广泛的承认，在司法实践中也得到了支持。例如在 1960 年印度尼西亚政府征用德国企业时，关于其征用行为是否合法问题，德国法院在判决中认为前殖民地的现政府对前殖民统治者的国民加以差别对待，并不构成违反平等的原则。因为"所谓平等的概念，仅仅意味着平等地位的人平等对待，故不平等地位者之间的区别对待，是完全可以的。因而前殖民地人民对前殖民统治者的态度，自然会区别于对其他外国人，这也是完全有充分理由的"④。

缔约国在不同的投资条约中规定不同的国际投资争端解决程序属于对不同国家投资者（投资）的差别待遇。从国际法的视角来看，这种差别待遇具有合理性，是合理的差别待遇。这种差别待遇也符合最惠国条款适用的法律基础中实质平等的要求。这是因为：

1. 符合国家主权原则

不同条约中的争端解决程序的差异，其法律实质是管辖权的差异。而管辖权事项在国际法上属于国家主权事项。主权是国家所固有的最重要的属性，没有主权就不成其为国家。⑤ 在国际法中，主权国家除了受到其他国际组织、国际协定以及国际强行法的约束外，如何行事都是其主权范围内的事情。⑥

国际法院在"荷花号案"中认为，"国际法不但没有禁止国家把它的

---

① 王启富、陶髦主编：《法律辞海》，吉林人民出版社 1998 年版，第 1137—1138 页。

② Lavanya Rajamani, *Differential Treatment in International Environmental Law*, Oxford University Press, 2006, p. 1.

③ 杨丽艳、雷俊生：《国际投资法中的差别待遇初探》，《当代亚太》2003 年第 12 期。

④ Domke, "Indonesian Nationalization Measure before Foreign Court", *American International Law Journal*, Vol. 54, 1960.

⑤ 张爱宁：《国际法原理与案例解析》，人民法院出版社 2000 年版，第 56 页。

⑥ 郭文利：《论 GATT1994 第 20 条对我国入世议定书的适用》，《国际经贸探索》2010 年第 11 期。

法律和法院的管辖权扩大适用于在它境外的人、财产和行为，还在这方面给国家留下宽阔的选择余地。这种选择权力只在某些场合受到一些限制性规则的限制；但在其他场合，每个国家在采用它认为最好和最适合的原则方面是完全自由的"，即确立了"在主权范围内国际法未禁止的即是被允许的"国家主权原则。①

从国家主权的固有属性出发，一国政府可以自主制定其对外贸易的法律和政策。东道国政府按照国家的发展情况对外资进行监督和管理完全是一国主权范围内的事情，这也是 1974 年联合国《各国经济权利和义务宪章》中赋予主权国家的法定权利。② 各国根据国家主权原则对外国投资的行业或领域的开放加以限制，并对外资实行差别待遇，这是一种合法行为，也是各国在外资法中的通行做法。③

虽然根据国家主权原则，国家作为国际法主体所具有的法律人格应该是平等的，然而这种平等并不要求国家在一切事项上都对所有国家同等对待。由于世界各个国家之间政治、经济、文化等领域存在广泛的差异和不平等，所以东道国基于主权根据不同的缔约国给予不同领域、不同行业的外国投资者以不同待遇，乃是情理之中。此时主权平等被微调以迁就一些外部因素，如在经济发展水平上的差异或处理特定问题不对等的能力。④ 特别是在并非由基本相似、实力平等和经济发展水平相当的国家组成的国际社会中，如果严格坚持法律平等与统一适用原则，反而会在不同国家之间制造事实上的区别对待。⑤

一个主权国家享有对外国投资的管辖权，这是属地管辖优先权在国际

---

① Collection of Judgments-The Case of The S. S. "Lotus", *Publications of The Permanent Court of International Justice*, Series A. -No. 10, September 7, 1927, p. 19.

② 《各国经济权利和义务宪章》第 2 条第 2 款规定：每个国家有权：（a）按照其法律和规章并依照其国家目标和优先次序，对在其国家管辖范围内的外国投资加以管理和行使权力。任何国家不得被迫对国外投资给予优惠待遇；（b）管理和监督其国家管辖范围内的跨国公司的活动，并采取措施保证这些活动遵守其法律、规章和条例及符合其经济和社会政策。跨国公司不得干涉所在国的内政。每个国家在行使本项内所规定的权利时，应在充分顾到本国主权权利的前提下，与其他国家合作。

③ 徐泉：《国际贸易投资自由化法律规制研究》，中国检察出版社 2004 年版，第 277 页。

④ Philippe Cullet, *Differential Treatment in International Environmental Law*, Ashgate Publishing Limited Press, 2003, p. 15.

⑤ 李春林、张章盛：《国际法的代际演进与国际法律差别待遇的历史演变》，《福建论坛》2010 年第 3 期。

投资领域的表现，东道国根据本国的实际情况有权决定当地救济或者接受国际管辖。这种决定可以根据不同的缔约国、不同的条约而有所差别。因此，任何一个主权没有受到限制的国家，基于主权在国际投资条约中给予不同国家的投资者在投资争端解决程序上差别待遇具有合理性，这并非歧视。

2. 符合公平互利的基本法理

公平互利中的公平是指在法律地位平等、权利义务配置平等的基础上寻求长期的、整个世界的系统利益均衡。互利则是指法律关系、法律行为应使双方都获益，也就是不能以损害对方的利益来满足自己的要求，而要兼顾双方的利益。公平与互利是互为因果、互为表里的关系，二者密切联系、不可分割。联合国《各国经济权利和义务宪章》把它作为国际经济关系中的基本原则之一，在这一原则中，互利是核心，没有互利就谈不上公平，公平必然要求互利，二者密不可分。[1]

公平互利原则在国际投资法中要求坚持国家主权平等、互利互惠。不能以损害或牺牲他国的利益来满足本国单方的利益，制定国际投资法律文件时不能采取强权主义，应当在充分考虑双方利益要求和现实情况的基础上订立有关条款。而且，在国家间关于国际投资的交往活动中还应当适用合理差别原则，允许缔约的国家根据本国的利益诉求赋予不同国家投资者不同的待遇。公平互利原则是国际投资法律关系的基础，任何违反公平互利原则的合同、协议、法律规定都不应具有法律效力。在实践中，如果投资条约背离了公平互利的要求，往往很难得到签订，即使签订了也在日后的履行上困难重重。因为各国交往的最终目的是谋求各自的利益，没有这一点，各方就没有交往的动力。

对于经济水平相当、地位相近的国家来说，公平互利着眼于原有平等关系的维持。而对于经济实力悬殊，实际地位不平等的不同类国家来说，公平互利要求差别对待，让经济上落后的发展中国家享受非对称的特殊优惠待遇，来纠正现实中的事实上的不平等，达到真正的公平。[2] 但是，在当代国际经济交往的实践中，公平互利原则的贯彻，往往遇到干扰、阻碍

---

[1]　余劲松：《论国际投资法中国有化补偿的依据》，《中国社会科学》1986 年第 2 期。
[2]　陈安、蔡从燕：《国际投资法的新发展与中国双边投资条约的新实践》，复旦大学出版社 2007 年版，第 388 页。

和破坏。发达国家仍然凭借其经济实力上的绝对优势，对经济上处于绝对劣势的发展中国家，进行貌似平等实则极不平等的交往，实行形式上有偿实则极不等价的交换，① 无视不同国家之间的现实差距。

在国际投资领域，为了吸引外国投资，资本输入国（大部分是发展中国家）往往对资本输出国（大部分是发达国家）做出了重大的利益让步，尤其是在投资争端解决程序上，甚至是部分主权的让渡。但是这种让步对不同的国家做出的幅度是不同的。表现在国际投资协定中的争端解决程序的规定上，资本输入国虽然放弃了东道国司法管辖，但是对提交国际仲裁的争端解决方式附加了不同的条件，如当地等待期、岔路口条款等，充分显示了东道国的谨慎，这是符合公平互利法理要求的。

在"Siemens v. Argentina 案"中即属于此种情况，本案中第三方条约中提交国际仲裁的等待期是 6 个月，而基础条约中则为 18 个月，但第三方条约同时规定了岔路口条款这种不利条款。阿根廷政府主张 Siemens 即使根据最惠国待遇条款缩短等待时间，它也必须受基础条约中的岔路口条款的约束，不能将不利的条款弃之不顾。但是仲裁庭拒绝了阿根廷的主张，认为 BITs 目标是为保护和促进投资，最惠国待遇条款正如它的名称一样，只与更优惠的待遇有关，而与不利的条款无关。② 这样解释的结果明显使 Siemens 获得了比第三方条约中的投资者更优惠的待遇，不但歪曲了东道国缔约的本意，也造成了新的歧视。这是违背公平互利精神的。不过，"Saluka v. Czech 案"仲裁庭指出保护外资并非国际投资协定的唯一目的，如果对国际投资协定条款的解释过分夸大保护外国投资的目的，反而会令东道国对外资望而生畏，不利于上述目的的实现。因此，需以平衡各方利益的方法解释条约。③ "Plama v. Bulgaria 案"仲裁庭亦认为用"唯目的论"方法解释投资条约在极端的情形下甚至会否定缔约方的真实意

---

① 其常用的主要手段，就是对于经济实力悬殊、差距极大的国家，"平等"地用同一尺度去衡量，用同一标准去要求，实行绝对的、无差别的"平等待遇"，其实际效果，正如运动场上要求不同性别、不同级别的运动员按照同样的规则进行"平等"的比赛，从而以"平等"的假象掩盖不平等的实质。参见陈安《区分两类国家，实行差别互惠：再论 ICSID 体制赋予中国的四大"安全阀"不可拆除》，《国际经济法学刊》2007 年第 3 期。

② Siemens A. G. v. The Argentina Republic, ICSID CASE NO. ARB/02/8, paras. 100-106.

③ Saluka Investment BV v. The Czech Republic, Partial Award, May, 17, 2006, para. 300.

图。① 笔者认为以上仲裁庭的这种分析就充分注意到了公平互利的要求。

因此，将最惠国条款适用于国际投资争端解决程序，必然将破坏这种合理的差别待遇，造成片面追求形式公平的结果，这不符合最惠国条款适用的平等性理论要求。

二　主权原则的背离

从国家主权行使的理论来看，缔约国在条约中规定最惠国条款的目的是促进增加本国的利益而更好地维护其主权。通俗地讲就是最惠国条款应该对缔约国都能带来好处，各缔约国都可以从中受益。② 因此最惠国条款的适用不得损害缔约国的合法权益和合理的缔约预期，否则最惠国条款就严重背离了其法理根基，缔约国在条约中引入最惠国条款也就失去了其存在的价值和意义。

从最惠国条款适用的历史可以看出，最惠国条款是从国际贸易领域发展起来的一项规则，由于其迎合了国际贸易领域的自由化和全球化的背景，得到了迅速的发展。虽然国际投资领域的最惠国条款是从国际贸易领域"移植"过来的，但是其与国际贸易领域最惠国条款的经济基础存在一定的差异。

由于贸易自由化和全球化的要求，在国际贸易领域规定最惠国条款的目的，就是"在自由市场条件下，只要控制市场的国家不征收歧视性关税和其他进口收费，贸易就一定会扩大"③。同时，"最惠国待遇能够实现开放市场措施的多边化，进而保证更多的贸易自由化"④。因此，在国际贸易中，最惠国条款只适用于市场准入方面，旨在消除一国政府对外国之人、事或物所设置的市场准入方面的人为的制度壁垒，譬如清关过程中人为的限制。⑤

---

① Plama Consortium Limited v. Republic of Bulgaria, Decision on Jurisdiction, Feb. 8, 2005, para. 193.

② 赵维田：《论国际贸易中的最惠国原则》（上），《国际贸易问题》1992 年第 2 期。

③ Martin Domke and John N. Hazard, "State Trading and the Most-Favored-Nation Clause", American Journal of International Law, Vol. 52, 1958.

④ John H. Jackson, William J. Davey, and Alan O. Sykes, Legal Problems of International Economic Relations, fifth Edition, Thomson West Press, 2008, p. 416.

⑤ 张建邦：《论知识产权最惠国待遇制度的生成与特征》，《国际经济法学刊》2011 年第 1 期。

而投资争端解决程序与市场准入无关，是一种对投资市场准入后的争端解决安排，协调的是东道国国内管辖和国际管辖之间的关系，不同的争端解决程序更谈不上所谓"比较优势"。不同投资条约中的不同争端解决程序往往涉及东道国司法主权的权威，并非一种对经济规则的安排。尽管近年来国家主权消亡的论调甚嚣尘上，认为国家不再是国际事务的主要角色，但主流观点仍然认为国家是国际制度中最为主要的参与者与制定者。[1] 在当前国家作为一种政治现象仍然存在的情况下，国家主权尤其是司法主权是不可能被多边化和全球化的。

主权是独立国家最宝贵的属性。众多现代国家，特别是挣脱殖民主义枷锁后独立的众多发展中国家，面临的现实问题是如何维护主权而不是削弱或限制主权。[2] 因此，在对待国际投资争端解决的问题上，由于关系到东道国管辖和国际管辖的关系，故对东道国的主权冲击极大，所以资本输出国（多为发达国家）和资本输入国（多为发展中国家）的利益差距很大，冲突也更为明显。

国家行为的理论要求任何国家的法院（仲裁机构）均不得对其他主权国家在其本国领土内的行为行使管辖权，其本国领土内的行为由其本国专属管辖。[3] 但是在晚近的国际投资条约中，引入了特殊的"东道国—投资者"仲裁机制，这种仲裁机制主要是以国际商事仲裁机制为模型或目标设计的，以公权与私权的分野为理念，植根于非政治化的私领域，是一种平等主体解决起因于财产权争议的合同法问题的机制。它不解决主权问题，不考虑东道国的经济主权、社会公共利益，只维护私人财产权。[4] 正是在这种特殊的背景下，主权国家，包括越拉越多的发达国家也开始重新审视国际仲裁的作用，并在缔结国际条约的实践中差别化地适用国际仲裁机制。如果在不经过主权国家同意的基础上将最惠国条款适用于投资争端解决程序，必然会对缔约国的主权产生极大的影响。很难想象在现实中有主权国家会以损害本国主权为代价去"成全"最惠国条款，国际上也不

---

① ［美］约翰·巴顿：《贸易体制的演进——GATT 与 WTO 体制中的政治学、法学和经济学》，廖诗评译，北京大学出版社 2013 年版，第 11 页。

② 陈安：《国际经济法学》，北京大学出版社 2007 年版，第 64 页。

③ 陈安：《国际经济法学》，北京大学出版社 2013 年版，第 65 页。

④ Amr A. Shalakany, "Arbitration and the Third World: a Plea for Reassessing Bias Under the Specter of Neoliberalism", *Harvard International Law Journal*, Vol. 41, 2000.

会有这样的理论依据。

因此，将最惠国条款适用于国际投资争端解决程序背离了主权原则的要求。

第四节　最惠国条款适用于国际投资争端解决程序的实践障碍

缔约国在条约中规定最惠国条款的目的是促进缔约国的利益，而非减损其利益。① 这才是最惠国条款能够在国际经贸领域得以产生和发展的内在根源和动力。基于各种原因，缔约国虽然在条约中规定了最惠国条款，但是忽视了最惠国条款扩大适用的不利后果。将最惠国条款适用于国际投资争端解决程序将会带来诸多危害，导致利益分配严重失衡，损害缔约国接受最惠国条款的正常预期，存在着实践障碍。

一　对投资者母国的利与弊

根据国际条约法的理论，国际条约是国家间或国家组成的国际组织间订立的在缔约国之间创设法律权利和义务的契约性规定。② 即国际条约的签订者必须为国际法主体，国际条约是国际法主体的意思一致。③ 从国际投资条约中最惠国条款的常见表述来看，④ 最惠国待遇的享有者为缔约国对方的投资者（投资）。

既然国际投资条约的签订者为东道国与投资者的母国，投资者本不具

---

① 赵维田：《论国际贸易中的最惠国原则》（上），《国际贸易问题》1992 年第 2 期。

② ［英］劳特派特：《奥本海国际法》，王铁崖、陈体强译，商务印书馆 1981 年版，第 310 页。

③ 如李浩培先生认为："条约可以定义为具有缔约能力的至少两个国际法主体意在按照国际法产生、改变或废止相互权利义务的意思表示一致。"参见李浩培《条约，非条约和准条约》，《中国国际法年刊（1987 年）》，法律出版社 1988 年版，第 28 页；另见李浩培：《条约法概论》，法律出版社 2003 年版，第 3 页。王铁崖先生也认为："条约是两个或两个以上国际法主体依据国际法确定其相互间权利和义务的一致的意思表示。"参见王铁崖《国际法》，法律出版社 1995 年版，第 401 页。

④ 例如，美国 2012BITs 范本中的表述为：1. 缔约一方应当对缔约另一方投资者在其境内设立、并购、扩大、管理、运营、销售或其他投资处置方面，在同等情况下给予不低于任何第三国投资者享有的待遇；2. 缔约一方应当对合格投资在其境内设立、并购、扩大、管理、运营、销售或其他投资处置方面，在同等情况下给予不低于任何第三国投资者投资享有的待遇。

有国际条约的缔结能力，但是现在却享受到了国际投资条约中的最惠国待遇权利，那么投资者的这种权利来自哪里？笔者认为，可以从以下两个方面来理解：

第一，契约法理论来看，双方当事人经过合意，可以为契约以外的第三人设定权利而不需要征得第三人的同意，即利他契约。① 国家作为国际条约的一方当事人，基于主权独立原则和自己的意思能力，完全可以合法地在国际条约中为投资者设定最惠国待遇权利。在此种情况下，东道国与投资者母国之间构成书面合意即可，而不需要和投资者构成合意。第二，从法律权利的转移来看，基于投资条约中最惠国条款的表述，可以将投资者的这种权利视为其母国和东道国在条约中约定将投资条约中的最惠国待遇权利转移给本国的投资者，这种转让也不需要投资者做出意思表示。②

但是无论从哪个方面来理解，最惠国条款的适用结果都不能损害缔约国的利益。这是因为：投资条约的缔约主体是不同的国家，而非私人。条约中引入最惠国条款显然是为了维护缔约国的利益。即便在投资条约中将权利和保护赋予了投资者（投资），但是其最终目的还是缔约国的利益。因此从法理上讲，作为投资条约利益的享有者，投资者享有的利益不能超越其母国，尤其投资者并不能通过选择适用条约中的某个条款而损害母国的利益。

将最惠国条款适用于投资争端解决程序，对投资者的母国而言，将产生以下的利弊影响。

（一）有助于提高本国投资者保护之利

虽然当前大量的国际投资协定为投资者提供了国内法救济（包括东道国行政救济和司法救济）与国际仲裁两类救济途径，然而这种规定事实上使国际仲裁几乎成为解决投资争议的唯一方式。③

这是因为：第一，实践表明，在绝大多数情况下，投资者出于本能，

---

① 所谓利他契约，也称作向第三人给付之契约或使第三人取得债权之契约或为第三人之契约，即当事人之一方，约使他方向第三人给付时，第三人即因之而取得直接请求给付权利之契约。在利他契约中，第三人因此契约而取得直接请求给付之债权，此债权与一般债权相同，凡一般债权所具有之权能（例如请求履行，不履行时请求损害赔偿，或声称强制执行），无不具备，唯对于契约之撤销权及解除权不得享有。参见郑玉波《民法债编总论》，陈荣隆修订，中国政法大学出版社 2004 年版，第 358—363 页。

② 石慧：《投资条约仲裁机制的批判与重构》，法律出版社 2008 年版，第 23—29 页。

③ 蔡从燕：《国际投资仲裁的商事化与"去商事化"》，《现代法学》2011 年第 1 期。

对东道国政府和法律体系缺乏信任，而对国际投资仲裁的中立性和强制执行效力有所期待，从而会选择国际仲裁作为解决争议的方式。[①] 第二，现代的国际投资条约中所确定的规则对缔约方施加了强制性的义务，而且这些规则可以通过国际仲裁争端解决机制得到执行。[②] 更为吸引投资者的是，国际仲裁机制是一种强有力的"牙齿"，它突破了传统的用尽当地救济要求，允许外国投资者直接到国际仲裁庭质疑东道国的行为，从而受到相对独立的国际仲裁庭提供的保障，使得东道国能履行其国际义务。[③] 可以说，如今通过国际投资仲裁来解决国际投资争端已经发展成为国际投资法领域解决争端的一种常态。

从当前的实践来看，最惠国条款能否在争端解决中适用这种争议只发生在国际仲裁中。投资者最初提起请求的依据并非最惠国条款，而是东道国对投资条约中实体义务的违反，投资者援引最惠国条款只是为了争取国际仲裁庭管辖权的成立，这与东道国违反最惠国待遇之诉并不是一回事。[④] 将最惠国条款用于投资争端解决程序使得投资者有机会进行"条约挑选"和"条约搭配"。

1. 条约挑选

所谓"条约挑选"是指投资者选择第三方条约中的争端解决方式来替代基础条约中的争端解决方式。例如甲乙两国的投资条约中规定了最惠国条款，在争端解决程序中并未规定国际仲裁或者只规定了将少数争议提交国际仲裁，但是甲国和丙国的投资条约中就争端解决程序的规定却规定国际仲裁或者规定了范围较大的国际仲裁，则此时乙国的投资者就有可能要求适用基础条约中的最惠国条款来主张适用甲丙两国投资条约中的争端解决程序。

2. 条约搭配

所谓"条约搭配"是指投资者将基础条约与第三方条约中争端解决

[①] 刘笋：《论国际投资仲裁对国家主权的挑战——兼评美国的应对之策及其启示》，《法商研究》2008 年第 3 期。

[②] Keohane, R. O. & A. Moravcsik & A. M. Slaughter, "Legalized Dispute Resolution: Interstate and Transnational", *International Organization*, Vol. 3, 2000.

[③] 温先涛：《〈中国投资保护协定范本（草案）〉论稿（三）》，《国际经济法学刊》2012 年第 2 期。

[④] 梁丹妮：《国际投资条约最惠国待遇条款适用问题研究——以伊佳兰公司诉中国案为中心的分析》，《法商研究》2012 年第 2 期。

程序"混合搭配"，避开两个条约中对自己不利的部分，而留下对自己有利的部分。① 例如投资者要求通过最惠国条款去选择适用东道国对外签订所有的投资条约中对自己"更优惠"的部分，从 A 条约中挑选有利的争端方式，从 B 条约中挑选有利的仲裁机构，从 C 条约中挑选有利的举证规则等。

从当前国际仲裁的实践来看，有关最惠国条款能否适用于争端解决程序的争议逐渐增多的事实表明，投资者希望利用其投资所依据的基础条约规定的最惠国条款"挑选"或"搭配"适用对自己更为有利的第三方条约所规定的争端解决条款，从而享受后者在争端解决方面规定的更优惠待遇。当然，投资者需要仔细研究东道国和其母国签署的投资条约中最惠国条款和争议解决条款的内容，这是进行投资的前期必要准备工作。②

对投资者的母国而言，如果本国投资者通过其缔结投资条约中的最惠国条款"挑选"或"搭配"更为有利的争端解决程序，能避免在东道国受到不公的争端解决程序事项的歧视。这无疑符合母国对基础条约中最惠国条款的适用效果的期待。

（二）无法对投资者诉求"过滤"之弊

东道国和投资者母国是投资条约的缔约主体，才有资格对条约中的利益做出选择。③ 投资者是不可以凌驾于缔约国，尤其是母国的意志之上的。

当前国际投资条约中规定的国际投资争端解决程序，其特殊性在于其争议双方身份的特殊性。如果说国际贸易条约下的争端解决主要以"国家—国家"的模式出现的话，国际投资条约项下的讼争则以"投资者—东道国"的模式出现。在这两种不同模式中，缔约国（包括投资者的母国）对争端解决程序的控制力是不一样的。

1. "国家—国家"模式

在"国家—国家"模式中（典型的代表是 GATT/WTO），缔约国对争端解决程序有很强的控制力。这表现在：

① 刘颖、封筠：《国际投资争端中最惠国待遇条款适用范围的扩展——由实体问题向程序问题的转变》，《法学评论》2013 年第 4 期。

② 黄世席：《国际投资仲裁中最惠国条款的适用和管辖权的新发展》，《法律科学》2013 年第 2 期。

③ 赵建文：《国际法新论》，法律出版社 2000 年版，第 406 页。

第一，国家意志的自主性。缔约国可以根据自己的意愿来决定是否将争端提交贸易条约中的争端解决机制；可以根据自己的意愿来决定诉诸何种争端解决程序；可以在诉诸某种争端决程序后根据自己的意愿来决定是否变更或者放弃其主张；可以在争端胜诉或败诉后根据自己的意愿来决定是否履行裁决等。总之，在这种模式中，缔约国的意志是极其重要的，也是自主的。即便在 WTO 这样拥有高效争端解决机制（DSU）的国际组织，也极其注重对成员方意的尊重，例如 DSU 第 23 条虽然规定了争端解决机构对争端的排他性管辖，但是 DSU 第 4 条仍然将磋商规定为提交专家组的必经程序，而且磋商期间长达 60 天，尤其"包容"的是即使过了 60 天，争端方仍然可以进行磋商。

第二，缔约国的私人一般没有机会与对方国家平等地面对面解决贸易争端，只能请求母国政府启动条约中规定的国家间争端解决程序，如 WTO 争端解决机制或区域贸易协定中的争端解决机制来解决争端。此时，其母国可以拒绝私人的请求，也可以为其主张权利，但能够对本国私人的请求予以"过滤"，剔除那些连母国自己也不能认同的请求，使得私人意志与母国意志得以统一。

2. "投资者—东道国"模式

而在"投资者—东道国"模式中，国际仲裁的出现使得缔约国失去了对争端解决程序的控制。如果东道国和投资者母国在 BITs 中没有约定国际仲裁，或者约定了范围极小的国际仲裁，或者对国际仲裁附加了前置条件，则一旦投资者通过最惠国条款适用第三方条约中对其"更优"的国际仲裁机制或者仲裁条件，此时投资者的母国也不能对其投资者提起的诉求进行"过滤"。导致投资者可以未经其母国政府的同意直接将东道国送上国际仲裁庭或者提出连其母国也未必认同的请求。[1] 例如在"Mondev International Ltd v. United States of America 案"中，投资者所属母国加拿大向仲裁庭提出，该国投资者的求偿请求应在实体方面被驳回。[2] 此时私人

---

[1]　陈安、蔡从燕：《国际投资法的新发展与中国双边投资条约的新实践》，复旦大学出版社 2007 年版，第 209 页。

[2]　Mondev International Ltd. v. United States of America, Award, http：//www. state. gov/s/l/c3758. htm.

意思构成对两个国家意思的强制。① 尤其是投资者这种"目无祖国"的做法很可能会严重影响母国和东道国的利益关系。

（三）利弊取舍

因此，将最惠国条款适用于投资争端解决程序对投资者母国而言是利弊共存。笔者认为，基于以下几个原因，这种适用对投资者母国弊大于利。

1. 缔约目的

缔约国往往基于特定的目的在不同的投资条约中规定了不同的争端解决程序。例如有的条约中规定国际仲裁，有的只规定缔约国救济；有的投资条约规定了范围较大的仲裁范围，有的规定了较小的仲裁范围。这表明不同投资条约中争端解决程序的差异性。这种差异有些学者认为是"不同的缔约谈判产生了不同的条约规定，而并非东道国实施国别歧视所致"②。甚至部分国际仲裁庭也认为："每一个具体的投资条约里面的争端解决条款都是经过两国政府长期的谈判而达成的而无法判断歧视的存在，更不能随随便便就假定他们同意这些条款被扩大。"③

既然如此，有理由要问，缔约国在国际投资条约的缔约之初，为何要引入最惠国条款而同时又不明确其和争端解决程序的关系？笔者目前很难找到相关的谈判资料或信服的证据来说明该问题。有实务界人士认为，任何国家的缔约谈判都不可能百密而无一疏，受专业水平和缔约能力的限制，不能指望投资条约的谈判人员像法律人那样思考问题。④ 笔者认同这种观点，并进而认为，国际条约的缔结是缔约方之间利益博弈的产物，是在缔约方之间的利益冲突和协调的过程中达成的。通常情况下，缔约方对某些条款的接受并非十分满意，双方的谈判人员为了尽快达成协议，往往会对一些有争议的事项采取模糊化的措辞来回避尖锐的问题，这是一种缔约技巧，无可厚非。此外，缔约的谈判并非只有专业律师参与，对于条约

---

① Susan D. Franck, "The Legitimacy Crisis in investment Arbitration: Privatizing Public International Law Through Inconsistent Decision ", *Fordham Law Review*, Vol. 73, 2005.

② 梁丹妮：《国际投资条约最惠国待遇条款适用问题研究——以伊佳兰公司诉中国案为中心的分析》，《法商研究》2012 年第 2 期。

③ Plama Consortium Limited v. Republic of Bulgaria, Decision on Jurisdiction, para. 207.

④ 温先涛：《〈中国投资保护协定范本（草案）〉论稿（一）》，《国际经济法学刊》2011年第 4 期。

的用语并没有完全从法律的角度进行充分的审查，因此条约的文本便成为并非"事实清楚的观点"（the lain-fact view）。[①] 也许正是出于这种原因，才在实践中引发了最惠国条款能否适用于投资争端解决程序之争。

但是，无论缔约国在谈判时如何分歧以及采取何种最惠国条款的表述，有一点是可以肯定的，即一般情形下缔约国在谈判中提出的问题，往往是与本国利益相关的问题。[②] 那么缔约国在投资条约中同时引入最惠国条款和争端解决程序条款，均是以日后对缔约国有利作为出发点的，是希望两类条款"和平共处"的：能享受最惠国条款多边化带来的好处，同时差异化地解决投资争端。

如果无视这种差别而去适用最惠国条款，这无异于鼓励投资者挑选于己有利的争端解决安排而要求"一体均沾"，"同获其美"。[③] 这将造成投资争端解决程序陷入混乱而阻碍国际经贸正常和健康的发展，导致缔约国缔约目的落空。也许过不了多久，有关国家就会考虑在投资条约中取消最惠国条款或者"投资者—东道国"国际仲裁争端解决方式。[④] 这必将对国际投资的繁荣与促进带来负面影响。尤其是将严重影响缔约国对最惠国条款的热情和信心，这对于最惠国条款的发展来讲是灾难性的。[⑤] 这肯定不是包括母国在内的缔约国的缔约本意。因此，将最惠国条款适用于投资争端解决程序可能会使得母国的缔约目的落空。

2. 角色转换

从法律适用的角度来看，国际仲裁作为争端解决方式被引入投资条

---

① 陈欣：《WTO 争端解决中的法律解释——司法克制主义 vs. 司法能动主义》，北京大学出版社 2010 年版，第 1 页。

② 但是在一些特殊情况下，缔约国也可能在谈判中提出对本国利益较小甚至无关而对缔约对方国家利益攸关的问题作为谈判的手段，迫使对方在相关问题上让步。例如，在北京当年申请 2008 年奥运会举办权时，美国以支持中国获得奥运会举办权为筹码，要求中国加大打击违反知识产权行为的力度。而实际情况是美国当时没有本国城市参与竞争申办奥运，美国在举办奥运会问题上没有实质利益，将奥运会举办权与知识产权问题联系在一起，主要是向中国施加压力，以便在知识产权问题上获得中国的让步。参见贾海龙《贸易问题与非贸易问题之关系的判断——一个分析框架》，《国际经济法学刊》2010 年第 2 期。

③ 温先涛：《〈中国投资保护协定范本（草案）〉论稿（一）》，《国际经济法学刊》2011年第 4 期。

④ 例如当今拉美国家的卡尔沃主义的"复活"现象就表明了这一点。

⑤ 也许正是有了这样的顾虑后，目前有些投资协定或自由贸易协定中就不再规定最惠国条款。比如约旦与新加坡与 2004 年 5 月签订的自由贸易协定中就不包含最惠国条款，阿尔巴尼亚 2004 年分别与罗马尼亚和塞黑签署的自由贸易协定中也没有最惠国条款。

约，这相当于将传统上属于东道国当地救济的国内法规制变为国内法和国际法的选择规制。① 相较于国内法规制，国际法对国内法起到制约的作用即国际法规制具有更明显的"再规制"特征，② 这将对东道国的司法主权造成很大的影响。

因此，学者 Yannick Radi 认为投资条约中的最惠国条款适用范围是缔约双方设置的"特洛伊木马"，是"木马屠城"：将最惠国条款适用于投资争端解决程序，还是"驯服木马"：拒绝将最惠国条款适用于投资争端解决程序，这留给了缔约国充分的政策空间。③ 应该说，"政策空间"是一个很宽泛的概念，可以包括政治、经济、军事、公共秩序等多个维度。笔者认为，从利益的角度来看，缔约国究竟是否认可最惠国条款对投资争端解决程序的适用，应取决于缔约国在国际投资中的角色。

如果缔约国处在资本输出国的角色，则倾向于从扩大投资，保护本国投资者的角度出发，主张将最惠国条款适用于投资争端解决程序。反之，如果缔约国处在资本输入国的角色，则倾向于从强调本国的规制权力，维护本国国家安全的角度出发，拒绝将最惠国条款适用于投资争端解决程序。晚近在国际投资领域，随着拉美国家卡尔沃主义的复活，对最惠国条款和投资争端解决程序采取了保守的态度，归根到底与这些国家主要是资本输入国的角色分不开。但是随之而来的问题是，随着经济形势的不断变化，一旦缔约国出现了角色转换，如从输出国变为输入国，或者出现了角色混同，既是输出国也是输入国，那么此时又该如何判断"政策空间"？

由于最惠国条款的多边化效应，一旦将最惠国条款适于投资争端解决程序，将会使得原本差异化的争端解决程序"被多边化"。这使得外国投资者无须承担"用尽当地救济"等一般国际法要求先将争端提交缔约国国内法院审理，便可以直接到跨国法庭（仲裁庭）起诉东道国。这种做

---

① Denise Manning Cabral, "The Imminent Death of the Calvo Clause and the Rebirth of the Calvo Principle: Equality of Foreign and national Investors", *Law and Policy in International Business*, Vol. 26, 1995.

② 肖冰：《论国际法规制的共有属性及个性体现——以技术性贸易壁垒国际法规制之个性为例》，《法学家》2007 年第 4 期。

③ Yannick Radi, "The Application of the Most-Favored-Nation Clause to the Dispute Settlement Provisions of Bilateral Investment Treaties: Domesticating the Trojan Horse", *The European Journal of International Law*, Vol. 18, 2007.

法无疑限制了缔约国的国家司法主权。[①] 虽然作为投资者的母国而言，将最惠国条款适用于投资争端解决程序不排除在个案中能提高对本国投资者的保护，但是一旦两国日后角色互换或混同，则母国的处境会十分尴尬，甚至反受其害，得不偿失。例如，美国过去一直在全球鼓吹所谓"高标准"的投资规则，尤其是国际仲裁机制，但是随着在 NAFAT 框架下屡屡被诉的经历，也开始反思国际仲裁的弊端，并提出了诸如设立上诉机制、排除最惠国条款对投资争端解决程序的适用[②]等改革。

3. 实践效果

由前文所述的"更优惠待遇"的判断存在难题可知，由于不同的争端解决程序难分优劣，因此，将最惠国条款适用于投资争端解决程序并不一定在实然层面能提高对投资者（投资）的保护水平。相反，母国却要承受缔约目的落空和投资角色转换后带来的不利，明显弊大于利。

综上所述，将最惠国条款适用于投资争端解决程序会严重影响母国对自身在投资条约下所承担的义务的准确理解，进而必然影响母国对自己的缔约行为在国际法上的合法性的判断和预期。[③]

二　对东道国的危害

从法理上看，由于投资者成为国际投资条约中最惠国待遇的享有者，则最惠国条款实质上就成为东道国对投资者（投资）自愿承担的一种条约义务，为东道国对条约约定事项的单方允诺。只要投资者（投资）符合投资条约中对投资者（投资）的定义，则在条约约定的范围内就自动享受最惠国待遇。因此单就"东道国—投资者"这一法律关系来看，在这种最惠国条款的设计中东道国与投资者的权利义务是极不对称的，投资者享有权利而不用承担义务，对等的最惠国待遇承诺义务由投资者其母国做出。

从国际法关于国家主权的理论来看，这种单方允诺为东道国行使主权

---

① Schneiderman, D., "Globalisation, Governance, and Investment Rules", *Global Governance in the Twenty-first Century*, Palgrave Macmillan Press, 2004, p. 68.

② 如美国主导的新一代区域经贸协定《跨太平洋伙伴关系协定》（TPP）投资章节第12.5条。

③ 刘笋：《论国际投资仲裁对国家主权的挑战——兼评美国的应对之策及其启示》，《法商研究》2008 年第 3 期。

的行为，是东道国利益选择的结果。也是国际投资条约为了促进和保护投资有意在东道国和投资者之间制造的"权利—义务"不对称。这种设计的成功之处在于：由于最惠国待遇只需要缔约国在投资条约中予以明确的意思表示即可，一旦东道国违反最惠国待遇义务后会产生东道国的国家责任，投资者就可以直接根据投资条约的规定来决定是否向东道国主张权利，不仅充分尊重了投资者的意愿，也有效地避免了将普通的因私人投资争端引发的投资者与东道国的争议，上升为投资者母国与东道国国家间的争端而影响两国的正常关系。①

正是这种单方性的允诺使得最惠国条款一旦适用于国际投资争端解决程序，对东道国而言，可能会违反东道国对国际仲裁的合意，产生强制仲裁的后果。从当前国际仲裁的实践来看，强制仲裁在实践中表现为以下几种形式：

第一种，东道国在对外签订的某些条约中同意了国际仲裁机构的管辖权，而在与投资者母国签订的条约当中却没有同意。则外国投资者可以根据其母国与东道国间签订的条约中的最惠国条款，转而利用东道国与其他国家间签订的条约中的国际仲裁管辖权条款，从而直接申请国际仲裁。前文所述"Salini v. Jordan 案"即属于此种类型。

第二种，东道国在与投资者母国签订的条约中仅仅同意将某几种事项（如征收及补偿）提交国际仲裁机构仲裁，而在另外一些对外签订的条约中则同意将全部争议提交国际仲裁机构仲裁。则投资者可以根据其母国与东道国签订的条约中的最惠国条款要求扩大仲裁事项的范围，也全部提交国际仲裁。前文所述"Tza Yap Shum v. Peru 案"即属此种类型。

第三种，东道国在与投资者母国签订的条约中规定了将投资争议提交国际仲裁之前必须用尽当地救济措施或者附加了一定的时间限制（如 18个月的国内等待期），而在另外的一些对外签订的条约中却又没有类似的规定。则投资者可利用其母国与东道国签订的条约中的最惠国条款绕过其母国与东道国条约当中的用尽当地救济或者时间限制要求，从而直接享受到东道国与第三国条约规定的可直接寻求国际仲裁的"更优惠"待遇。前文所述"Maffezini v. Spain 案"即属此种类型。

有学者认为，国际仲裁解决的并非缔约国所属一般私法主体（含私

法法人与自然人）之间的争端，而是特定的"原公法主体"（即东道国政府）与特定的私法主体（即外国投资者）之间特定的投资争端问题。国际仲裁中东道国政府从原来的主权实体和公法主体转化成为"准私法主体"，具有与特定的私法主体基本平等的法律地位，而不能再任意主张原属于自己的"司法管辖权"和"主权豁免"等国际公法上的特殊权利。这无异于是东道国为了吸引外资而自愿适度限制或部分放弃原有的主权权利。① 笔者同意这种观点，并认为东道国在对外签订的投资条约中与投资者母国约定将国际仲裁作为一种争端解决方式，往往是东道国为了吸引外国投资做出的重大妥协。虽然从国际法的角度看，这是东道国行使一国主权的表现，但同意国际仲裁本身就已经是国家对主权的极大限制，甚至是对主权的重大让渡。因此对缔约国对国际仲裁同意的理解必须是明确且不含糊的，唯有如此才是对主权的尊重。将最惠国条款适用于投资争端解决程序将为国际仲裁庭创设本不存在的管辖权，将缔约国置于强制仲裁的威胁之下。具体而言：

（一）增大东道国被诉的风险

1. 利益分配失衡

从利益分配的角度来看，在国际投资领域外国投资者的利益和东道国的利益为一种彼此消长的关系。一方面，东道国需要提供国际仲裁这种争端解决方式来吸引外国投资者，并满足投资者者母国对本国海外投资者保护的需求；另一方面东道国也需要将国际仲裁对本国主权的危害控制在可接受的范围内。最惠国条款的适用不能破坏这种"平衡"。

而国际仲裁机制表面上看起来同等对待东道国和投资者。例如二者皆可以提起国际投资仲裁申请，二者皆需要遵守仲裁裁决，但是它实质上更倾向于对投资者利益做出保护，是一种"投资者友好型"仲裁。② 因为国际投资仲裁脱胎于一般的国际商事仲裁，③ 而一般国际商事仲裁不解决国家主权问题，只解决私人财产权问题，制度性地倾向于片面保护投资者的

---

① 陈安：《香港居民谢业深诉秘鲁政府案 ICSID 管辖权裁定的四项质疑——〈中国—秘鲁BIT〉适用于"一国两制"下的中国香港特别行政区吗?》，《国际经济法学刊》2010 年第 1 期。

② Charity L. Goodman, "Uncharted Waters: Finacial Crisis and Enforcement of ICSID Awards in Argentina", *University of Pennsylvania Journal of International Economic Law*, Vol. 28, 2007.

③ Stephen J. Toope, *Mixed International Arbitration*, Cambridge Grotius Publications Limited Press, 1990, p. 389.

私人财产的权利。① 加上经济利益偏好的指引，② 在涉及利用最惠国条款来获得国际仲裁管辖权的案件时，这些国际仲裁机构会本能地扩大自身的管辖权和适用所谓"更优惠"的投资条约来照顾投资者，片面强调投资者的利益，无视基础条约当中对于东道国管辖权的约定，破坏东道国的合法权益，往往给东道国的经济安全带来极大的隐患。

2. 国际仲裁的正当性危机

同时，从国际仲裁的发展来看，国际仲裁近年来逐渐面临正当性危机。③ 所谓正当性危机是指国际仲裁由于在解决国际投资争端方面不胜任而引发的信任危机。④ 国际仲裁在实践中表现出诸如损害东道国利益、裁决之间缺乏必要的一致性、⑤ 对公共利益照顾不周⑥等问题已经饱受诟病，甚至直接引发了拉美国家"卡尔沃主义"的复活，⑦ 部分激进的国家如玻利维亚、厄瓜多尔等直接选择退出了 ICSID 公约。⑧ 而最为引人注目的是属于发达国家之列的澳大利亚，也在 2011 年 4 月颁布了一项贸易政策，宣称其在将来签订的国际投资协定中，不接受国际仲裁条款。原因是该条

---

① Ari Afilalo, "Constitutionalization Through the Back Door: A European Perspective on NAFTA's Investment Chapter", *New York University Journal of International Law & Politics*, Vol. 34, 2001.

② 尤其是国际仲裁一般高额的收费，动辄数百万美元。而国际仲裁基本上都是由投资者发起，对于国际仲裁庭来讲，投资者是其最好的客户，袒护投资者可以鼓励更多的潜在的投资者发动对东道国的仲裁，扩大其收入来源。

③ Susan D. Frank, "The Legitimacy Crisis in Investment Treaty Arbitration", *Fordham. Law Review*, Vol. 73, 2004.

④ 陈安、蔡从燕：《国际投资法的新发展与中国双边投资条约的新实践》，复旦大学出版社 2007 年版，第 165 页。另见蔡从燕《风险社会与国际争端解决机制的解构与重构》，《法律科学》2008 年第 1 期。

⑤ 刘笋：《国际投资仲裁裁决的不一致性问题及其解决》，《法商研究》2009 年第 6 期。另见刘京莲《阿根廷国际投资仲裁危机的法理与实践研究——兼论对中国的启示》，厦门大学出版社 2011 年版，第 81 页。

⑥ 张光：《论国际投资仲裁中投资者利益与公共利益的平衡》，《法律科学》2011 年第 1 期。

⑦ 单文华教授曾发文对卡尔沃主义的死亡和再生进行了深刻论述，否定"卡尔沃主义已经死亡"或者"卡尔沃主义行将就木"的流行观点。指出卡尔沃主义并不是死了，而只是暂时搁浅，且有复苏的迹象。参见单文华《卡尔沃主义的"死亡"与"再生"——晚近拉美国家对国际投资立法的态度转变及其对我国的启示》，《国际经济法学刊》2006 年第 1 期。

⑧ 玻利维亚和厄瓜多尔分别于 2007 年 5 月 2 日和 2009 年 1 月 6 日正式宣布退出 ICSID 公约。

款给予了外国企业高于本国企业的法律权利，且限制了政府的公共政策权力。① 而同属发达国家阵营的美国和欧盟近年来也开始对"东道国—投资者"国际仲裁（ISDS）条款进行改革。② 事实已经表明，对国际仲裁这样一个存在巨大缺陷的争端解决机制，③ 很难想象有东道国会对其保持足够的信心，并乐意通过最惠国条款扩展其对国际仲裁的同意，而大大增加自己被投资者诉诸国际仲裁庭的机会。④

　　尤其是从提起仲裁的法律依据来看，以往投资者提请国际仲裁的依据是投资者和东道国之间签订的特别契约或者投资协议，诉求的理由在于东道国没有履行上述契约或协定确定的义务，或是违反协议中的特定条款或是不合理地拒绝或者否认协议既已确定的义务。而近年来投资者提请国际仲裁的依据往往是东道国国内投资法或者投资条约中存在的同意提交国际仲裁的条款，因而不需要再寻求东道国与投资者已经缔结过特别契约或者投资协议的支持和证明。有时甚至在东道国与投资者之间根本没有任何契约关系的情况下，投资者也可以根据东道国国内投资法或者条约的规定直

---

① UNCTAD, *World Investment Report* 2012, *Towards Generation of Investment Polices*, United Nations Press, 2012, p. 87.

② 韩秀丽：《再论卡尔沃主义的复活—投资者—国家争端解决视角》，《现代法学》2014 年第 1 期。

③ 例如在玻利维亚退出 ICSID 公约时，玻利维亚政府对 ICSID 提出了以下批评：其裁决即终裁，没有上诉程序；缺乏中立性；ICSID 的管辖违背了玻利维亚宪法（第 135 条），其宪法法院已宣布 ICSID 没有管辖权；只受理由外国投资者提交的仲裁；ICSID 的方法不明确，并且是武断的；ICSID 不接受公众的外部申诉，仲裁程序不公开；国家的抗辩费用高昂，据统计每起仲裁需花费 400 万美元。玻利维亚政府还认为 ICSID 偏袒跨国公司，若跨国公司没有遵守协定，ICSID 没有给予过任何惩罚。归根结底，世界银行促进私有化的职能与其争端解决的职能是格格不入的。在一个仲裁程序中，玻利维亚甚至对全体仲裁员提出了质疑，并指出其将不遵守支持投资者的仲裁裁决。See Sebastian Perry, Bolivia Ramps up Anti‑ICSID Rhetoric, http://tinyurl.com/6hf5cja.

④ 有学者提出："如果东道国在基础条约与第三方条约中均做出了接受 ICSID 管辖的同意，那么最惠国条款的扩展适用就是可行的。如果东道国仅在第三方条约中做出了接受 ICSID 管辖的同意而未在基础条约中做出同意，那么就不能通过最惠国条款的扩展适用为东道国创造其在签订基础条约时并未同意承担的将争端提交 ICSID 仲裁的义务"。参见刘颖、封筠《国际投资争端中最惠国待遇条款适用范围的扩展——由实体问题向程序问题的转变》，《法学评论》2013 年第 4 期。笔者不同意这种看法，显然这种观点没有注意到不同投资条约缔结的背景和仲裁的意思必须是明确无误的要求。而且，这种观点只注意到了对国际仲裁管辖权全盘接受的情形，如果是东道国既有全盘接受，也有部分接受的情况呢？难道也允许投资者扩大仲裁事项的范围么？这符合东道国缔约时的预期吗？

接向国际仲裁庭提出仲裁请求。① 这种变化已经使得投资者利用国际仲裁的机会和成功率大大增加而东道国随时处于被诉的危险当中，如果再通过最惠国条款引入强制仲裁无疑将加重这种"失控"。②

这种"失控"的趋势是令人担忧的，在国际上也是饱受质疑与批评：首先，这是不符合国际法的。根据国际法，国家对仲裁或者司法管辖的同意，是一种国家主权行为，在没有国家明确同意的情况下，该国不受任何法庭甚至国际法庭的管辖。③ 其次，这也是不符合《华盛顿公约》等国际公约原有精神的。④ 例如依据《华盛顿公约》本来的精神，中心的管辖权是有限的而且应该严格解释，否则公约中就不会有"同意"作为管辖前提的规定，也不会对中心管辖权中的受案范围、管辖的属人条件、属物条件等做出详尽的规定。因此强制仲裁的结果是非常危险的，这种做法在许多情况下，事实上确立了一种中心的强制管辖权，⑤ 对东道国实施了一种不合公约的限制乃至剥夺，⑥进而有害于国家主权在投资领域以及与投资有关的领域内的正当行使。

（二）损害东道国的公共利益

1. 东道国的公共利益

虽然"公共利益"在理论界定上存在争议，但是国际法规则的适用不得损害一国国内的公共利益和社会整体利益，这不但在许多国际条约中都有反映，也在实践中得到尊重。例如欧洲人权法院在"Soering 案"中的判决就表明了这一点。在该案中，申请人 Soering 要求欧洲人权法院判定英国决定向美国引渡自己违反了《欧洲人权公约》第 3 条的规定，因为其被引渡到美国后有可能会遭受不人道的待遇或处罚。该条规定，任何人不得被施以酷刑或非人道或有辱人格的待遇或处罚。申请人主张在第 3 条项下，国家不仅承担不得施加不人道等待遇的义务，而且承担了不得将

① 石慧：《投资条约仲裁机制的批判与重构》，法律出版社 2008 年版，第 24 页。
② 徐树：《最惠国待遇条款"失控"了吗？——论国际投资条约保护的"双边主义"与"多边化"》，《武大国际法评论》2013 年第 1 期。
③ 王鹏：《论国际混合仲裁的性质》，人民出版社 2007 年版，第 96 页。
④ 刘笋：《国际投资保护的国际法制——若干重要法律问题研究》，法律出版社 2002 年版，第 247 页。
⑤ 侯幼萍：《WTO 和 ICSID 管辖权冲突研究》，《国际经济法学刊》2007 年第 2 期。
⑥ 刘笋：《国际投资保护的国际法制——若干重要法律问题研究》，法律出版社 2002 年版，第 270 页。

个人置于可能遭受此种待遇的境地之义务。英国不同意这种解释。欧洲人权法院认为第 3 条项下义务的构成需要结合案件的所有案情来考虑。《欧洲人权公约》的意图在于在社会一般利益与保护个人基本权利之间寻求平衡。随着世界流动性的增加,犯罪越来越具有国际性,如果对涉嫌从事严重国际犯罪行为的嫌疑人不予引渡,不仅会导致国家无法履行保护个人的义务,而且会破坏引渡的基础。这些都是在引渡案件中解释这一概念时必须要考虑到的因素。①基于上述理由,法院最终判决原告的请求不成立。

当前国际社会对国际仲裁的争议很大,尤其是发达国家和发展中国家存在巨大的利益分歧。② 原因在于与东道国救济相比,国际仲裁往往涉及东道国的公共利益,③ 特别是由于东道国的公共事务管理行为引起的争议。④ 而东道国基于国家主权和社会管理职能对本国公共事务的管理和规制无疑属于公共利益范畴。

2. 公共利益受损

现今不少国际组织及国际法学者也意识到国际仲裁忽视了作为公共利益维护者的国家与私人间存在的重大差别,认为把商事仲裁制度简单类比到国际仲裁制度是错误的。⑤ 尽管也有学者为国际投资仲裁庭辩护,认为"仲裁员已经竭尽所能地为东道国的权力和职能提供了法理上的保障,以便其能够调整公共利益和控制其领土内的外国投资活动。因而,国际投资保护体制并没有创造那样一种不对称,以致投资者的利益凌驾于东道国的

---

① Soering v. United Kingdom, Judgment of 7 July 1989, European Court of Human Rights, Judgments and Decisions, Series A, Vol. 161. p. 35, See https: //en. wikipedia. org/wiki/Soering_ v_ U-nited_ Kingdom.

② 据联合国贸发会议统计,自 1987 年至 1996 年的 10 年间,全球国际投资仲裁案件合计仅有十余件;然而,从 1997 年到 2006 年这 10 年间,全球国际投资仲裁案件合计却超过 240 件。截至 2010 年年底,全球累计案件总更是达到 390 件。在 83 个涉案的国家中,发展中国家和经济转型国家占到 66 个,发达国家仅为 17 个。可见,仅仅从涉案数量上来看,国际投资仲裁影响最大的是发展中国家。See UNCTAD, *World Investment Report* 2010, New York and Geneva: Unite Nations, 2011, p. 101。

③ Daniel M. Price, " Chapter 11 – Private Party vs. Government, Investor – State Dispute Settlement: Frankenstein or Safety Valve?" *Canada-United States Law Journal*, Vol. 26, 2000.

④ 张辉:《美国国际投资法理论和实践的晚近发展—浅析美国双边投资条约 2004 年范本》,《法学评论》2009 年第 2 期。

⑤ Gus Van Harten, *Investment Treaty Arbitration and Public Law*, Oxford University Press, 2007, pp. 124–130; OECD Investment Committee, *Transparency and Third Party Participation in Investor-State Dispute Settlement Procedures*, OECD Press, 2005, p. 2.

管制权之上，以及投资者无须为其投资活动承担任何责任"①。

但是现实的情况是，晚近以来外国投资者以财产权受到损害为由对东道国提起国际仲裁的数量急剧增加。东道国频频因为在其主权范围内行使对经济的管理行为而被诉上国际仲裁庭，充分暴露了现行国际仲裁制度存在过度保护投资者财产权，忽视东道国公共利益的危害。② 也表明国际仲裁也绝非像有的西方人士标榜的那样是一种不偏不倚的机制。③ 现在的国际投资争端仲裁界"已经形成一个认知共同体，他们笃信投资自由化和保护投资者之价值取向，忽视东道国正当权益的存在"④。由于投资条约项下的外国投资者能够从国际仲裁机制中获得外来的保护，东道国当地的法律在很大程度上鞭长莫及，无从管辖，其公共利益也就拱手相让了。⑤

这种现象在晚近 ICSID 仲裁的实践中被充分地展示出来：以《华盛顿公约》为代表的国际公约明显地体现了发达国家的基本立场，尽可能把本来属于东道国（绝大部分是发展中国家）的对境内投资涉外讼争的管辖权，转移给国际组织。⑥ 例如，实践中不断扩大的 ICSID 管辖权倾向，进一步减少了东道国对争议的处理机会。从 ICSID 的实践来看，仲裁庭总是尽力扩张其管辖的范围，仲裁庭总是设法使其管辖权成立，现实中对 ICSID 管辖权提出异议成功的例子并不多。有学者认为："ICSID 仲裁庭都是把投资协议的解释扩大到包括投资的所有方面，并为所有具有利益关系的当事人提供公约的保护。"⑦

---

① Tra T. Pham, "International Investment Treaties and Arbitration as Imbalanced Instruments: A Revisit", *International Arbitration Law Review*, Vol. 13, 2010.

② 蔡从燕:《论国际法的财产权逻辑》,《法律科学》2011 年第 1 期。

③ J. Wong, "Umbrella Clauses in Bilateral Investment Treaties: Of Breaches of Contract, Treaty Violations, and the Divide Between Developing and Developed Countries in Foreign Investment Disputes", *George*, *Mason Law Review*, Vol. 14, 2006.

④ J. Kurtz, "The MFN Standard and Foreign Investment: An Uneasy Fit?" *The Journal of World Investment & Trade*, Vol. 5, 2004. 对此现象,《纽约时报》的一篇文章也指出："这些仲裁庭的会议是秘密召开的，其成员通常毫不知名，他们所作的裁断也无须完全披露。然而，这一小撮国际仲裁庭处理投资者与外国政府之间争端的方式已经导致国内立法被废止、司法体制被质疑、环境管理被挑战。" See Anthony De Palma, "NAFTA's Powerful Little Secret", *New York Times*, March 11, 2001, C1。

⑤ M. Sornarajah, *The International Law on Foreign Investment*, Cambridge University Press, 2004, p. 208.

⑥ 陈安:《国际经济法学》, 北京大学出版社 2007 年版, 第 407 页。

⑦ Susan D. Franck, "The Legitimacy Crisis in investment Arbitration: Privatizing Public International Law Through Inconsistent Decision", *Fordham Law Review*, Vol. 73, 2005.

基于这种顾忌，为了给东道国对公共利益的保护留下充足的空间，有学者甚至建议所有国际投资条约都不包括"投资者—东道国"争端解决机制，投资者与东道国间的争端应首先寻求当地救济解决。① 这种观点在现实中得到部分国家的支持，例如巴西和印度至今没有加入《华盛顿公约》，玻利维亚和厄瓜多尔已经宣布退出隶属于世界银行的国际投资争端解决中心，原因是它们认为发展中国家在该中心的投资仲裁中处于十分不利的地位。② 2012 年 1 月 25 日，委内瑞拉也向世界银行正式提出退出国际投资争端解决中心，理由是该中心已经变成了一个超宪法的法院，对外国实行干涉，不尊重它国主权。③ 最近的一个例子是阿根廷再也无法忍受 ICISD 中的如潮官司，④ 终于在 2013 年 1 月 14 日宣布退出《华盛顿公约》。⑤ 而更富有讽刺意味的是，由于担心投资规则规定的保护水平超过美国宪法第五和第十四修正案对财产所有人所提供的保护，一贯倡导用国际仲裁解决投资争端的美国，其国会在 2010 年的贸易促进授权要求美国的谈判者赋予外国投资者的权利不得超过美国公民所享有的权利。⑥

笔者认为，从权利义务平衡的角度讲，国际仲裁的当事方是地位悬殊的外国投资者和作为主权国家的东道国。其本质是以国际法为基础，又较大程度地涉及东道国国内法的因素。⑦ 因此，国际仲裁的目的虽然是保护外国投资者的合法权益，也应该注重与东道国的利益进行平衡，而不应该

① Gus Van Harten, "Arbitrator Behavior in Asymmetrical Adjudication: An Empirical Study of Investment Treaty Arbitration", *Osgood CLPE Research Paper*, No. 41, 2012. 另见陈辉萍《美国投资者与东道国争端解决机制的晚近发展及其对发展中国家的启示》，《国际经济法学刊》2007 年第 3 期。

② Damon Vis-Dunbar et al., Bolivia Notifies World Bank of Withdrawal from ICSID, Pursues BIT Revisions, Inv. Treaty News, http://www.iisd.org/pdf/2007/itn_may9_2007.pdf.

③ 《委内瑞拉议会同意政府退出世行解决投资争议国际中心》，http://world.people.com.cn/n/2012/0727/c57507-18608350.html。

④ 截至 2017 年 6 月 30 日，阿根廷在 ICSID 的案件达到 49 个，其中 24 个案件尚在审理中。https://icsid.worldbank.org/icsid/frontservlet。

⑤ Argentina to Withdraw from ICSID, http: presstv.ir/detail/2013/01/24//285299/Argentina-to-Withdraw-from-ICSID.

⑥ David Schneiderman, "Investing in Democracy? Political Process and International Investment Law", *University of Toronto Law Journal*, Vol. 60, 2010.

⑦ 温先涛：《〈中国投资保护协定范本（草案）〉论稿（三）》，《国际经济法学刊》2012 年第 2 期。

成为外国投资者滥诉的工具，更不应实际影响东道国主权和公共利益。①
但是现代国际投资仲裁的实践不仅使个人直接挑战国家公权力的合法性成
为可能，更严重的是，这种挑战已经完全不受投资者母国或者任何国际组
织的"过滤"或者审查。② 由于国际仲裁庭一般拥有对自身管辖权的决定
权，③ 如果再通过最惠国条款任意扩大其管辖权，将大大增加东道国被诉
讼的概率和风险，使得东道国因对公共利益的合理维护行为而被迫去参加
原本不该存在的国际强制仲裁，使得东道国不仅要承担管辖权异议程序中
争端双方的仲裁费用及仲裁庭的费用，还要在实体裁决中背负几千万甚至
几亿美元的巨额赔偿金，这极大地损害了东道国的公共利益。④

（三）规避了仲裁实质性前置条件

国际投资条约中常见的前置条件有：（1）发生争议后，投资者必须
先与东道国就争端先行磋商或经过一段时间的国内程序，只有在规定期限
的内双方无法达成一致，投资者才可将争端提交国际仲裁，即"先商后
裁"；（2）发生争议后，必须经过一定期限的东道国当地救济，即"用尽
当地救济"；（3）发生争议后，投资者可以根据条约中的"岔路口"条款
（fork-in-the-road）在国际仲裁和东道国救济之间进行选择，但选择一旦
做出即为终局，⑤ 不能更改。

笔者认为，这几个条件对于东道国在基础条约中做出同意国际仲裁的
意思影响是不一样的。

对于第 1 个条件，无论是一定期限的磋商或者一定期限的国内程序的
要求，都不会对于能否诉诸国际仲裁产生决定性的影响，因此属于非实质

---

① 李玲：《中国双边投资保护协定缔约实践和面临的挑战》，《国际经济法学刊》2010 年第
4 期。

② Gus Van Harten & Martin Loughlin, "Investment Arbitration as A Species of Global Administrative Law," *European Journal of International Law*, Vol. 17, 2006.

③ 例如依据《华盛顿公约》第 41 条第 1 款，ICSID 仲裁庭得自行判断其对一项争议是否有
管辖权。仲裁庭的此项权利并不因 ICSID 对仲裁请求的登记而丧失，换言之，ICSID 对仲裁请求
的登记并不意味着仲裁庭必然就对诉求之争拥有管辖权，而当事人也不得以 ICSID 已经对诉求进
行了登记为由，阻挠仲裁庭对其有无管辖权的判断和决定。

④ Pail Michael Blyschak, "State Consent, Investor Interests and future of Investment Arbitration:
Reanalyzing the Jurisdiction of Investor-State Tribunals in Hard Cases", *Asper Review of international Business and Trade Law*, Vol. 9, 2009.

⑤ 陈安、蔡从燕：《国际投资法的新发展与中国双边投资条约的新实践》，复旦大学出版社
2007 年版，第 226 页。

性前置条件。因为这些条件的满足只是时间早晚的问题。在这种情况下，根据最惠国条款援引第三方条约中的没有此类期限规定的争端解决条款并不会造成对缔约方原意的根本扭曲。如在"SGS v. Pakistan 案"中，仲裁庭就指出磋商期的性质只是劝告性和程序性的，不属于强制性规定，不影响仲裁庭的管辖权。①

对于第 2 个条件，由于用尽当地救济要求是东道国维护国家安全的重要手段，属于实质性前置条件。如果基础投资条约中明确要求将用尽当地救济作为投资者诉诸国际仲裁的前置条件，就清楚地表明了缔约方的真实意图在于对用尽当地救济的强调和重视，② 倘若允许投资者通过最惠国条款绕过基础条约中的用尽当地救济要求，直接引用没有规定该限制条件的第三方条约中的仲裁条款，无疑将严重背离缔约方的原意，也规避了基础条约中的前置义务。

对于第 3 个条件，如果基础条约中规定了"岔路口"条款，这是对能否提交国际仲裁的重要实质性前置条件。因为"岔路口"条款的引入，表明东道国提交国际仲裁的同意是有条件的，即投资者必须以放弃东道国当地救济为代价。反之，如果投资者选择了东道国国内救济，也意味着放弃了国际仲裁。"岔路口"条款使得投资者寻求法律救济时不能"两全其美"。因此，如果允许投资者通过最惠国条款避开过基础条约中的"岔路口"条款而适用第三方条约中没有该条款限制的仲裁条款，意味着投资者有了东道国国内法院和国际仲裁的"双重救济"的保障，获得了第三方条约投资者所没有的利益。显然与最惠国条款的非歧视的目的不符。

（四）创设了东道国的仲裁合意

1. 国际仲裁的合意性

仲裁是一种解决民商事纠纷的具有民间性的古老而重要的法律制度，是指双方当事人将他们之间发生的争议交付第三者居中评断是非，并做出裁决，该裁决对双方当事人均具有约束力。③ 关于仲裁的性质，虽然有各

---

① SGS v. Republic of Pakistan, ICSID No. ABR/01/13, Decision on Jurisdiction, para. 184.

② 在传统国际法当中，用尽当地救济原则得到各国的公认，其适用并不取决于预先约定。但是晚近国际投资法出现了重大变革，《华盛顿公约》将用尽当地救济的"放弃需明示""要求可默示"变为"要求需明示""放弃可默示"。参见陈安、蔡从燕《国际投资法的新发展与中国双边投资条约的新实践》，复旦大学出版社 2007 年版，第 213 页。因此，当国际投资条约中明确要求用尽当地要求时，属于"要求需明示"。

③ 韩德培：《国际私法》，高等教育出版社 2000 年版，第 484 页。

种不同的学说，但不论哪一种学说都承认具有当事人自治的因素。① 根据仲裁的理论，仲裁是一种契约性质的行为，仲裁机构的权力不是来源于法律授权，而是来源于当事人的协议授权。因此仲裁机制是建立在当事人意思自治基础上的纠纷解决方式，当事人之间提交仲裁的意思一致，即存在"合意"是支撑仲裁制度的法律理论基础。

仲裁的合意性体现在以下几个方面：一项争议发生之前或之后，是否将其提交仲裁解决由当事人自主决定；将哪些争议事项提交仲裁解决由当事人自主决定；将争议事项提交哪一个仲裁机构进行仲裁由当事人自主选择；仲裁庭的组成形式以及具体组成人员由当事人自主选择；在仲裁实践中，当事人还可以自主协商选择仲裁地点以及仲裁所适用的法律。②

作为当今解决国际投资争端最主要的方式，③ 国际仲裁也毫不例外地具有仲裁的这种内在属性和要求。虽然越来越多的国家在投资条约中同意将未来的投资争端提交国际仲裁解决，但是提交国际仲裁的前提条件仍然是争端双方同意提交仲裁，尤其是东道国的同意是投资者与国家间国际仲裁的"根基"，④ 没有东道国的同意投资者无权将投资争端提交国际仲裁。而且东道国也可以在给予同意的同时附加任何限制条件，此时投资者将投资争端提交国际仲裁的前提是东道国给予同意且该同意所附加的条件已经得到满足。⑤

这一点也被国际条约所承认。例如根据《华盛顿公约》第 25 条的规定，⑥ 对于该公约的缔约国而言，缔约国加入该公约的行为并不代表该缔约国自动接受 ICSID 仲裁管辖权的意思表示。⑦ 发生争议时，争议双方接

---

① 张斌生主编：《仲裁法新论》，厦门大学出版社 2004 年版，第 5 页。

② 杨秀清、史飈：《仲裁法学》，厦门大学出版社 2007 年版，第 2—5 页。

③ 陈安：《国际经济法学》，北京大学出版社 2004 年版，第 586 页。

④ International Bank for Reconstruction and Development, *Report of the Executive Directors on the Convention on the Settlement of Investment Disputes between States and Nationals of Other States*, 18 March, 1965, para. 23.

⑤ 徐树：《最惠国待遇条款"失控"了吗？——论国际投资条约保护的"双边主义"与"多变化"》，《武大国际法评论》2013 年第 1 期。

⑥ 根据《华盛顿公约》第 25 条的规定，争端当事人如想将有关争端提交"中心"管辖，必须同时具备以下三个条件：第一，有关争端是直接因投资而产生的法律争端；第二，争端当事人分别是《华盛顿公约》缔约国（或该缔约国指派到"中心"的该国的任何下属单位或机构）和另一缔约国国民；第三，争端当事人书面同意将争端提交"中心"管辖。

⑦ 《华盛顿公约》在序言中曾规定，不能仅仅就缔约国批准、接受或认可了本公约这一事实而不经过其同意就认为缔约国有义务将任何特定的争端提交"中心"调解或仲裁。

受 ICSID 仲裁管辖的条件是缔约国和外国投资者必须向 ICSID 提交的"书面同意"。在实践中,《华盛顿公约》的缔约国对 ICSID 仲裁管辖权的接受方式有三种:① 第一,通过与投资者母国缔结投资条约的方式同意接受 ICSID 管辖;第二,通过在与外国投资者之间签订特许合同的方式同意接受 ICSID 仲裁管辖;第三,通过国内立法的方式同意接受 ICSID 仲裁管辖。② 在以上三种方式中,第二种方式属于当事人双方的意思自治,属于国内法范畴,双方是否"合意"意思表示明确。而在第一与第三种方式中,东道国的同意被视为是向投资者发出了"要约",这种同意方式突破了传统仲裁协议中当事人通过合同做出"合意式同意",即国家在条约中做出"要约式同意",而投资者如若将争端提交予 ICSID 进行仲裁,则其行为构成对东道国要约的"承诺",ICSID 仲裁庭由此取得管辖权。与传统仲裁同意的表示方式——当事人间的私下合意相比,这种仲裁又称为"无须默契的仲裁"(arbitration without privy)。③

　　但无论采取何种同意国际仲裁方式,都须强调东道国与外国投资者的"合意",这是国际仲裁庭取得管辖权的法律依据,是国际仲裁的"门槛事项"。④ 例如在"Plama 案"中,仲裁庭就认为,双方当事人之间缺乏提交国际仲裁的"一致意思",因此不能通过保加利亚——塞浦路斯 BITs 中的最惠国条款援引以保加利亚为缔约一方签订的其他条约(如保加利亚—芬兰 BITs)中的提交给 ICSID 仲裁的同意,也不能赋予申请人 Plama 依据其他双边投资条约的争端解决条款来解决当前案件的权利。⑤

　　2. 合意的明确性

　　(1)合意必须在仲裁协议中明确

　　提交国际仲裁的合意性在国际仲裁机制中主要体现为双方在仲裁协议中必须明确约定。⑥ 仲裁协议是双方当事人保证将仲裁条款项下的争议提

---

　　① 魏艳茹:《论我国晚近全盘接受 ICSID 仲裁管辖权之欠妥》,《国际经济法学刊》2006 年第 1 期。

　　② 例如 1993 年阿尔巴尼亚《外国投资法》第 8.2 条规定:"外国投资者可以提起争端解决,阿尔巴尼亚共和国在此同意争端可以被提交至解决投资争端国际中心。"

　　③ 石慧:《投资条约仲裁机制的批判与重构》,法律出版社 2008 年版,第 27 页。

　　④ 乔娇:《论 BIT 中最惠国待遇条款在争端解决上的适用性》,《法治论丛》2011 年第1 期。

　　⑤ Plama Consortium Limited v. Republic of Bulgaria, ICSID Case No. ARB/03/24, para. 222.

　　⑥ Julie A. Maupin, "MFN-Based Jurisdiction in Investor-State Arbitration: Is There any hop for A Consistent Approach?", *Journal of International Law*, Vol. 14, 2011.

交仲裁解决的书面协议。① 仲裁协议有多种表现形式，如仲裁条款、仲裁协议书和其他有关书面文件中包含的仲裁协议等。在实践中，提交国际仲裁的仲裁协议的主要表现形式有：第一，东道国与投资者母国签订的投资协议中的仲裁条款；第二，投资争端发生后由双方专门订立的仲裁协议；第三，东道国事先在其与投资者母国签订的投资条约中的争端解决条款或本国立法中做出同意仲裁的要约，再由投资者通过法律行为表示接受东道国的要约而最终达成有效的仲裁协议。在投资协议中、投资申请书中或专门通过书面表示接受，甚至是在争端发生后直接将争端提交仲裁亦构成有效的接受。例如"Generation Ukraine v. Ukraine 案"仲裁庭就指出："可以肯定的是，投资者可通过发动 ICSID 仲裁程序对东道国在 BITs 中做出的同意 ICSID 仲裁的要约做出承诺。BITs 并不要求投资者必须将其同意提交 ICSID 仲裁的意图以其他方式通知东道国。"②

仲裁协议在仲裁机制中发挥着保障仲裁自主性原则的首要作用，国际仲裁的合法性、正当性都有赖于合法有效的仲裁协议。③ 从仲裁法的角度来讲，仲裁协议是启动国际仲裁的前提，没有仲裁协议，国际仲裁就缺乏合法性和正当性的要求。目前国内法和国际法都已确立的原则是，仲裁协议对国际仲裁的同意必须是清晰而不含糊的。国际常设法院在"Chorzow Factory 案"中就明确要求证明"同意"的证据必须占据优势（a preponderance of evidence）。④ 在"Plama 案"中，仲裁庭也认为："如果仲裁庭可以通过参照、推定（reference）来寻找双方的同意，就必然使人们对清晰和不含糊产生怀疑。"⑤ "Plama 案"仲裁庭进一步指出："无论是在国内法还是在国际法层面上，仲裁协议应该明确和清楚的，是已经被确认的原则。而通过基础条约中的最惠国条款去嵌入别的协定中的争端解决程序必须是缔约国之间真实自由、确定的意思表示。"⑥

有效的仲裁协议必须明确仲裁事项和仲裁机构。首先是仲裁事项，仲

① 王楠：《最惠国待遇条款在国际投资争端解决事项上的适用问题》，《河北法学》2010 年第 1 期。

② Generation Ukraine v. Ukraine, ICSID Case No. ARB /00 /9, Award, para. 122.

③ 张斌生：《仲裁法新论》，厦门大学出版社 2004 年版，第 7 页。

④ Chorzow Factory Case (Ger. v. Pol), Jurisdiction, 1928 P. C. I. J. (ser. B), No. 3. para. 32.

⑤ Plama Consortium Limited v. Republic of Bulgaria, Decision on Jurisdiction, paras. 198-199.

⑥ Plama v. Bulgaria, ICSID Case No. ARB/03/24, paras. 198-207.

裁事项必须明确，即什么事项交由仲裁庭管辖，而没有在仲裁协议中载明的事项仲裁庭则无权管辖。也就是说如果仲裁协议中只约定对甲类争端可以提交仲裁，则对乙类争端就不存在仲裁协议，这也是仲裁自主性的体现。按照仲裁自主性原则，仲裁庭只能就仲裁协议中规定提交仲裁的事项进行仲裁，不能越权做出裁决，这体现了当事人意思对仲裁机构管辖权的合法约束。① 其次是仲裁机构，仲裁机构必须在仲裁协议中明确，因为现实中并不存在拥有一般管辖权并可以通过其裁决来解决纠纷的仲裁机构，反之，仲裁机构必须由冲突双方指定，并且仅当冲突方愿意将纠纷置于该仲裁机构管辖之下。② 且根据仲裁法的一般规则，仲裁机构之间是相互排斥的，即当仲裁协定仅约定将争端提交甲仲裁机构仲裁时，乙仲裁机构对争端就不能享有管辖权。

（2）合意应逐案明确

为了证明仲裁协议的真实存在并明确争端方的提交仲裁的原意，当前许多国际仲裁规则和相关条约以及各国国内法都对仲裁协议的形式提出了要求，均要求书面形式。例如《华盛顿公约》第25.1条也要求争端方必须"书面同意"将争端提交中心解决，争议双方提交的"书面同意"是ICSID管辖权的基础。但是由于《华盛顿公约》本身对"书面同意"没有做出界定，因此如何去判断这种"书面同意"？根据ICSID在其《执行董事会报告书》中的解释，该项同意可以规定在争端当事人双方订立的投资协议中，约定将来因该投资协议而产生的争端将提交"中心"，或者规定在某项投资争端发生后争端当事人双方的仲裁协议中。此外，《华盛顿公约》也没有要求同意需在同一份文件中表达，因此东道国可以在其有关投资促进的立法中发出要约，将因某类型的投资而产生的争议提交"中心"管辖，而投资者则可以以书面接受该项要约的方式表达其同意。③

有学者认为，《华盛顿公约》第25.1条的规定实际上是赋予了东道

① 据此笔者认为，目前在投资条约中缔约国对最惠国条款的适用范围规定不明的情况下，有的仲裁庭通过对"适用所有事项""待遇"等措辞进行扩大解释，认为最惠国待遇包括争端解决程序，从而主张可以通过基础条约中最惠国条款援引第三方条约中的争端解决程序，这显然属于超裁，违背了仲裁自主性的要求。

② ［德］W. G. 魏智通：《国际法》，吴越、毛小飞译，法律出版社2012年版，第566页。

③ 陈安：《国际投资争端仲裁——"解决投资争端国际中心"机制研究》，复旦大学出版社1995年版，第106—107页。

国"逐案审批同意权"，即每一件提交到 ICSID 仲裁的案件，都应该单独得到东道国的同意，东道国在其他案件中的同意不构成在另一案件中的同意，属于东道国避免投资风险的"安全阀"之一。①

笔者赞同这种观点，并认为在国际仲裁中，由于双方分别为国家和私人投资者，出于对国家主权的尊重，东道国对仲裁的合意必须逐案（逐项）明确，绝对不能从东道国条约实践的历史实践中去推定。在"Siemens 案"中，被申请人阿根廷也指出，"有关投资条约方面的实践证明，如果缔约方想把最惠国条款适用于争端解决事项上，他们必会明确加以说明"。②虽然仲裁庭没有认同阿根廷的观点，但是笔者认为阿根廷的理解更符合《华盛顿公约》第 25.1 条的精神。同样，在"谢叶深诉秘鲁"案中，仲裁庭认为中国—秘鲁 BITs 第 8.3 条③是"颇具限制性的条款，仅允许将征收争议提交国际仲裁。其他争议必须由双方明示同意，才能提交国际仲裁，最惠国待遇条款的适用不能凌驾于第 8.3 条明确措辞之上"④。应该说，这种解释是符合《华盛顿公约》第 25.1 条的精神的。而在"Wintershall v. Argentina 案"中，仲裁庭更是明确指出："国际仲裁必须在仲裁协议的基础上进行，这种协议必须是清晰的，即便是通过最惠国援引的方式也该如此。即使缔约国在基础条约中适用了措辞模糊的语句，也不能认定最惠国条款可以取代国家对仲裁的同意。"⑤

因此在国际仲裁中，国家提交国际仲裁的同意应该是明确而无误的，并且是应该逐案同意的，不能通过最惠国条款来"默示"或者"推定"。

①　陈安：《中外双边投资协定中的四大"安全阀"不宜贸然拆除——美、加型 BITs 谈判范本关键性"争端解决"条款剖析》，《国际经济法学刊》2006 年第 1 期。

②　Siemens A. G. v. the Argentina Republic，ICSID case No. ARB/02/8，paras. 82-25.

③　中国—秘鲁 BITs 第 8 条规定：1. 缔约一方的投资者与缔约另一方之间就在缔约另一方领土内的投资产生的任何争议应尽量由当事方友好协商解决。2. 如争议在六个月内未能协商解决，当事任何一方有权将争议提交接受投资的缔约一方有管辖权的法院。3. 如涉及征收补偿款额的争议，在诉诸本条第一款的程序后六个月内仍未能解决，可应任何一方的要求，将争议提交根据一九六五年三月十八日在华盛顿签署的《关于解决国家和他国国民之间投资争端公约》设立的"解决投资争端国际中心"进行仲裁。缔约一方的投资者和缔约另一方之间有关其他事项的争议，经双方同意，可提交该中心。如有关投资者诉诸了本条第二款所规定的程序，本款规定不应适用。4. 该中心应根据接受投资缔约一方的法律（包括其冲突法规则）、本协定的规定以及普遍承认的缔约双方均接受的国际法原则做出裁决。

④　Tza Yap Shum v. Peru，ICSID CASE No. ARB/07/6，Decision on Jurisdiction and Competence，paras. 213-220.

⑤　Wintershall v. Argentina，ICSID Case No. ARB/04/14，para. 167.

"一项不确定的、模棱两可的条款难以构成对国际仲裁的同意"①，这不仅是国际仲裁的固有特征和要求，也是自然法的平等原则和自由原则在国际投资领域的体现。如果通过最惠国条款"推定"东道国对国际仲裁的合意，即将东道国在第三方条约中对国际仲裁的"同意"通过基础条约中的最惠国条款一并视为对基础条约中国际仲裁的"同意"，其法律实质是将原本体现当事人意思自治的自愿仲裁，变为强制仲裁。这种实践的法律后果是创设出了国家对国际仲裁的"同意"或者扩展了国家同意仲裁的范围，造成了对东道国主权的极大侵害，也影响了东道国的合理预期，违背了缔约国在条约中引入最惠国条款的目的。

三　对国际仲裁的冲击

最惠国条款适用于投资争端解决程序除了对投资争端解决方法产生影响外，还至少在以下两个方面对国际仲裁程序产生影响，造成了国际仲裁程序的紊乱，破坏了缔约国对程序稳定的预期。

（一）国际仲裁时间期限混乱

国际投资条约在规定了国际仲裁作为争端解决方法的同时，也往往会有争端提交仲裁前经过的时限性规定。与条约中约定不同的争端解决方法相比，这些提交国际仲裁的时间期限的差别规定更为直观明了，且差别很大，常见的有：

（1）有的条约规定经过 6 个月的磋商期后提交仲裁。如中国—秘鲁 BITs 中第 9.2 条规定，在 6 个月内通过协商不能解决争端，根据缔约任何一方的要求，可将争端提交专设仲裁庭。

（2）有的条约规定经过 18 个月的国内法程序后提交仲裁。如前文所提到的"Maffezini 案"中的阿根廷—西班牙 BITs、"Siemens 案"中的阿根廷—德国 BITs 等。

（3）有的条约规定可直接提交给仲裁。如 1985 年中国—新加坡 BITs 第 14 条中规定，争端未能解决的，应缔约任何一方请求，应将争端提交仲裁。

（4）有的条约规定提交仲裁的时效性。如《北美自由贸易协定》

---

① Julie A. Maupin, "MFN-Based Jurisdiction in Investor-State Arbitration: Is There Any Hope For A Consistent Approach?" *Journal of International Economic Law*, Vol. 14, 2011.

（NAFTA）第 11 章 B 款规定，如投资者知道或者应当知道东道国违反义务的事实并且在损害发生之日起经过三年的，投资者不得再将争议提交仲裁。

时限的规定在很大程度上影响着实体权利的行使。如果允许将最惠国条款适用于国际投资争端解决程序，则意味着投资者可以在东道国对外签订的不同 BITs 中挑选对自己有利的时间规定而影响实体权利。如"Maffezini 案"中的投资者希望避开 18 个月的等待期更迅速地将争议提交给仲裁庭，故而通过最惠国条款要求适用对时间程序没有限制的西班牙—智利 BITs。[1] 不难想象，如果这种实践经常出现的话，国际仲裁的时间期限将变得十分混乱。缔约国想通过时限的差别来控制国际仲裁影响的目的无疑也就落空了。

（二）干扰仲裁员的选择

国际仲裁员在国际仲裁中是审理案件、解决争端的主体，应该具有适用实体法和程序法并有效处理具体争议的能力，尤其是处理投资协定争议的仲裁员还应该熟悉商事交易活动、熟知国际投资法，并且具有有效推进仲裁程序的能力。[2] 因此，仲裁员个人的背景和学识，尤其是对国际投资条约以及国际仲裁的理解和立场将会影响未来仲裁的结果。实践中甚至有过当事人选任的仲裁员将自己的身份等同于当事人聘请的律师的情况，特别是仲裁员分别是东道国的国民和投资者所在国的国民的时候。[3] 有人认为，在当前的国际仲裁中，许多仲裁员来自发达的资本输出国，[4] 他们笃

---

[1]　Maffezini v. Spain，ICSID Case No. ARB/ 97/7，Decision of The Tribunal on Objections to Jurisdiction，paras. 57-63.

[2]　Stephen W. Schill，"Crafting the International Economic Order: The Public Function of Investment Treaty Arbitration and its Significance for the Role of Arbitrator"，*Leiden Journal of International Law*，Vol. 23，2010.

[3]　李万强：《解决投资争议国际中心仲裁程序若干问题探析》，《美中法律评论》2006 年第 8 期。

[4]　关于仲裁员的来源，有人曾经统计了 ICSID 已决的案件 20 件共计仲裁员 60 人，发生在 1972—1981 年的 10 个案件中选任的仲裁员 30 人中仅有来自伊朗、马拉喀什和牙买加的 6 人，其余 24 人均来自瑞士、法国、荷兰、丹麦、英国、比利时、美国和加拿大等发达国家。另外 2006—2007 年的 10 个案件中选任的仲裁员 30 人，仅有来自南非、埃及和阿根廷的仲裁员 4 人，其余也均来自瑞士、德国、法国、西班牙、美国、比利时、加拿大、英国这些发达国家。参见许敏《论 ICSD 投资仲裁对双边投资协定中的最惠国条款的发展》，《经济问题探索》2009 年第 3 期。

信投资自由化和保护投资者之价值取向，在仲裁中忽视东道国正当权益的存在。① 因此仲裁员的选择对争议双方当事人来讲就变得十分重要。

虽然当今世界存在多种仲裁机制，使得不同的仲裁规则中对仲裁庭仲裁人员组成的规定不同，但是大多数仲裁规则都允许当事人选择仲裁员。② 允许当事人选任仲裁员将会在更大程度上保证当事人的合意性和裁判结果的可接受性，有利于日后裁决的执行。仲裁员的选择一般规定在仲裁规则中。由于国际投资条约中规定的仲裁机制不同，仲裁适用的仲裁规则也呈现出样化。常见的有：（1）有的条约规定适用仲裁庭自行制定的规则的，如中国—阿根廷 BITs 第 8.5 条;③ （2）有的条约规定适用 ICSID 仲裁规则或附设机构规则的，如中国—俄罗斯 BITs 第 9 条;④ （3）有的条约规定 UNCITRAL 仲裁规则的，如中国—新西兰 FTA 第 153 条⑤等。

将最惠国条款适用于投资争端解决程序将会出现这样的一种结果：当事人可以跨过不同的条约和这些条约中的仲裁规则，直到选到自己满意的仲裁员为止。例如，A 国与 B 国投资条约中规定发生投资争议后向 ICSID 申请仲裁，根据 ICSID 的仲裁规则，当事人有很大的自由选择仲裁员。而 B 国与 C 国的投资条约中既规定了最惠国条款，也规定发生投资争议后向

----

① Jrügen Kurtz, "The MFN Standard and Foreign Investment: An Uneasy Fit?" *Journal of World Investment and Trade*, Vol. 5, No. 6, 2004.

② 例如根据 ICSID 中心仲裁规则（第 2 条、第 4 条），在仲裁员的选定上给了当事人极大的自由。在当事人事先没有协议情况下的仲裁庭的组成，中心规则规定双方可以反复协商并规定了详尽的协商程序；只是在秘书长发送登记通知后的 90 天或当事人协议的其他期间届满后仍未达成一致的情况下，才规定任何一方当事人可通过秘书长，以书面方式请求行理事会主席指定仍未指定的一名或数名仲裁员和指定一名仲裁员作为仲裁庭的主席。

③ 1992 年《中华人民共和国政府和阿根廷共和国政府关于促进和相互保护投资协定》第 8.5 条：仲裁庭自行制定其程序规则。在制定仲裁程序时，仲裁庭可参照一九六五年三月十八日在华盛顿开放签字的《解决国家与他国国民之间投资争端公约》设立的"解决投资争端国际中心"的仲裁规则，或参照"联合国国际贸易法委员会"的仲裁规则。仲裁庭的裁决以多数票做出。

④ 2006 年《中华人民共和国政府和俄罗斯联邦政府关于促进和相互保护投资协定》第 9.2 条：如争议自争议任何一方提出之日起 6 个月内未能通过协商友好解决，则应将其提交给：……（二）根据 1965 年 3 月 18 日在华盛顿签署的《关于解决国家和他国国民之间投资争端公约》设立的"解决投资争端国际中心"（简称"中心"）（如果该公约对缔约双方均已生效）；或依据解决投资争端国际中心附设机构规则进行（如果该公约对缔约一方未生效）。

⑤ 2008 年《中华人民共和国政府与新西兰政府自由贸易协定》第 153.1 条：除非争端方另行商定，如果自提出磋商与谈判要求之日起 6 个月内，无法通过第一百五十二条解决该争端，则应当根据投资者的选择，将争端提交至：……（二）根据联合国国际贸易法委员会（UNCITRAL）规则进行仲裁。

位于英国的伦敦国际仲裁院申请仲裁，根据 1998 年《伦敦国际仲裁院仲裁规则》，将指派仲裁员的权利极大地赋予仲裁院，当事人选择仲裁员的权利受到极大的限制。① 当发生投资争议时，C 国投资者若要求根据最惠国条款适用 B 国与 A 国之间的条约规定自行选任仲裁员，而这种要求在《伦敦国际仲裁院仲裁规则》下几乎是不可能实现的。这将严重干扰仲裁员的选择，破坏了国际仲裁的稳定性和当事人的可预见性。

综上，笔者认为法律程序运行的最终结果是形成秩序。良好的秩序应该具备以下要素和内在要求：一是协调和谐，如果程序之间参差不齐，缺乏一致性，相互之间矛盾重重，那就无秩序可言；二是有规律可循，如果程序反复无常，变幻莫测，不可预期，无规律即无秩序；三是安全稳定，如果人人恐惧不安，惶惶不可终日，那就无秩序可言。② 如果允许投资者通过最惠国条款来随意对国际仲裁施加影响，无疑是对投资条约中最惠国条款的滥用。③ 不仅使得争端解决程序陷入混乱，而且导致争端双方更多地去关注诉讼程序上的技巧而非自己的举证责任，弱化了通过投资争端解决程序解决投资实体问题的真正原意，将破坏投资条约的缔约方对程序的合理预期，也无法形成合理的秩序。这绝对不符合缔约国规定最惠国条款的本意。一个明显的佐证是 2010 年联合国贸发会议专门发布了题目为 "Most-Favoured-Nation Treatment：a Sequel" 的报告，报告列举了最惠国条款适用于投资争端解决的危害，并建议缔约国在缔约的时候缩小最惠国条款的适用范围，避免最惠国条款对争端解决程序的冲击而造成混乱。报告中甚至建议缔约国可以考虑在投资条约中取消最惠国条款（No MFN

---

① 《伦敦国际仲裁院仲裁规则》第 3.3 条：只有仲裁院有权独立地任命仲裁员，该项任命将以仲裁院的名义由仲裁院主席或副主席做出。仲裁院任命仲裁员时，对当事人同意的选择仲裁员的任何方式与原则将给予适当的注意。在选择仲裁员时，将尽可能考虑到合同的性质，争议的性质与事实情况，当事人的国籍、所在地及语言。如果当事人各方具有不同的国籍，除当事人另有协议者外将不任命与当事人国籍相同的独任仲裁员或首席仲裁员（当事人的国籍应理解为包括控制股东控制利益者的国籍）。如果当事人同意由自己指定仲裁员，或者允许两个仲裁员，或第三方指定仲裁员，仲裁院若认为这项指定不符合独立或公正的将会拒绝任命该被指定者。如果是三人仲裁庭，仲裁院将指定一名而不由当事人指定的仲裁员担任首席仲裁员。第 3.4 条：如果仲裁协议要求当事人指定仲裁员，而被诉人未能在第二条规定的期限内做出该项指定，则仲裁院将立即任命一名以代替被诉人指定的仲裁员。如果仲裁申请书中申诉人未曾指定仲裁员，申诉人也未能在规定的期限内做出该项指定，仲裁院也将同样做出该项任命。

② 邱本：《经济法总论》，法律出版社 2007 年版，第 147 页。

③ Carlos G. Garcia，"All the other Dirty Little Secrets：Investment Treaties, Latin America, and the Necessary Evil of Investor-State Arbitration"，*Florida Journal of International Law*，Vol. 16，2004.

treatment clause)，这是一个在以前的国际研究中没有出现的观点。[1] 该观点是建立在当前国际经贸条约的实践支持上的，比如 2004 年 5 月约旦与新加坡签订的自由贸易协定（含投资章节）中就不包含最惠国条款，同年阿尔巴尼亚分别与罗马尼亚和塞黑签署的自由贸易协定（含投资章节）中也没有最惠国条款，就是防止其扩大适用造成争端解决程序的紊乱。[2]

---

[1]　UNCTAD, "Most-Favoured-Nation Treatment: a Seque", *Series on Issues in International Investment Agreements*, 2010.

[2]　Pia Acconci, "Most-Favored-Nation Treatment", *The Oxford Handbook of International Investment Law*, 2008.

第四章 最惠国条款适用于国际投资争端解决程序对中国的挑战与应对

最惠国条款对中国来讲并不陌生。在中国的近代历史上，帝国主义国家用坚船利炮打开中国的国门，通过一系列不平等条约攫取了大量的利益，甚至中国的司法主权（领事裁判权）。尤其是通过这些条约中的"片面最惠国待遇"条款让众多列强有了"利益均沾"的机会，使得中国及其人民深受其害。"片面最惠国待遇"条款在条约中赋予列强国家不用给予中国对等的好处就可以享受最惠国待遇的权利，使得这种最惠国条款成为强国通过单边的最惠国待遇承诺从中国夺取利益的手段和工具。① 最为典型的有 1843 年《中英虎门条约》第 8 条："……设将来大皇帝有新恩施及各国，亦应准英人一体均沾，用示平允……"② 再如 1858 年《中美

---

① 中国有学者认为清政府签订这种片面最惠国条款的原因有：一、清政府当时不了解欧美的国际法，误将"机会均等"理解为单方面对外夷持平，造成中方承诺的最惠国待遇条款在措辞上没有严格限制范围，在内容上没有规定对等互惠，遂成为贻害无穷的广泛的片面最惠国待遇条款；二、清政府采取闭关锁国政策，华商"格于定例"不能出洋经商，没有对等互惠的实际需要。参见金卫星《鸦片战争后美国在华获得片面最惠国待遇问题探析》，《苏州大学学报》2004 年第 5 期。

② 《虎门条约》详细内容参见 http://baike.baidu.com/view/150487.htm。这里需要说明的是，《虎门条约》签订之前，英国就已经在华取得了片面最惠国待遇。早在 1842 年中英《南京条约》中，英国就取得了五口通商、关税协定等方面的片面最惠国待遇。另外据笔者所知，1842 年中英除谈判《南京条约》之外，还在江南地区进行过谈判，并达成了一个叫《江南善后章程》（以下简称《章程》）的协议。其中共有 8 个条款，载于清人袁陶愚于道光二十二年成书的《壬寅闻见纪略》，梁廷枏于道光末年成书的《夷氛闻纪》，我国台湾学者郭廷以、陈志奇分别所著《近代中国史》《中国近代外交史》等书中。现将相关内容综合摘抄如下：一、对英国商务方面的优惠："此后英国通商，现经议明，无论与何商交易，均听其便。即系英国自设之行，即非中国额定行商可比。如有拖欠，止可官为着追，不能官为偿还。"二、对英国兵船可在通商口岸巡查贸易的优惠：耆英在该条后的说明写道："向有水师小船数艘，往来各口稽查贸易，也当协同中国地方官，阻止商船不准他往。"三、对英军驻军舟山、鼓浪屿的优惠："其定海之舟山，厦门之鼓浪屿，据议仍应归英兵暂为驻守……前曾有每处泊船二艘之议，自应予为申明。"四、对英国领事裁判权的优惠："英国商民既在各口通商，难保无与内地居民人（等）交涉狱讼之事，应即明定章程，英商归英国自理，华民由中国讯究。……他国夷人，仍不得援以为（见下页）

天津条约》第30条："现经两国议定，嗣后大清朝有何惠政、恩典、利益施及他国或其商民，无论关涉船只海面、通商贸易、政事交往等事情，为该国并其商民从来未沾，抑为此条约所无者，亦当立准大合众国官民一体均沾。"① 这些条约只字不提英美等国家是否对等要给中国以最惠国待遇，实为不平等条约之典范。从《中美天津条约》可以看出，美国的受惠面已从通商贸易的特定范围扩展到包括政事在内的广泛范围，这严重威胁到了中国的国家主权，正是"强者可执其法以绳人，弱者必不免隐忍受屈"。②

虽然近年来中国经济迅猛发展，已经成为世界第一大出口国和第二大经济体，引发了世界上部分国家对此的担忧，③ 但是不管世界对中国崛起的态度有何不同意见，不可否认的事实是中国已成为世界上经济实力最强的新兴国家之一。④ 然而，中国的历史经历已经充分表明，如果不将最惠国条款的适用范围限制在特定事项内，后果将十分严重。

当代中国在国际投资中兼具资本输入国和资本输出国的双重角色，决定了中国的国际投资条约缔结的实践较之许多发展中国家，乃至发达国家的缔约实践都更为复杂，这就要求中国政府在国际投资条约缔结的实践方面必须展示出高超的法律智慧乃至政治智慧。⑤

（接上页）例。""内地奸民犯法，应行究办，若投入英国货船兵船，必须交出送官。"耆英在该条后说明："其英国及属国逃民逃兵若潜进内地中国，也一律送交英国近地理事官领回。"可见，通过《章程》，英国又取得了兵船在通商口岸稽查贸易，在舟山、鼓浪屿驻军以及领事裁判权等方面的优惠。这样，连同《南京条约》中取得的优惠待遇，英国已远远多于当时任何其他国家在华优惠的总和，这都可以说明，英国当时就已经取得了片面最惠国待遇，并单独享受片面最惠国待遇，直到1844年《中美望厦条约》和《中法黄埔条约》签订。

① 《天津条约》详细内容参见 http://baike.baidu.com/view/123348.htm。

② 郑观应：《盛世危言·公法》，上海古籍出版社2008年版，第452页。作者是晚清著名思想家，他对当年西方列强侵略中国时所持的弱肉强食的所谓"国际公法"，进行了尖锐的批评。

③ 陈安：《"黄祸"论的本源、本质及其最新霸权"变种"："中国威胁"论——以中国对外经济交往史的主流及其法理原则的视角》，《现代法学》2011年第6期。

④ 徐崇利：《新兴国家崛起与构建国际经济新秩序——以中国的路径选择为视角》，《中国社会科学》2012年第10期。

⑤ 蔡从燕：《国际投资结构变迁与发展中国家双边投资条约实践的发展》，《国际经济法学刊》2007年第3期。

第一节　中国面临的挑战

一　中国现有条约中最惠国条款与争端解决程序的关系

从中国的缔约实践来看，最惠国条款已经成为中国国际投资条约中的必备条款。根据笔者考证，中国对外签订的投资条约中第一个出现"最惠国待遇"措辞的是 1988 年的中国—日本 BITs，该条约第 2 条规定"关于投资许可和与投资许可有关的事项，享受不低于第三国国民和公司的待遇"。

中国目前签订的投资条约中最惠国条款与投资争端解决程序的关系，从表述的语言来看，可以分为两大类型。

（一）明确排除的

这是最近几年才出现的表述方式，在投资条约中明确将最惠国条款排除在投资争端解决程序之外。如 2008 年《中国—新西兰自由贸易协定》第 139 条规定："为了进一步明确，本条规定的义务不包括要求给予另一方投资者除本章规定内容以外的争端解决程序。"再如 2008 年中国与东盟《全面经济合作框架投资协议》（ASEAN）第 5.4 条规定："为进一步明确，本条（最惠国待遇）规定的义务不包含要求给予另一方投资者除本章规定内容以外的争端解决程序。"

在这种表述中，中国政府的态度很明确，即最惠国条款不适用于投资争端解决程序，故一般不会引起争议，可惜的是当前采用这种表述的条约不多。最近的是例子 2012 年中国—加拿大 BITs 中第 5.3 条的规定："为进一步明确，本条第一款和第二款提及的待遇不包括例如第三部分所述的，其他国际投资条约和其他贸易协定中的争端解决机制。"

（二）未明确排除的

这种类型的表述又可以分为以下两种：

1. 概括型表述

典型的如 2003 年中国—德国 BITs 第 3.3 条规定："缔约一方给予缔约另一方投资者的投资及与投资有关活动的待遇，不应低于其给予任何第三国投资者的投资及与投资有关活动的待遇。"再如 2005 年中国—葡萄牙 BITs、2007 年中国—哥斯达黎加 BITs 等都采取了这种表述。

这种最惠国条款的表述是很模糊的，最惠国条款的适用范围其实是很不明确的。由于使用了"有关活动""待遇"等词语，与前述"Maffezini案"中涉及的最惠国条款的表述一致。属于曾经被国际仲裁庭认为可以适用于投资争端解决程序的情形，并不排除在实践中会被投资者用来主张国际仲裁的管辖权。

2. 列举型表述

典型的如 2008 年中国—墨西哥 BITs 第 4 条规定："任一缔约方应给予缔约另一方投资者的投资在投资经营、管理、维持、使用、享有以及处分方面不低于其在相同情况下给予任何第三国投资者投资的待遇。"再如 2005 年中国—芬兰 BITs 第 3.3 条规定："就设立、征收、运营、管理、维持、使用、享有、扩张、出售或投资的其他处置方面，缔约一方给予缔约另一方投资者的投资的待遇应不低于其给予任何第三国投资者的投资的待遇。"

这种表述虽然列举了最惠国条款的适用范围，但是仍然不能表明最惠国条款是否适用于争端解决程序。依照国际仲裁庭在"Siemens 案"中的"没有明确排除就适用"的观点，也存在着被投资者用来主张国际仲裁管辖权的可能。

因此，就最惠国体条款是否适用于国际投资争端解决程序问题上，中国目前存在着大量的态度不明确的投资条约。

二 中国对国际仲裁管辖权的"超前"接受

虽然中国迄今为止未曾在任何特许合同、国内立法中同意接受投资国际仲裁管辖，但是在国际投资法全球化、自由化的影响下，中国晚近签订的双边投资协定开始全面接受国际仲裁的管辖，尤其是接受了解决投资争端国际中心（ICSID）的仲裁管辖权，体现了中国政府对国际投资仲裁态度的转变。[①]

---

① 对于接受非 ICSID 的国际仲裁，笔者认为对中国当前面临问题的意义不大，因为：第一，这些国际仲裁并非根据国际公约建立，本质上是商事仲裁，严格遵循仲裁的双方合意性。而 ICSID 是根据《华盛顿公约》建立的，其第 25 条和第 26 条的规定限制了东道国的"逐案同意权"和"当地救济优先权"，尤其是第 54 条要求各成员国将 ICSID 的裁决视为本国法院的裁决一样执行。第二，从国际仲裁实践中被选择的次数和裁决的影响来看，ICSID 也是占优的。

中国政府于 1992 年 2 月 9 日签署参加《华盛顿公约》，并于 1993 年 2 月 6 日正式成为《华盛顿公约》的缔约国之一，接受了 ICSID 的仲裁管辖权。[①] 截至 2017 年 6 月 30 日，中国共签署有效的 BITs 数量至少达到了 128 个，其中，投资者可将其与中国政府的争议提交 ICSID 仲裁的 BITs 至少有 37 个。[②]

中国在 1998 年以前所签订的双边投资协定，在投资者与缔约国之间的争端解决方面采取了谨慎的态度。有的双边投资协定没有规定投资者与国家之间争端的解决条款；有的则规定，如果争端当事方同意，可以将争端提交 ICSID 仲裁。但是这些双边投资协定并没有对提交 ICSID 仲裁做出一般性的同意，投资者只能以中国政府"逐案同意"的方式将"与征收的补偿额有关的争议"提请 ICSID 仲裁，这种做法既改善了中国的投资环境，又"留权在手"。[③]

然而自从 1998 年中国与巴巴多斯签订双边投资协定开始，中国政府所签订的新式双边投资协定在投资者与缔约国之间争端解决方面就采取了更为开放的态度，存在着放权"超前"的现象。[④] 具体表现在如下几个方面：

（一）对 ICSID 管辖权的全盘接受

中国早期的投资条约内容较为原则简单，在此阶段中国的立场主要是：争端解决机制通常排除 ICSID 的管辖权，仅同意 ICSID 对因征收赔偿引起的争端拥有管辖权。同时作为防范，中国政府倾向于狭窄的投资定义，仅赋予外国投资者最惠国待遇。[⑤]

但是近年来中国在缔约实践中发生了明显的转变，可提交国际仲裁的事项范围不断扩大。如中国与芬兰原来的双边投资协定只是在其附加的议定书第 2 条中规定，投资者可以提交国际仲裁的范围仅限于"对其被征

[①] 陈安：《国际投资仲裁——"解决投资争端国际中心"机制研究》，复旦大学出版社，第 42 页。

[②] 中国已经签订的国际投资协定和含投资条款的贸易协定数量与内容可参见商务部网站：http://tfs.mofcom.gov.cn/aarticle/Nocategory/201111/20111107819474.html。

[③] 魏艳茹：《论我国晚近全盘接受 ICSID 仲裁管辖权之欠妥》，《国际经济法学刊》2006 年第 1 期。

[④] 王海浪：《"落后"还是"超前"——论中国对 ICSID 管辖权的同意》，《国际经济法学刊》2006 年第 1 期。

[⑤] Guiguo Wang, "China's Practice in International Investment Law: From Participation to Leadership in The World Economy", *Yale Journal of International Law*, Vol. 34, 2009.

收的投资财产的补偿款额"。而 2003 年新签订的中国与德国的投资协定、2004 新签订的中国与芬兰的投资协定中规定的提交仲裁的范围大大突破了之前的限制，将可以提交国际仲裁的范围扩展到"因投资发生的任何（any）争议"。① 如 2004 年中国—芬兰新协定第 9 条规定，缔约国一方与投资者"因投资发生的任何争议"，若在 3 个月内未能通过友好协商解决，就可以提交当地法院或 ICSID 等国际仲裁解决，除非争议当事双方另有其他一致同意。这种宽泛的"任何争议"的表述意味着中国全盘接受了 ICSID 仲裁管辖权。②

据笔者统计，到 2017 年 6 月 30 日为止，中国至少已经在 21 个双边投资条约中全盘接受了 ICSID 仲裁管辖权。这 21 个全盘接受 ICSID 仲裁管辖权的国际投资条约的另一方为（排名不分先后）：巴巴多斯、莫桑比克、博茨瓦纳、肯尼亚、荷兰、波黑、芬兰、缅甸、刚果（布）、特立尼达和多巴哥、塞拉利昂、塞浦路斯、科特迪瓦、圭亚那、德国、贝宁、拉脱维亚、乌干达、约旦、吉布提、日本和韩国（2012 中日韩投资保障协定）。这 21 个 BITs 允许外国投资者将与中国有关投资的任何（any）争议提交 ICSID 仲裁。

（二）投资者更自由的选择争议解决方式

中国以前签订的某些双边投资协定规定，如果投资者在东道国内求助于行政或司法解决时，该争端就不得提交国际仲裁。但是 2004 年中国与芬兰的投资协定第 9 条却做出了意想不到的规定。依照该条规定，国际仲裁与东道国当地司法解决方式二者可由投资者选择其一，若提交国际仲裁，就不能再提交国内司法解决。但已将争议提交东道国国内法院的投资者仍可诉诸该条提及的任一国际仲裁庭仲裁，前提是该投资者在提交的争议判决做出前已经从东道国国内法院撤回案件。该条要求在此情形下，作为争议一方的缔约方应当同意将其与缔约另一方投资者之

---

① 例如，2003 年新签订的中国—德国 BITs（英文版）对提交仲裁事项范围的表述为："Any dispute concerning investments between a Contracting Party and an investor of the other Contracting Party."

② 魏艳茹：《论我国晚近全盘接受 ICSID 仲裁管辖权之欠妥》，《国际经济法学刊》2006 年第 1 期。

间的争议根据本条款提交国际仲裁。[①]

（三）失去"逐案同意权"

在关于同意国际仲裁庭管辖的问题上，从中国以前的实践看，对于投资者与东道国之间提交国际仲裁的争端，绝大多数投资协定规定只对"征收补偿"采取事先东道国单方同意，对其他事项需要经过争端双方同意，并非将所有投资争端都事先单方同意交给国际仲裁。这相当于在投资条约中规定了中国政府的"逐案同意权"。[②]

而根据许多新投资协定，规定东道国与外国投资者之间有关东道国领土内投资的任何争议，应该由当事方友好协商解决，友好协商6个月仍未解决的，可应投资者的请求提交国际仲裁。这意味这对投资者与中国的任何投资争议，投资者只要选择提交国际仲裁，有关国际仲裁庭即可根据中国在此协定中表示的事先同意而享有管辖权，而不再需要中国政府的另行同意，中国政府失去了"逐案同意权"。

如中国与瑞士1986年旧投资协定第12条规定，如果缔约一方与缔约另一方投资者发生争议，并且未能在6个月内友好解决，投资者可将下列争议提交国际仲裁：（1）有关本协定第7条所述的补偿额的争议；（2）当事双方同意提交国际仲裁的有关本协定其他问题的争议。换言之，依照该条规定有关本协定其他问题的争议，如需提交国际仲裁，必须经当事双方另行同意。但根据2009年中国与瑞士之间的新投资协定第11条，缔约一方与缔约另一方投资者之间的争议，如果自书面请求磋商之日起6个月

---

①　2004年新签订的《中华人民共和国政府和芬兰共和国政府关于鼓励和相互保护投资协定》第9条内容为：一、缔约一方与缔约另一方投资者之间因投资产生的任何争议，应尽可能由有关双方当事人友好解决。二、如争议自书面提起之日三个月内未能解决，经投资者选择，该争议可提交：（一）作出投资所在地缔约一方有管辖权的法院；（二）依据1965年3月18日在华盛顿签署的《解决国家和他国国民之间投资争端公约》设立的"解决投资争端国际中心"仲裁；（三）根据联合国国际贸易法委员会仲裁规则设立的专设仲裁庭，除非争议当事双方另有其他一致同意。三、已将争议提交本条第二款（一）所述国内法院的投资者仍可诉诸本条第二款（二）和第二款（三）提的任一仲裁庭仲裁，条件是该投资者在提交的争议判决作出前已经从国内法院撤回案件。在这种情况下，作为争议一方的缔约方应同意将其与缔约另一方投资者之间的争议根据本条款提交国际仲裁。四、第二款（三）提及的仲裁庭应由三名仲裁员组成。仲裁庭应以多数票作出裁决。五、仲裁庭应依照本协定的规定，争议缔约一方的法律（包括其冲突法规则）和可适用于缔约双方的国际法规则作出裁决。六、裁决是终局的，对争议双方具有拘束力，且应当根据国内法执行。

②　陈安：《中外双边投资协定中的四大"安全阀"不宜贸然拆除——美、加型BITs谈判范本关键性"争端解决"条款剖析》，《国际经济法学刊》2006年第1期。

内磋商仍没有结果，投资者可以将争议提交国际仲裁，而且明确规定，缔约方在此同意将投资争议提交给国际仲裁。

（四）无须先"用尽当地救济"即可提交国际仲裁

许多新投资协定将外国投资者与中国政府的投资争端，无须先"用尽当地救济"，即无须用尽中国的行政和司法救济手段即可以直接提交国际仲裁来解决,[1] 或者只要求先用尽中国的行政救济手段，而无须用尽法院司法手段，即可提交国际仲裁。如 2007 年新签订的《中华人民共和国政府和法兰西共和国政府关于相互促进和保护投资的协定》第 7 条规定，投资者与缔约一方争议解决，投资者可以选择提交国际仲裁，前提是争议所涉缔约一方可要求有关投资者在提交仲裁前，用尽该缔约方法律和法规所规定的国内行政复议程序。

笔者认为，以上投资协定中这些争端解决方面的发展变化的确有利于保护投资者的利益，但是，这些变化却忽视了中国作为东道国对外国投资者采取管制措施的主权权利，将中国对外资进行管制的这种涉及公共利益的国家主权权利交由"商事化"的国际仲裁机构来评判其合法性。[2] 无论是从其程序的合理性上还是从实践结果上来看，都存在一定的问题，甚至会严重损害中国的"公共政策"。

对于中国政府这种对国际仲裁管辖权的"超前"接受，包括外国学者也认为，中国政府未来可能面临被外国投资者大量的"骚扰性诉求"所困扰的局面。[3] 尤其值得注意的是，这种"超前"接受可能会通过最惠国条款的适用而对中国先前签订的投资协定产生进一步的法律后果。[4]

三 "Ekran 案"：中国面临的风险

2011 年 5 月 24 日，ICSID 秘书处对马来西亚伊佳兰公司（Ekran Berhad）诉中华人民共和国的仲裁请求予以登记（即"伊佳兰公司诉中国案"，以下简称"伊佳兰案"）。这是中国政府首次在 ICSID 成为国际投

---

① 如上述 2009 年中国与瑞士之间的新投资协定第 11 条。

② 蔡从燕：《国际投资仲裁的商事化与"去商事化"》，《现代法学》2011 年第 1 期。

③ Scheruer, "Traveling the BIT Route: of Waiting Periods, Umbrella Clause and Forks in the Road", *The Journal of World Investment and Law*, Vol 5, 2004.

④ Freshfields Bruckhaus Deringer, *Resolving Dispute in China though Arbitration*, Freshfields Bruckhaus Deringer Press, 2006, pp. 53-54.

资争端案件的被告。①

　　该案涉及的标的是艺术和文艺设施，原告是一个马来西亚籍公司，该公司起诉中国海南省地方政府对其财产进行了征收。中国与马来西亚于1990年签订过双边投资协定，该协定第7条将提交仲裁的争议范围限定于"有关征收补偿数额的争议和双方同意的其他争议"。由于当时中国尚未成为1965年《华盛顿公约》缔约国，在该协定中并未订入"中心管辖条款"。因此，在缔约时中马双方达成谅解，一旦中国成为《华盛顿公约》成员国，缔约双方应及时就扩大提交按公约设立的ICSID调解和仲裁的投资争议领域的可能性进行协商。关于协商后缔约双方同意扩大的领域和优惠，中国给予马来西亚的待遇，在同样情况下不应低于给予其他国家的待遇。缔约双方同意的新规定应代替第7条。尽管如此，1993年《华盛顿公约》对中国正式生效后，双方从未就上述谅解展开任何协商。② 而中国近年来签订的BITs中大部分接受了ICSID的管辖权，也扩大了提交仲裁的争议范围，不再限于"有关征收补偿数额的争议"。

　　该案虽然以马来西亚投资者在2011年7月撤诉而告终，但是本案值得中国注意的是双边投资协定中的最惠国条款，其适用范围是否包括投资者—东道国投资争端解决程序。如果答案是肯定的话，该案无异于是打开了"潘多拉的魔盒"的钥匙。③ 鉴于中国在日益增多的BITs中接受ICSID管辖权，因此《华盛顿公约》在涉及中国的投资争端中的地位也变得日益重要，④ 使得中国现今面临的考验是：在ICSID仲裁实践中，最惠国条款能否使得晚近中国对ICSID仲裁管辖权的全盘接受被扩大化？⑤

　　具体而言，一旦外国投资者与中国发生投资争端，外国投资者极有可能要求通过援引其母国与中国签订的投资条约中的最惠国条款，从而在中

　　① Ekran Berhand v. People's Republic of China, ICSID Case No. ARB/11/15.

　　② First ICSID Case against China, http：//www.wunscharb.com/content /first－icsid－case－against－china.

　　③ 梁丹妮：《国际投资条约最惠国待遇条款适用问题研究——以伊佳兰公司诉中国案为中心的分析》，《法商研究》2012年第2期。

　　④ ［德］莫妮卡·海曼：《国际法与涉及中国的投资争端解决》，季烨译，《国际经济法学刊》2009年第4期。

　　⑤ 这一问题除了引起中国学者的注意外，还引起了国外学者的关注。See Emmanuel Gailard, "Establishing Jurisdiction Though a Most－Favored－Nation Clause", *New York Law Journal*, No. 2, June 2005.

国签订的各个双边投资条约中选择其认为最有利的争端解决程序。而这对于已经在投资条约全盘接受 ICSID 管辖权的中国来说，无疑是存在极大风险的，一旦外国投资者的要求被国际仲裁庭所认可，中国可能会完全丧失对于境内投资争端的主权管辖，以前中国在投资条约中设置的"安全阀"可能都会被"拆除"。① 这值得中国政府警醒，及时给予应对。

第二节　中国应对的立场

中国晚近大量签订投资协定的实践除了表明中国经济发展快速外，在国际上被认为是中国开始愿意认可并接受保护外资的国际义务，中国政府"看来相信国际法能为投资者提供保护"②。与此同时，中国的国家安全利益也要"留权在手"，充分吸取历史教训，在保护外资和维护国家主权之间合理平衡。因此，在应对最惠国条款适用于投资争端解决程序问题上，中国应该有自己的立场，以便于指导未来的工作。

一　反对最惠国条款适用于投资争端解决程序

如前文所述，除了最惠国条款适用于投资争端解决程序会给缔约国带来诸多的弊端外，基于以下两个原因，中国也应反对最惠国条款适用于投资争端解决程序。

（一）中国国际投资角色的二重性博弈

1. 国际投资角色的二重性

早在 2012 年，根据联合国贸发会议（UNCTAD）的《2012 年世界投资报告》，2009—2011 年，中国吸收的外国直接投资分别为 950 亿美元、1057.35 亿美元、1240 亿美元，在全世界排名第二位。在海外投资方面，中国在 2009 年达 570 亿美元，在全世界排名第六位，2010 年达 680 亿美元，在全世界则排名第五位，2011 年降至 651 亿美元，在全世界排名第

---

① 陈安：《中外双边投资协定中的四大"安全阀"不宜贸然拆除——美、加型 BITs 谈判范本关键性"争端解决"条款剖析》，《国际经济法学刊》2006 年第 1 期。

② ［德］莫妮卡·海曼：《国际法与涉及中国的投资争端解决》，季烨译，《国际经济法学刊》2009 年第 4 期。

九位。① 而根据其发布的《2013 年世界投资报告》，截至 2012 年 12 月，中国对外投资 840 亿美元，排在世界第三位。② 同时吸引投资 1210 亿美元，排在世界第二位。③ 此后几年的报告中，中国的位置也一直名列前茅。在 UNCTAD 发布的 2017 年最新报告《2017 年世界投资报告——投资与数字经济》中，中国对外投资为 1830 亿美元，是全球第二大投资国，同时中国外资流入 1340 亿美元，是全球第三大资本输入国。④

从数据来看的话，⑤ 当代的中国已经成为世界资本输入大国和输出大国，这为中国缔结现代化的双边投资条约提供了现实的基础条件。⑥ 同时中国在国际投资中的身份混同决定了中国在国际投资规则谈判中的需求混同，这两种混同应该引起中国在国际投资协定谈判中的定位的新思考。⑦

从缔结国际投资条约，尤其是 BITs 的目标来看，资本输出国和资本输入国的缔约的目的和倾向是不同的。资本输出国的主要目标是扩大本国资本输出，更多获取境外利润，进而增强本国国际竞争能力和影响力，因此必然要求在 BITs 中强调东道国的义务和责任，如为投资者和投资创设良好的环境（如非歧视待遇）、不得随意的征收和国有化、投资者的损害能得到良好的补偿等，这些规则都构成了对东道国的国际法限制。尤其是发生争议后，资本输出国和投资者都希望能通过不受东道国干扰的公平公正的途径解决争议，如提交国际仲裁。而资本输入国愿意签订 BITs 的主要目标虽然是创造良好的投资环境，用法律手段保障外资对本国的投资信心，以便于更好地吸引外资外，资本输入国更是基于主权和本国的经济安全的考量，希望在 BIT's 中规定东道国对外资实行管制的权力和外国投资

---

① UNCTAD, *World Investment Report*: *Toward a New Generation of Investment Policies*, Nation Publication, 2012.

② UNCTAD, *World Investment Report*: *Global Value Chains*: *Investment and Trade for Development*, Nation Publication, 2013.

③ Ibid. .

④ UNCTAD, *World Investment Report*: *Investment and the Digital Economy Report*, Nation Publication, 2017.

⑤ 虽然中国吸收外资和对外投资的真实数额在笔者看来应该属于中国的国家秘密，不会轻易示人，但是作为联合国的权威机构，联合国贸发会议的数据应该是相对可信的。

⑥ 韩秀丽：《后危机时代国际投资法的转型——兼论中国的近况》，《厦门大学学报》2012 年第 6 期。

⑦ 李成钢：《2012 年中国对外商务法律实践及其思考》，《国际经济法学刊》2012 年第 4 期。

者必须遵守东道国法律等义务。尤其是在争端解决的管辖权上，一般都十分慎重，除了不希望投资者母国外交保护外，更是希望争议能在当地解决。所以在投资争端解决的方式上，资本输出国和资本输入国利益差距较大。①

笔者认为，就投资争端解决程序而言，资本输出国和资本输入国的利益是彼此互为消长的。BITs 对资本输出国投资者所提供的保护标准越高（如投资者可单方把与东道国的任何投资争端提交国际仲裁），资本输入国承担的国际义务也就越重。因此，高标准的投资保护对资本输出国是十分有利的，而对资本输入国，尤其是吸引外资很少的国家则是弊大于利，因为该国承担了大量的国际义务，而该国的投资者却少有机会去对方国家享受相应的权利。例如，美国近年来在与发展中国家签订"高标准、高保护水平"的投资协定时，从来都是站在资本输出国的立场，目的是保护本国海外投资者利益。并要求在这些协定均规定投资者与国家间的争端解决机制，但可以说美国从未想过自己会当被告，因为发展中国家的投资者在美国并没有实质性的投资，美国几乎没有被诉的风险。②

作为世界上吸引外资量最大的发展中国家，中国过去在投资条约谈判中倾向于把自己定位为引资国，注重东道国权益的保护，力求减少东道国的义务。③ 而现今中国国际投资角色有所变化，中国在其 BITs 缔约中如何设计规则来应对这种变化？④ 就本书的问题而言，中国该如何在最惠国条款适用于国际投资争端解决程序问题上表态？

2. 资本输入国身份为主

笔者认为，中国的身份更偏重于资本输入国角色。除了从前文中中国吸收投资和对外投资的数额来看，中国晚近历史上吸收投资的数额大于对外投资的数额外，还因为：

（1）存在"后发劣势"

中国对外投资的增多是最近几年才出现的新情况，虽然投资存量已经

---

① 陈安：《中外双边投资协定中的四大"安全阀"不宜贸然拆除——美、加型 BITs 谈判范本关键性"争端解决"条款剖析》，《国际经济法学刊》2006 年第 1 期。

② William S. Dodge, "Investor-State Settlement between Developed Counties: Reflection on the Australia-United States Free Trade Agreement", *Vanderbilt Journal of Transnational Law*, Vol. 39, 2006.

③ 李玲：《中国双边投资保护协定缔约实践和面临的挑战》，《国际经济法学刊》2010 年第 4 期。

④ 曾华群：《论双边投资条约实践的"失衡"与革新》，《江西社会科学》2010 年第 6 期。

突破 5000 亿美元，但与发达国家仍有较大差距。例如曾有研究数据表明在 2013 年年底，中国对外直接投资累计净额（存量）达 5319.4 亿美元，位居全球第 13 位。与发达国家相比，由于中国对外直接投资起步较晚，仅相当于美国对外投资存量的 10.2%，英国的 29.4%，德国的 34.4%，法国的 35.5%，日本的 50.4%。[①]

（2）投资地域集中

从中国对外投资的地域来看，首先，多年来第一大投资地是中国香港。笔者认为由于内地和香港存在着特殊的政治和经济关系，内地对香港的资本输出也应该有不同的评价，这种资本输出的数据可能在统计学上的意义要大于其在国际投资的实际意义。[②]

其次，近年来中国对外的投资相当大的部分集中在非洲和南美的发展中国家。例如依据中国政府官方的《2011 年度中国对外直接投资统计公报》，2006 年以后中国在非洲和南美的直接投资存量及流量增长迅速。尤其是 2008 年国际金融危机后，西方国家纷纷撤资，导致中国的投资增长明显。[③] 而现实情况是，出于某些政治利益的考虑，中国在这些国家的很多投资是带有"经济援助"的性质的。[④] 笔者认为，对这些投资不能从传统的成本—收益角度来衡量，更不能据此认定中国对这些国家而言是资本输出国。例如在 2012 年 6 月 21 日巴西里约热内卢联合国可持续发展大会（"里约+20"峰会）上，时任中国国家领导人温家宝宣称中国已累计免除 50 个重债穷国和最不发达国家约 300 亿元人民币债务，对 38 个最不发达国家实施了超过 60% 的产品零关税待遇，并向其他发展中国家提供了 1000 多亿元人民币优惠贷款。[⑤] 再如，2014 年 5 月李克强总理访问非洲，

---

① 《2013 年度中国对外直接投资统计公报发布》，http：//mn.sina.com.cn/news/b/2013-09-10/130456769_2.html。

② 陈安、蔡从燕：《国际投资法的新发展与中国双边投资条约的新实践》，复旦大学出版社 2007 年版，第 373 页。

③ 商务部、国家统计局、国家外汇管理局：《2011 年度中国对外直接投资统计公报》，中国统计出版社 2012 年版，第 31—36 页。

④ 《李克强：对外援助超半数放非洲》，http：//money.163.com/14/0509/01/9RP2TJ9E00253B0H.html。

⑤ 《中国 1 亿多人仍处贫困线下 累计免除外债约 300 亿》，http：//money.163.com/12/0622/02/84IONHQ000253B0H.html。

也是送出了 120 亿的"大礼包"。[①]

（3）投资背景特殊

中国对外投资数额急速上升的背景是对人民币不断升值下的经济形势的现实回应，也是对当前外资在中国国内享受"超国民待遇"的不满和反抗。现实中，不少国内资本选择在境外注册企业，国内资本出去后打着"外资"的旗号再回来，享受国内对外资的种种优惠待遇后将人民币表现的利润以外币的形式汇出，获得额外的资本收益。[②] 笔者认为介于这种"左口袋出去右口袋回来"的投资循环，将中国定位为资本输出国也勉为其难。

（4）现实国情制约

当前中国经济虽然取得了巨大的发展，不断增强着中国的国家实力。但是中国国内的实际情况是地区间经济差距明显，收入两极分化，还存在着"国富而民贫"的现象。对外投资的经济数据上去了，并不代表中国已经跨入发达国家行列。所以，尽管有不同的学者对中国当前的经济地位持有不同的观点，但是从中国的国情来看中国现在仍然是发展中国家，[③]中国当前仍然存在着吸引境外投资的巨大需求，单凭这一点也不宜认定中国资本输出国的身份。

因此，基于中国当前国际投资的实际情况，中国偏重于资本输入国的角色。[④] 既然追求投资者保护和东道国利益的平衡是中国今后指导签订投资条约的理念，那么就必须在二者之间寻求妥协。笔者认为，中国应该本着"国家利益至上，人民利益至上"的宗旨来制定规则，在规则的设计上，坚持"两害相权取其轻，两利相权取其重"的价值判断标准。[⑤]

---

① 《李克强访非大礼包：新增 120 亿美元援助》，http：//finance. china. com/fin/hgyw/ 201405/06/0367723. html。

② 《上市国企分红专流外人田？海外分红特别慷慨》，http：//business. sohu. com/20110518/ n307807871. shtml。

③ 陈安、谷婀娜：《南北矛盾应当"摒弃"吗？——聚焦中—加 2012BIT》，《现代法学》2013 年第 2 期。

④ 韩秀丽：《再论卡尔沃主义的复活——投资者—国家争端解决视角》，《现代法学》2014 年第 1 期。

⑤ 笔者有时也在想，对中国有利规则的是不是一定就是好的？是不是一定就符合公平正义的法律本质？拿利害关系来判断分析问题是否会导致功利主义？但是现实的情况可能是在谈"主义"与"问题"之间，多解决问题可能更符合实际情况和现实的需要。法律本来就是人们用来解决利益不平衡的工具，从这一点来讲，法律本身可能就是功利的，例如惩罚性赔偿、消费者的倾斜保护等，如果设计出来的法律规则解决不了实际问题，该规则必定会被实践抛弃。

（二）　国际投资条约作用有限

在当前的国际投资条约的缔结实践中，双边投资条约（BITs）是最为常见的形式。但是有研究表明，① 缔结双边投资条约与外国投资的流入、东道国发展之间并不存在因果关系。② 例如世界银行曾在《2005 年世界发展报告》明确强调不要夸大 BITs 对投资流动的影响，指出："迄今尚未发现在缔结 BITs 与其后的投资流入间存在因果关系。"③ 联合国贸发会议也在《2009 年国际投资发展政策系列报告》中指出："国际投资协定只能间接地促进国际投资。"④

从几十年来中国吸引外资和对外投资的数量与对外缔结投资条约之间的关系来看，外国投资者对中国投资的多少和中国投资者在该国投资的多少并不取决于该国是否与中国缔结了投资条约。例如以中国和美国的双边投资关系为例，虽然两国从来没有缔结过 BITs，但美国一直是对华投资位居前列的国家之一。同样的，中国也是对美投资的大国，截至 2017 年 5 月，中国已经累计持有美国国债 1.09 万亿美元。⑤

中国几十年来引进外资的事实表明，外国投资者来中国投资的主要原因是中国资源丰富、市场广大、劳动力价格低廉、政治经济局势稳定等。而不是中国是否与母国签订了投资条约、是否在投资条约中规定了最惠国条款、是否接受了国际仲裁管辖权等。而且随着中国法治进程的推进，中

---

① 关于双边投资条约是否能促进资本在缔约国间流动这一问题，存在不同的观点。可参见 Jason Webb Yackee, "Do Bilateral Investment Treaties Promote Foreign Direct Investment? Some Hints From Alternative Evidence", *Virginia Journal of International Law Association*, Vol. 51, 2010. 但是有西方学者根据联合国贸易与发展会议、世界银行和经济合作与发展组织等的统计调查数据，针对拉丁美洲与加勒比地区进行了长达 2 年的研究。认为，尽管该地区很多国家与美国缔结了投资条约，但是并没有直接证据表明与美国缔结投资条约能促进投资。市场规模贸易政策导向与宏观经济的稳定性是国际直接投资的关键因素。可参见 Kevin P. Gallagher, Melissa B. L. Birch, "Do Investment Agreement Attract Investment? -Evidence from Latin American", *The Journal of World Investment and Trade*, Vol 7, 2006.

② Catherine A. Rogers, Roger P. Alford, *The Future of Investment Arbitration*, Oxford University Press, 2009, p. 13.

③ World Bank, *World Development Report 2005: A Better Investment Climate for Everyone*, World Bank and Oxford University Press, 2004, p. 177.

④ UNCTAD, "The Role of International Investment Agreements in Attracting Foreign Direct Investment to Developing Countries", *UNCTAD Series on International Investment Policies for Development*, 2009, p. 11.

⑤ 《中国增持美国债近 300 亿美元 持债总额升至 1.09 万亿》, http://finance.sina.com.cn/roll/2017-05-17/doc-ifyfkkmc9443036.shtml。

国对外商投资的保护也日益增强，中国不但在《宪法》中规定了保护私人财产权的内容，① 根据中国政府在 ICSID 中少有被诉的情形也说明，外国投资者对中国政府提供的投资环境和投资保护是满意的。因此，国外资本流入中国的主要原因不在于投资条约，而是政治经济等综合因素共同作用的结果，所以对 BITs 等投资条约的引资效果不宜高估。② 尤其是从 BITs 产生的历史来看，BITs 的产生主要是资本输出国，尤其是美国的实践，是资本输出国保护海外投资的工具。③ 但是随着当代世界不少国家在国际投资中逐渐具有双重角色地位的现实，BITs 已经不可能成为只具有单一功能的保护投资者的"护身符"，BITs 被认为充其量只是保护对外投资的一种有效方法，未必是最有效的方法，自然也不是唯一的方法。④

基于此，笔者认为中国应该正视 BITs 的引资功能，坚决不能用搞 BITs "大跃进"，不能用签订 BITs 的数量作为"政绩"来评价招商引资工作，更要防止应为了追求"与国际接轨"而不顾中国国情盲目与发达国家签订"高水平的 BITs"。因为从利害衡量角度看，与其单纯追求数量而达成的对中国不利的 BITs 还不如不缔结这样的 BITs。所以中国现在应该抱着"守成"而不是"变革"的原则，⑤ 对国际投资条约、最惠国条款、国际仲裁管辖权等持慎重的态度，没有必要给自己招揽更多的国际义务。

同样道理，由于资本的逐利性，对于中国的海外投资而言，东道国政府是否与中国签订 BITs，是否将最惠国条款扩张至争端解决程序并不一定代表该国的法治水平和投资保护水平的高低。中国投资者是否愿意在该国投资，关键还是在于投资者对风险的承受能力和未来的投资回报。⑥

---

① 《宪法》第 13 条第 1 款：公民的合法的私有财产不受侵犯。

② 陈安：《区分两类国家，实行差别互惠：再论 ICSID 体制赋予中国的四大"安全阀"不宜贸然拆除》，《国际经济法学刊》2007 年第 3 期。

③ 曾华群：《论双边投资条约实践的"失衡"与革新》，《江西社会科学》2010 年第 6 期。

④ 陈安、蔡从燕：《国际投资法的新发展与中国双边投资条约的新实践》，复旦大学出版社 2007 年版，第 451 页。

⑤ 魏艳茹：《ICSID 仲裁撤销制度研究》，厦门大学出版社 2007 年版，第 229 页。

⑥ 在 2013 年 10 月西安交通大学承办的"2013 年中国国际经济法年会"上，有商务部官员温先涛先生回忆自己曾参与中国和利比亚的 BITs 谈判和签约工作，称当时利比亚出台法令，对境内所有外资企业征收"人头税"，引起中国企业不满，商务部与利比亚政府就此交涉，利比亚政府官员认为中国在利比亚投资有增无减的事实表明，即便征收了"人头税"，中国企业也乐于在利比亚投资，说明中国还是有利可图。

综上，在笔者看来，国家之间只有"永恒的利益"，[①] 而没有"鲜血凝成的友谊"。[②] 这决定了整个国际法律规则的确立和变更均体现为国家间实力对比的结果。与国内法不同，国际法尤其是国际经济法中的很多游戏规则的制定权和变动权掌握在实力较强的大国手中。由于"国际法的实效较之国内法为低，有些国家是有违反国际法的实力的"[③]，所以国际经济法的规则本身就是利益妥协的产物，例如 WTO、世界银行、国际货币基金组织等就是典型的例子。[④] 从这个意义上讲，国际投资领域游戏规则的制定也必然都是国家间利益博弈的结果，考虑更多的是"实然"而非"应然"。例如，有西方学者讽刺美国政府近年来为了吸引投资，将传统上属于主权豁免范畴的诸多公权力让渡出来，允许私人通过国际仲裁来判断这些公权力行使的正当性和是否符合国际法要求，而美国即便是对国际法院也从来没有做出如此慷慨的让渡。[⑤] 更为重要的是，如果有国家想改变现有的国际经贸规则，"它就要使自己强大起来，国力就是维护主权的必要条件"[⑥]。所以，中国只有大力发展生产力，增强自己的综合国力，才是当前维护自己经济利益的最好途径。因此，从现实利益比较的结果看，如果中国为了吸引投资放弃本应享有的权利，而承担本可不必承担的义务，这种实践隐藏着极大的风险，[⑦] 故中国应反对将最惠国条款适用于国际投资争端解决程序。

二　不可放弃国际仲裁机制

中国当前的"走出去"战略旨在鼓励中国企业进行海外投资，这项

①　丘吉尔：《我们没有永恒的朋友，也没有永恒的敌人，只有永恒的利益》，http: //hi. baidu. com/xfcylyf/item/080718cd9e029014b77a2437。

②　历史上，中国和苏联、中国和朝鲜、中国和越南的关系冷热变迁已经充分表明了这一点。

③　李浩培：《论国际法的特性》，法律出版社 2000 年版，第 488 页。

④　肖冰：《论金融危机背景下 WTO 多边贸易体制的困境》，《南京大学学报》2009 年第 6 期。

⑤　David A. Gantz, "The Evolution of FTA Investment Provision: From NAFTA to the United States-Chile Free Trade Agreement", *American University International Law Review*, Vol. 19, 2004.

⑥　[美] 约瑟夫·A. 凯米莱里、吉米·福尔克：《主权的终结？——日趋"缩小"和"碎片化"的世界政治》，李东燕译，浙江人民出版社 2001 年版，第 107 页。

⑦　林一飞：《双边投资协定的仲裁管辖权、最惠国待遇及保护伞条款问题》，《国际经济法学刊》2006 年第 1 期。

战略在 1998 年提出，并写入了 2001 年制定的第十二个国民经济和社会发展五年计划之中，这标志着中国的对外投资政策由规制转变为鼓励。① 在此背景下，中国也要充分利用当前的国际仲裁机制为中国的海外投资提供保护。

（一）中国海外投资的特点

1. 国有企业为主力军

从世界来看，海外投资通常以私人企业作为主要投资者，即海外投资者一般限于私人。② 然而与大多数国家不同，在中国的海外投资中，中央各部委和各省市的专业外贸公司、对外经济合作公司、国有金融企业、国有工业企业和工贸集团，以及为了推动国际经济合作而在国外设立窗口型企业的各级政府部门等是海外投资的主办单位，这类投资主体几乎无一例外属于国有经济成分。③ 尤其是 2008 年经济危机后，中国政府拿出四万亿人民币来刺激经济发展，其中大部分资金拨付给了中央直属企业，这些资金雄厚的央企掀起了一波海外"抄底"式的企业并购潮，使得中国对外投资的数额直线上升，例如仅在 2012 年，中国企业就实施对外投资并购项目 457 个，实际交易金额 434 亿美元。④

因此可以说，中国的海外投资在很大程度上是中国政府和国有企业带领下的海外投资。⑤ 这就难以避免外国政府和民间将中国海外投资者与中国政府混同，也决定了外国政府和民间并不会将中国国有企业和中国政府的行为进行严格的区分。

同样的，中国企业遭受的损失实际上也是中国政府国有资产的损失，这与私人投资者的损失影响程度和范围是不一样的。例如最近的一起是利比亚政治事件，中国政府在该国的投资受到严重损害。⑥

---

① Cai，C.，"Outward Foreign Direct Investment Protection and Effectiveness of Chinese BIT Practice"，*Journal of World Investment and Trade*，Vol. 5，2006.

② 陈安：《国际经济法专论》（下编分论），高等教育出版社 2007 年版，第 630 页。

③ 熊志根：《加快我国海外投资的制度创新》，《现代经济探讨》2004 年第 1 期。

④ 商务部、国家统计局、国家外汇管理局：《2012 年度中国外直接投资统计公报》，中国统计出版社 2013 年版，第 10—11 页。

⑤ 《国企教你如何在海外败掉百亿》，http：//view. 163. com/special/reviews/chinainvestment1111.html。

⑥ 《中国企业存在巨大海外投资风险，保险护航严重不足》，http：//cq. peoplexom. cn/news/2011425/2011425102942. htm；《中国在利比亚项目损失惨重，望利方赔偿》，http：//www. afinance. cn/ne/v/smzx/201203/429493. htmL。

2. 投资地域属于投资争端高发区

从地域分布看，亚洲、非洲、拉丁美洲的发展中国家是中国海外投资的重要地区。① 另据 2012 年根据解决投资争端国际中心（ICSID）的统计，在投资者根据《解决国家与他国国民间投资争端公约》《解决投资争端国际中心仲裁程序规则》和《解决投资争端国际中心附加便利规则》提起的所有解决投资争端中心仲裁的案件中，东道国的分布情况是：南美洲 30%、东欧和中亚 23%、撒哈拉沙漠以南非洲 16%、中东和北非 10%、南亚和东亚及太平洋地区 8%、中美洲和加勒比海地区 7%、北美地区 5%、西欧 1%。② 可见，中国海外投资的地区分布也属于国际投资争端多发地区。

（二）海外投资风险增大

近年来，中国的海外投资取得了巨大的成绩，但是面临的风险也与日俱增。

1. 东道国的环境规制明显

除了面临和其他国家投资者一样的风险外，中国投资者由于各种原因，往往引起东道国和世界的特殊关注。在当今中国海外投资的实践中，中国海外投资被指"掠夺性发展"，即依靠掠夺海外自然资源、牺牲海外环境、漠视海外人权为代价的发展。③ 国际上有些国家和团体无视中国对外援助的努力和付出，将中国对拉丁美洲，尤其是对非洲的投资称作以"恩惠"的名义，但实质是谋求自身的利益和发展，甚至是中国的"新殖民主义"。④ 以至于在国际社会中造成了中国的国际投资形象不佳的整体印象，这种被歪曲的形象很容易形成东道国对中国海外投资的偏见，而引发针对中国海外投资的规制。

自 20 世纪 90 年代开始，各国都在重视环境保护，提高环境标准，国际环境标准也越来越多，越来越严格。而且，市民社会权利意识的觉醒，导致了投资者仅仅获得东道国的行政许可还不够，还必须获得市民社会的

---

① 商务部、国家统计局、国家外汇管理局：《2012 年度中国外直接投资统计公报》，中国统计出版社 2013 年版，第 6 页。

② ICSID, *The ICSID Caseload-Statistics*, Issue 2012-1, p. 11.

③ 《国际上的"老朋友"不再给中国鼓掌》，http://news.163.com/12/0314/07/7shpjgra0001124j.html.

④ Barbara Kotschwar, Theodore H. Moran, & Julia Muir, *Chinese Investment in Latin American Resource：The Good, the Bad, and the Ugly*, working Paper, Peterson Institute for International Economics, February, 2012, p. 2.

"社会许可证"。① 在 ICSID 已裁决的案件中，有很多争端是由于公众为保护环境拒绝给予"社会许可证"，导致东道国拒绝颁发行政许可证引起的。实际上，即使海外投资者获得了许可证，但东道国迫于民众的压力，也可能停止续发或者撤销许可证。例如在"Tecmed v. Mexico 案"中，墨西哥政府拒绝给有害的废物填埋场续发许可证，主要推动力就是公众的强烈反对。因为这个填埋场距离市中心仅 8 千米，当地公众担心环境污染问题。② 中国海外投资者近年来逐渐面临着东道国环境规制的风险，典型的案例如下。

案例一：一家在柬埔寨投资森林开采的中资企业，在 1995 年与当地政府签订了计划投资 3000 万美元、对当地森林开采 30 年的协议。但是到了 2001 年，当地政府以中资企业破坏了生态环境为由收回了森林开采权。到了 2005 年，当地政府将采伐权置换为森林保护权和种植权，迫使该中资企业不得不撤出柬埔寨，损失了前期投资 1500 万美元。③

案例二：2007 年中国投资者紫金矿业集团花费 14 亿美元从总部设在英国的 Montericco Metals 公司手中购得位于秘鲁的奥布兰科（Rio Blanco）铜矿项目并进行开发，该矿据说是世界上最大的未开采铜矿，储量约为 12.57 亿吨，然而秘鲁当地的三个市镇却投票反对该项目，因为他们担心该项目会污染农业用地，而根据秘鲁现行法律，开矿必须征得当地居民的同意。④ 另据报道，2011 年，紫金矿业又被指控没有披露奥布兰科铜矿项目的重大环境和社会风险，被当地环保机构处以高额罚款，同时对于这样一个环境风险很高的项目，中国银行、中国农业银行、中国建设银行、中国进出口银行等多家国内大型商业银行都参与了融资，也一并面临着巨大的环境规制风险。⑤

---

① 社会许可证这一概念由约翰·瑞吉（John Ruggie）提出。参见 John Ruggie，"Business and Human Rights：Towards Operationalizing the Protect，Respect and Remedy"，*Framework UN DOC. A/HRC/11/13*，April 22，2009，para. 46.

② Tecnica Mediambientales Tecmed S. A v. United Mexican States，ICSID Case No. ARB/00/2，Award，May 29，2003.

③ 《中国海外投资者破坏生态可能受国内严重处罚》，《21 世纪经济报》2010 年 7 月 9 日。

④ Jamie Kneen，"Communication & Outreach Coordinator"，*Mining Watch Canada*，http：//www. miniwatch. ca.

⑤ 《紫金矿业于秘鲁铜矿项目发展可能受阻》，http：//content. caixun. com/NE/00/eu/NE00eu81. shtm；《紫金矿业秘鲁项目日程重估押宝国内铜业》，http：//finance. qq. com/1/20090114/000199. htm。

案例三：在秘鲁，中国首钢集团自从 1993 年开始即在 San Juan de Marcona 市经营秘鲁铁矿公司（Hierro Peru），至 2011 年 12 月，首钢因为环境违法受到了当地政府的四次罚款。[①]

案例四：中国石油天然气集团公司在加蓬属于当地自然保护区的鲁安果国家公园（Loango National Park）进行石油勘探，受到当地环保组织的抗议和阻挠，致使其在加蓬的 LT2000 项目被延期了半年，导致中国石油天然气集团公司每天向银行支付高额利息。[②]

2. 部分东道国卡尔沃主义复活

近年来，部分国家由于深陷国际仲裁的危机或者出于对国家主权的维护，出现了卡尔沃主义的复活现象。[③]

尽管对卡尔沃主义的理解包括实体意义上和程序意义上两种，但是得到强调的往往是程序意义上的卡尔沃主义。[④] 具体表现为这些国家坚持投资争议由东道国专属管辖，甚至不再承担原本在国际条约中规定的国际义务。如玻利维亚、厄瓜多尔、委内瑞拉、阿根廷分别于 2007 年、2009 年、2012 年、2013 年退出了《解决国家与他国国民投资争端国际公约》。而且，各国还修改了国内立法，分别终止了一些双边投资条约，以彻底甩掉制约其行为的投资者——国家争端解决条款。再如澳大利亚颁布一项贸易政策，宣称其在将来签订的国际投资协定中，不再接受"投资者—国家争端解决"（Investor-State Dispute Settlement，ISDS）条款，原因是该条款给予了外国企业高于本国企业的法律权利，且限制了政府的公共政策权力。[⑤] 不仅如此，澳大利亚在缔约实践中也坚持了这一立场，在中国与澳大利亚就修订 1998 年签订的双边投资条约进行谈判时，中国强烈要求保留"投资者—东道国"争端解决条款，而澳大利亚则坚决表示反对。

---

① Barbara Kotschwar, Theodore H. Moran, & Julia Muir, *Chinese Investment in Latin American Resource：The God, the Bad, and the Ugly*, Working Paper, Peterson Institute for International Economics, February 2012, pp. 16-17.

② Peter Bosshard, "China's Environmental Footprint in Africa", *SAIS Working Papers in African Studies*, Johns Hopkins University, School of Advanced International Studies Press, 2008.

③ 韩秀丽：《再论卡尔沃主义的复活——投资者—国家争端解决视角》，《现代法学》2014 年第 1 期。

④ Alwyn v. Freeman, "Recent Aspects of Calvo Doctrine and Challenge to International Law", *American Journal of International Law*, Vol. 40, 1946.

⑤ UNCTAD, *World Investment Report* 2012, *Towards Generation of Investment Polices*, United Nations, 2012, p. 87.

同样在当前进行的《跨太平洋战略经济伙伴关系协定》（TPP）谈判中，澳大利亚也继续保持这一主张。①

这些国家大部分是中国主要的投资目标国。中国当前的投资目标国既有澳大利亚这样的发达国家，也有厄瓜多尔、玻利维亚和委内瑞拉这样的拉丁美洲发展中国家。② 这些国家共同的特点是矿产资源丰富，对中国具有长久的投资吸引力。

这些国家卡尔沃主义的复活现象对中国海外投资者的威胁是，一旦中国投资者与东道国政府发生投资争议，将不能诉诸国际仲裁机制保护自己的合法权益，而只能利用当地救济途径来解决争议，这必将对中国的海外投资产生重要影响。

（三）理性对待国际仲裁机制

虽然国际上对国际仲裁存在各种争议，对于中国作为资本输出国角色而言，在投资条约中完全排除"投资者—东道国"国际仲裁并不是一个理性选择。③ 因为国际仲裁机制毕竟能为母国保护其海外投资起到理论上的震慑作用或现实中的保护作用。④ 例如 2007 年 10 月 4 日厄瓜多尔政府突然颁布"总统令"决定对外国石油企业提高"石油暴利税"（从 50% 提高到 99%）时，中石油和中石化两大石油企业因在厄瓜多尔有大量投资，利益受到严重损害，⑤ 两企业在中国政府的支持下曾打算提请国际投资仲裁。⑥ 试想如果没有"投资者—东道国"国际仲裁机制可以利用，⑦

---

① TPP 投资协定的 Section B（争端解决）标题的注释中明确规定："Section B does not apply to Australia or an investor of Australia. Notwithstanding any provision of this Agreement, Australia does not consent to the submission of a claim to arbitration under this Section."

② 商务部、国家统计局、国家外汇管理局：《2012 年度中国外直接投资统计公报》，中国统计出版社 2013 年版，第 10—11 页。另见《2012 年度中国对外直接投资现状分析》，http://www.chinairn.com/news/20130911/144929322.html。

③ 例如在利比亚政治事件中，由于 2010 年中国—利比亚 BITs 尚未生效，利比亚也未参加《华盛顿公约》，中国企业无法依据 BITs 或《华盛顿公约》，要求以仲裁方式解决投资争端。实践中，中国企业在利比亚的投资合同中多选择利比亚法院解决投资争端。

④ 韩秀丽：《再论卡尔沃主义的复活——投资者—国家争端解决视角》，《现代法学》2014 年第 1 期。

⑤ 《厄瓜多尔征收石油暴利税，中国油企损失严重》，http://news.ifeng.com/mainland/200711/1123_17_307724.shtml。

⑥ 《厄瓜多尔征石油暴利税，中国公司欲提请国际仲裁》，http://business.sohu.com/20071122/n253414007.shtml。

⑦ 1994 年中国—厄瓜多尔 BITs 第 9.3 条规定："如涉及征收补偿款额的争议，在诉诸本条第一款的程序后六个月内仍未能解决，可应任何一方的要求，将争议提交专设仲裁庭。"

中石油和中石化将少了一条有效维护自己合法权益的法律途径。

尤其是当今世界上包括中国在内的很多国家加入了《华盛顿公约》。截至 2017 年 6 月 30 日，已经至少有 162 个国家签署了《华盛顿公约》，其中 147 个已经批准了公约，[①] 近年来 ICSID 仲裁庭受理案件的数量不断攀升，年均受理案件的数量已达到并将超过 25 件，将投资争议提交 ICSID 解决符合国际投资大的发展趋势。[②] 虽然有部分南美国家退出了《华盛顿公约》，但是这绝对不是主流，不值得中国效仿。因为卡尔沃主义会给投资者带来了强烈的不信任感和不安全感，卡尔沃主义强调的投资争议解决只能由东道国当地救济和适用东道国法律解决的事实后果往往是吓阻了投资者进入奉行卡尔沃主义的国家。[③] 现实情况是当前仍然有不少国家选择加入《华盛顿公约》，例如加拿大、普林西比、黑山、圣多美，分别于 2013 年批准《华盛顿公约》，况且当前世界上仍然有很多国家在投资协定中约定 ICSID 国际仲裁作为争端解决方式。

笔者认为随着中国海外投资的不断扩大，出于强化对中方投资者的保护，在未来的国际投资协定中，除了缔约对象是那些明确表示全面放弃国际仲裁的国家以外，普遍包含将国际仲裁作为投资争端解决方式的投资条约是中国的必然选择。当然如前文所述，中国当前对 ICSID 管辖权存在着全盘接受的弊端，应予补救，[④] 但是这种补救只是限制 ICSID 管辖的范围和提交仲裁的条件，[⑤] 更好地为中国所用，而非放弃国际仲裁机制，尤其是 ICSID 机制。

---

① 签署和批准详细情况可参见 https：//icsid. worldbank. org/icsdi/frontserlet? requestType。

② 张正怡：《晚近 ICSID 仲裁庭管辖权裁决的实证考察——兼谈我国首次被申诉案件的管辖权抗辩》，《时代法学》2011 年第 6 期。

③ 刘笋：《晚近国际投资仲裁对国家主权的挑战及相关评析》，载张庆麟主编《全球化时代的国际经济法》，武汉大学出版社 2008 年版，第 358 页。

④ 如何补救可参阅以下文章：陈安：《中外双边投资协定中的四大"安全阀"不宜贸然拆除——美、加型 BITs 谈判范本关键性"争端解决"条款剖析》，《国际经济法学刊》2006 年第 1 期；陈安：《区分两类国家，实行差别互惠：再论 ICSID 体制赋予中国的四大"安全阀"不宜贸然拆除》，《国际经济法学刊》2007 年第 3 期；王海浪：《落后还是超前——论中国对 ICSID 管辖权的同意》，《国际经济法学刊》2006 年第 1 期；魏艳茹：《论我国晚近全盘接受 ICSID 管辖权之欠妥》，《国际经济法学刊》2006 年第 1 期。

⑤ 例如，就本书所谈的问题而言，为了防止投资者援引最惠国条款要求适用中国全盘接受 ICSID 管辖权条约（即前文所述的那 21 个条约）中的争端解决待遇，中国在引入国际仲裁的同时，应该明确规定最惠国条款不能适用于投资争端解决程序。

第三节　中国应对的建议

国际上有人将中国的成功经验称为"北京共识"，主要内容是：平等、和平的高质量增长；推翻了私有化和自由贸易的传统思想；讲求灵活性，不相信对每一个问题都有统一的解决办法；锐意创新和实验，积极捍卫国家边界和利益。[①] 虽然当今国际仲裁的实践中对最惠国条款适用于国际投资争端解决程序形成了截然相反的两种实践，但是最惠国条款扩大适用的可能性是存在的。[②] 针对这种情况，中国也应该在制度上灵活设计，具体工作中提前防范来做好应对准备。

一　新约中明确规定

当前中国已经成为世界上重要的资本输入与输出大国，中外双边投资协定对吸收外资与保护海外投资日益重要。有学者呼吁应制作综合性的中国式双边投资协定范本，[③] 笔者同意这种观点。

中国早期签订的投资文本，相比集投资保护协定之大成的美国文本，除了强调"友好"外，明显缺乏可操作性，[④] 急需统一的高质量的投资范本来指引。虽然近年来有学者如单文华[⑤]、温先涛[⑥]等提出富有建设性意见的范本草案，但是中国一直缺乏官方的正式范本。从理论上说，一国缺乏稳定的投资条约范本可能由多方面原因导致，例如能力有限、专业知识

---

① ［美］雷默：《北京共识》，新华通讯社《参考资料》编辑部译，载黄平、崔之原主编《中国与全球化：华盛顿共识还是北京共识》，中国社会科学文献出版社 2005 年版，第 6 页。

② 单文华：《卡尔沃主义的"死亡"与"再生"——晚近拉美国家对国际投资立法的态度转变及其对我国的启示》，《国际经济法学刊》2006 年第 1 期。

③ Guiguo Wang, "China's Practice in International Investment Law: From Participation to Leadership in the World Economy", *The Yale Journal of International Law*, Vol. 34, 2009.

④ 温先涛：《〈中国投资保护协定范本（草案）〉论稿（一）》，《国际经济法学刊》2011 年第 4 期。

⑤ 参见单文华、诺拉·伽拉赫《和谐世界理念和中国 BIT 范本建设——一个"和谐 BIT"建议案》，《国际经济法学刊》2010 年第 1 期。

⑥ 温先涛在 2011 年《国际经济法学刊》接连 3 期发表了《〈中国投资保护协定范本（草案）〉论稿》系列文章，对中国投资条约的范本提出意见，尽管作者身份为商务部官员，但是作者在文中一再强调只代表个人意见。

欠缺、政府部门之间与区域内的协调不足、谈判立场脆弱等。① 但是笔者认为，除了上述因素外，这反映出中国政府和商务主管部门投资条约范本意识的缺失，这可能和中国的传统文化影响有关。

中国传统文化影响下的立法者倾向简约，尤其是在对外交往过程中奉行"和为贵"，尽量避免在条约协定中过多阐述负面的东西。而具有法治传统的欧美则习惯于动辄对簿公堂，不断诉争的经验使得他们更愿意将契约制定得细之又细，② 成为很多国家学习的榜样。截至 2017 年 6 月 30 日，美国在国际上还从来没有成为其签订 BITs 项下的被告，所有针对美国的国际投资仲裁都是依据《北美自由贸易协定》（NAFTA）提起的。而且美国迄今没有输过一个官司，这与其良好的范本指导是分不开的。对此，原美国国务院 BITs 谈判小组成员 Alvarez 曾坦言，美国的 BITs 范本普遍被认为是"要么接受，要么放弃"的不平等非自愿交易，但是还是能得到很多国家的认同，从这个意义上说 BITs 的谈判不仅不是平等主权国家之间的谈判，而是已经演变成为"由美国根据其规矩开设的密集培训班"。③ 笔者认为，美国这种通过投资范本指导谈判和缔约的做法很值得中国学习。④ 因为好的规则就应该去学，好的规则也是无国界的，不必拘泥于动辄所谓"绝不照搬……"这种僵化的理念。事实上，孙子云："水因地而制流，兵因敌而制胜。兵无常势，水无常形，能因敌变化而取胜者，谓之神。"⑤ 值得中国政府思考。

因此，笔者建议由商务部门牵头组织论证，结合中国的缔约实践和国际上发达国家的投资范本，尽快出台适合中国国情的投资范本来指导中国的缔约实践活动。为了防止投资者滥用最惠国条款，影响中国的经济主权安全，建议在投资范本（或未来缔约）中就最惠国条款在争端解决程序

　　① UNCTAD, "International Investment Rule-making: Stocktaking, Challenge and the Way Forward", *UNCTAD Series on International Investment Policies for Development*, UNCTAD/ITE/IIT/2007/3, United Nations, 2008.

　　② 温先涛:《〈中国投资保护协定范本（草案）〉论稿（一）》，《国际经济法学刊》2011年第 4 期。

　　③ Guzman, Andrew T., "Why LDCs Sign Treaties That Hurt Them: Explaining the Popularity of Bilateral Investment Treaties", *Virginia Journal of International Law*, Vol. 38, 1998.

　　④ 单文华、张生:《美国投资条约新范本及其可接受性问题研究》，《现代法学》2013 年第 5 期。

　　⑤ 《孙子兵法·虚实篇》, http://baike.baidu.com/subview/9679/4911891.htm? fr=aladdin。

的适用上明确以下几点：

（一）最惠国条款不适用于投资争端解决程序

由于最惠国条款在国际投资争端解决程序适用上带来的危害，将严重影响中国的国家利益，因此中国应该反对将最惠国条款适用于投资争端解决程序。如前文所述，虽然中国近年来的缔约实践中已经有了这样的表述，但是应该把这一做法在今后的缔约中用范本的形式固定下来。笔者认为2012年缔结的中国—加拿大 BITs 中第5.3条的表述可以作为范本的标准表述，即"为进一步明确，本条第一款和第二款提及的'待遇'不包括例如第 X 部分所述的，其他国际投资条约和其他贸易协定中的争端解决机制"。

笔者认为，这样规定还有一个好处就是，由于国际仲裁庭在"Maffezini 案"中确立了基于所谓"公正政策"，最惠国条款不能适用于投资争端解决程序的观点，[1] 因此，如果中国被投资者主张最惠国条款扩大适用而被诉诸国际仲裁庭，中国政府可以用"投资范本中已经将最惠国条款排除适用于投资争端解决程序"作为中国"公共政策"的证据来主张。

（二）最惠国条款效力不溯及既往

中国与不同的国家缔结投资条约时会综合考虑各种因素，因此缔结的投资条约中给予对方的优惠待遇也有很大差别。这是基于公平互利的国际法原则的要求，也符合最惠国条款的条约义务的性质。如果上文所述"明示排除"的方法在缔约谈判中遇到阻力，为了防止投资者援引最惠国条款适用中国之前对外签订的投资条约中的待遇（尤其是前文所述那21个全盘接受 ICSID 仲裁管辖的 BITs 中的待遇），至少应该在前后待遇之间设立"隔离墙"，使得外国投资者无法援引中国在此之前签订条约中最惠国条款所涵盖的相应待遇。

有学者建议中国在缔约中对最惠国条款的效力做出不溯及既往的规定。[2] 笔者认同这种观点，建议范本中明确最惠国条款的效力不溯及既往。这种规定在国际上已经有了实践，如加拿大2004年双边投资条约范

---

[1] Maffezini v. Spain, ICSID Case No. ARB/ 97/ 7, Decision of The Tribunal on Objections to Jurisdiction, para. 63.

[2] 王海浪：《落后还是超前——论中国对 ICSID 管辖权的同意》，《国际经济法学刊》2006年第1期。

本附录Ⅲ中"最惠国待遇的例外"中的规定："第 4 条（最惠国待遇）不应该适用于在本协定生效日以前有效或者签订的所有双边或者多边国际协议所赋予的待遇。"根据中国的实际情况，笔者建议在范本中这样表述："本协定给予投资者和投资的最惠国待遇不得适用于在本协定生效日以前对缔约方有效或者签订的所有双边或者多边国际协议所赋予的待遇。"

二　旧约及时补救

换文具有国际条约的性质，是指当事国之间就彼此关系事项通过外交照会的方式达成协议。[①] 它是政府间缔结条约的一种简易方式，无须经过复杂的普通缔约程序。尤其是换文的生效通常无须先经批准，[②] 故而便捷高效。

由于通过投资范本明确最惠国条款的适用范围只能对今后新签订的投资条约有效，而对于那些中国已经签订的投资条约中的最惠国条款的适用问题，则可以通过换文的方式来解决。这在国际上已经有了实践的先例，如在 2004 年"Siemens 案"管辖权决定做出后，阿根廷和巴拿马政府就进行了换文，其目的在于对两国之间 1996 年签订的投资条约进行"解释"，明确双方无意将最惠国条款适用于投资争端解决程序。[③]

笔者建议参照阿根廷和巴拿马的做法，通过换文的方式与那些已经和中国签订投资条约的国家达成合意，将最惠国条款的适用范围排除在投资争端解决程序之外。这样做的好处在于：由于换文一般程序简单，不需要经过立法机关批准，可以避免双方烦琐的国内立法机关的审查程序和时限，同时换文还可以在多个国家之间进行，中国可以同时与多个国家通过换文来明确最惠国条款的适用范围。

三　完善实务工作

（一）指导投资者在投资合同中约定争端解决方式

在笔者看来，外国投资者与东道国发生争端对双方而言是一个"双输"的结局。对东道国而言，意味着可能要"花钱消灾"，对投资者而

---

① 周鲠生：《国际法》（下册），武汉大学出版社 2007 年版，第 509 页。
② 李浩培：《条约法概论》，法律出版社 2003 年版，第 26—27 页。
③ National Grid PLC v. Argentina, Decision on Jurisdiction, Ad hoc - UNCITRAL Arbitration Rules, June 20, 2006, para. 71.

言，也意味着要面临放弃东道国的市场和资源的后果。同时，考虑到资本的逐利性特征，在对中国的海外投资的保护上，虽然通过国际投资协定来改善中国海外投资目标国（地区）的投资环境很重要，① 但笔者认为中国不必过分看重投资条约的作用，应给与投资者一定的利益选择空间。

有些东道国的投资环境不尽如人意，直接影响了中国海外投资企业的投资安全。根据上文所述，由于要求中国政府与东道国在投资条约中（或换文）将最惠国条款的适用范围排除在争端解决程序之外，则在以下两种情形中有可能使得中国的投资者在东道国享受不到东道国给予第三国投资者争端解决的待遇，特别是提交 ICSID 等国际仲裁的待遇：第一种是东道国与中国根本没有签订过投资协定或者原来签订的投资协议中没有规定国际仲裁作为争端解决方式；第二种是原来签订的投资协议中可申请国际仲裁的范围过小，前置程序更严格等。

针对这种情况，笔者认为，除了政府在今后的缔约工作中在 BITs 层面上予以改进外，由于中国当前对外投资的主力是国有企业，因此中国政府对这些企业有很强的控制力和影响力，中国政府可以直接指导国有企业②在与东道国政府的投资合同中约定将争议提交 ICSID 等国际仲裁作为争端解决方式或者扩大提交仲裁的范围等内容，便于发生争议后更好地维护中国企业和国家的权益，同时也避免中国政府和东道国直接发生冲突而影响两国政治关系，这也符合中国政府在国际上"多栽花不栽刺"的一贯作风。③

而对于中国的私人海外投资者，建议中国的相关主管部门通过宣传、风险警示、制定投资合同示范文本等方式，来间接指导私人投资者与东道国在投资合同中约定争端解决方式。

当然不排除出现这样一种情况，即东道国是坚持卡尔沃主义的国家，

---

① 卢进勇、余劲松、齐春生：《国际投资条约与协定新论》，人民出版社 2007 年版，第251 页。

② 直接指导除了可以指导海外投资的企业外，还可以指导国内海外投资企业的相关服务者。例如，银监会可以要求商业银行将投资者与东道国约定国际仲裁作为发放贷款的条件；保监会可以要求将投资者与东道国约定国际仲裁作为国内保险公司承保的条件等。

③ 2013 年 10 月 9 日国务院总理李克强在第 16 次中国—东盟领导人会议上谈及中国与东盟关系时指出："中国有句古话叫多栽花，少栽刺，在这里我想说，我们要多栽花，不栽刺，永做好邻居、好朋友、好伙伴。"参见《李克强妙改谚语阐释睦邻友好：多栽花不栽刺》，http://news. 163. com/13/1010/00/9APM2L6200014JB5. html。

既不愿与中国政府在投资条约中约定接受国际仲裁管辖，也不愿与中国投资者在特许合同中约定提交国际仲裁作为争端解决方式。在此种情形下，笔者认为应该将投资的决定权留给投资者，尤其是私人投资者，由投资者根据其利益和风险的权衡判断来决定是否在东道国继续投资。

（二）做好应对投资争端的准备工作

截至 2017 年 6 月 30 日，就中国参与国际投资仲裁的实践来看，已有至少 11 起涉及中国的案例，其中 8 起中方作为投资者，3 起中方作为被诉东道国。在中国政府被诉的两起案件中，前文所述的"伊桂兰案"因投资者自行撤诉而告终，另一起"韩国安城公司诉中国政府"案，中方通过 ICSID 公约第 41.5 条下的初步异议程序也获得了仲裁庭的支持，本案并没有进入实体裁决程序。[①] 最新的是 2017 年 6 月 21 日一家德国公司 Hela 根据中德双边投资协定在 ICSID 提起投资仲裁请求，目前没有更进一步的消息。[②] 因此从严格意义上来说，中国政府依然缺乏在类似国际仲裁中的应对经验。

从中国投资者实践的情形来看，一旦与东道国政府发生纠纷，中国投资者往往倾向于通过东道国国内的司法或仲裁方式寻求救济，而不是选择国际仲裁，这表明中国投资者对国际仲裁认识不够，重视不够。[③] 笔者认为这种观点有一定的道理，并进而认为，正是由于经验不足，所以从政府到投资者都可能对国际仲裁缺乏了解，也缺乏信心。即便有投资者有将争端提交国际仲裁的想法，也可能会因为政府的政治考量因素过多而十分谨慎。

但是由"伊桂兰案"可以看出，中国目前也面临着最惠国条款被国际仲裁庭扩大适用于投资争端解决程序的威胁。因此中国应该早作准备，避免一旦发生纠纷时因准备不足而陷入被动。具体而言，笔者认为中国政府应该在以下方面做好应对工作：

首先，商务部等有关部门要加强对中国主要的投资目的国的法律情报的收集和研究。尤其是对方国家投资条约中的最惠国条款的适用范围、争

---

① Ansung Housing Co., Ltd. v. People's Republic of China, ICSID Case No. ARB/14/25.

② 《德国公司索赔，解决投资争端国际中心立案管辖》，http://www.sohu.com/a/154337745_535672。

③ 单文华:《中国海外资源能源投资法律问题调查报告》，《国际经济法学刊》2012 年第2 期。

端解决的程序的规定和变动情况，做到知己知彼，在发生争议时可以快速准确地找到法律依据。

其次，商务部等有关部门要对国际仲裁庭的仲裁实践进行追踪和研究。尤其是关注不同国际仲裁庭和某些经常出现在国际仲裁庭的仲裁员在最惠国适用问题上的态度和倾向，了解他们的裁判风格和推理过程。这样在日后发生争议时，便于中国政府和投资者有针对性地选择仲裁庭和仲裁员，更好地维护中国国家和投资者的合法权益。

最后，当前中国已经有部分高校和律师事务所在国际投资法领域具有很强的资料收集能力和研究能力，并已经形成了良好的研究团队。建议商务部等有关部门采取资助立项、购买法律意见书等方式将上述部分工作委托给这些单位来承担，这样既可以增强政府收集信息的能力，也便于更好地发挥这些单位的优势。

结　　论

　　最惠国条款在维护国际投资领域的公平竞争方面发挥了重要的作用，是国际投资条约中的重要条款。最惠国条款的法律性质为条约义务，因此其适用范围应取决于缔约各方的合意，不能给缔约国带来其无法预期的结果，这是缔约国能接受最惠国条款的利益底线。同时，最惠国条款的适用不能违反国际法的基本原则，打乱国际投资法律制度的可预见性和稳定性。

　　由于当前国际投资条约中最惠国条款适用范围表述的模糊性，使得其与投资争端解决程序之间的关系在国际上存在着极大的分歧和争议。近年来的国际仲裁庭的实践对最惠国条款的适用范围存在着扩大化解释的趋势，使最惠国条款的适用范围扩张至投资争端解决程序。

　　从法律的现实层面来看，虽然当前国际上对最惠国条款的适用规则存在着不同的理解，但是还是形成了一些较为统一的规则，最惠国条款适用于国际投资争端解决程序亦应符合其适用的规则。就"同类规则"而言，由于实体性事项与争端解决程序性事项在范围的同类性、内容的一致性、待遇标准的等同性、价值的趋同性等领域存在差异，故不满足"同类规则"要求。就"更优惠待遇"而言，由于国内救济与国际仲裁的不可比性、国际仲裁机构选择的差异、不同国际仲裁程序规则不一等，导致"更优惠待遇"要求不能满足。

　　从法律的未来层面来看，最惠国条款适用范围的历史变迁表明最惠国条款有其产生的理论基础和现实利益选择，缔约国接受最惠国条款的目的在于增进而非减损其利益。就理论基础而言，将最惠国条款适用于投资争端解决程序对平等理论和国家主权理论造成冲击。就实践后果而言，这种适用将对投资者母国、东道国、国际仲裁程序带来危害与冲击。这严重背离了缔约国的缔约目的，也损害了最惠国条款的健康发展。

　　因此，除非缔约国明确认可，否则不应将最惠国条款适用于国际投资争端解决程序。

　　鉴于国际社会对最惠国条款的适用范围不能取得一致的共识，建议缔约国在投资条约中明确最惠国条款的适用范围，尤其是与争端解决程序的关系。在缔约国分歧较大的情况下，最好明确排除最惠国条款适用于投资争端解决程序，以避免这种适用给国家主权带来危害。

　　近年来，中国在签订的部分投资条约中全盘接受了以 ICSID 为代表的国际仲裁管辖权。这种缔约实践，固然有其现实需要的考虑，但也应该注意到，晚近的国际仲裁，尤其是 ICSID 仲裁实践中有将最惠国条款扩大化解释的趋势。这意味着，一旦外国投资者将最惠国条款的适用范围扩大至投资争端解决程序的要求得到肯定，由于中国已有全盘接受 ICSID 仲裁管辖的条约先例，那么中国有可能会丧失对境内投资争端的东道国管辖权。这必将造成严重的后果，威胁中国的国家安全。

　　因此，中国应持反对最惠国条款适用于国际投资争端解决程序的立场。本着"两害相权取其轻，两利相权取其重"的价值判断标准来指导今后的缔约工作。具体做到：在未来缔约中明确将最惠国条款的适用范围排除在争端解决程序之外，并规定最惠国条款的效力不溯及既往；对于旧约采取换文的形式排除最惠国条款在争端解决程序的适用；在日常实务工作中引导投资者在投资合同中约定争端解决方式，同时做好应对投资争端的准备工作等。

参 考 文 献

一 中文文献

（一）著作

1. 陈安、蔡从燕：《国际投资法的新发展与中国双边投资条约的新实践》，复旦大学出版社 2007 年版。

2. 陈安：《国际经济法学》（第六版），北京大学出版社 2013 年版。

3. 陈安：《国际经济法学》（第四版），北京大学出版社 2007 年版。

4. 陈安：《国际经济法学新论》（第三版），高等教育出版社 2012 年版。

5. 陈安：《国际经济法专论》（下编分论），高等教育出版社 2007 年版。

6. 陈安：《国际投资争端仲裁——"解决投资争端国际中心"机制研究》，复旦大学出版社 1995 年版。

7. 陈金钊：《法律解释的哲理》，山东人民出版社 1999 年版。

8. 陈欣：《WTO 争端解决中的法律解释 ——司法克制主义 VS. 司法能动主义》，北京大学出版社 2010 年版。

9. 邓振来编：《王铁崖文选》，中国政法大学出版社 1993 年版。

10. 都玉霞：《平等权的法律保护研究》，山东大学出版社 2011 年版。

11. 范剑虹：《国际投资法导读》，浙江大学出版社 2000 年版。

12. 高岚君：《国际法的价值论》，武汉大学出版社 2006 年版。

13. 韩德培：《国际私法》，高等教育出版社 2000 年版。

14. 韩立余：《国际经济法学原理与案例教程》，中国人民大学出版社 2012 年版。

15. 韩立余：《美国外贸法》，法律出版社 1999 年版。

16. 韩立余：《世界贸易组织法》，中国人民大学出版社 2005 年版。

17. 贺小勇:《国际经济法学》,中国政法大学出版社 2008 年版。

18. 黄东黎:《国际贸易法:经济理论、法律及案例》,法律出版社 2003 年版。

19. 黄茂荣:《法学方法与现代民法》,中国政法大学出版社 2001 年版。

20. 黄平、崔之原主编:《中国与全球化:华盛顿共识还是北京共识》,中国社会科学文献出版社 2005 年版。

21. 李浩培:《论国际法的特性》,法律出版社 2000 年版。

22. 李浩培:《条约法概论》,法律出版社 2003 年版。

23. 梁丹妮:《〈北美自由贸易协定〉投资争端解决机制研究》,法律出版社 2007 年版。

24. 刘京莲:《阿根廷国际投资仲裁危机的法理与实践研究——兼论对中国的启示》,厦门大学出版社 2011 年版。

25. 刘笋:《国际投资保护的国际法制——若干重要法律问题研究》,法律出版社 2002 年版。

26. 刘笋:《国际投资保护的国际法制——若干重要法律问题研究》,法律出版社 2002 年版。

27. 卢进勇、余劲松、齐春生:《国际投资条约与协定新论》,人民出版社 2007 年版。

28. 卢峻主编:《国际私法公约集》,上海社会科学院出版社 1986 年版。

29. 慕亚平:《国际投资的法律制度》,广东人民出版社 1999 年版。

30. 石慧:《投资条约仲裁机制的批评与重构》,法律出版社 2008 年版。

31. 史晓丽、祁欢:《国际投资法》,中国政法大学出版社 2009 年版。

32. 万鄂湘、石磊、杨成铭、邓洪武:《国际条约法》,武汉大学出版社 2008 年版。

33. 王传丽:《国际贸易法》,法律出版社 2008 年版。

34. 王贵国:《世界贸易组织法》,法律出版社 2003 年版。

35. 王虎华:《国际公法学》,北京大学出版社、上海人民出版社 2008 年版。

36. 王启富、陶髦主编:《法律辞海》,吉林人民出版 1998 年版。

37. 王铁崖：《国际法》，法律出版社 1995 年版。

38. 王毅：《WTO 国民待遇的法律规则及其在中国的适用》，中国社会科学出版社、人民法院出版社 2005 年版。

39. 王泽鉴：《民法学说与判例研究》（第二册），中国政法大学出版社 2005 年版。

40. 魏艳茹：《ICSID 仲裁撤销制度研究》，厦门大学出版社 2007 年版。

41. 吴昆吾：《最惠国条款问题》，外交部条约委员会印行，1929 年版。

42. 肖冰主编：《国际经济法》，南京师范大学出版社 2009 年版。

43. 徐泉：《国际贸易投资自由化法律规制研究》，中国检察出版社 2004 年版。

44. 杨秀清、史飚：《仲裁法学》，厦门大学出版社 2007 年版。

45. 姚梅镇：《国际投资的法律问题》，武汉大学出版社 2011 年版。

46. 叶兴平：《国际争端解决机制的最新发展——北美自由贸易区的法律与实践》，法律出版社 2006 年版。

47. 余劲松：《国际投资法》，法律出版社 2003 年版。

48. 余民才：《国际法专论》，中信出版社 2003 年版。

49. 张爱宁：《国际法原理与案例解析》，人民法院出版社 2000 年版。

50. 张斌生主编：《仲裁法新论》，厦门大学出版社 2004 年版。

51. 张磊、王茜：《多哈回合谈判的最新进展：2010 年度报告》，法律出版社 2012 年版。

52. 张庆麟：《国际投资法专论》，武汉大学出版社 2007 年版。

53. 张庆麟：《全球化时代的国际经济法》，武汉大学出版社 2008 年版。

54. 张玉卿主编：《WTO 法律大辞典》，法律出版社 2006 年版。

55. 赵维田：《世贸组织（WTO）的法律制度》，吉林人民出版社 2000 年版。

56. 赵维田：《最惠国与多边贸易体制》，中国社会科学出版社 1996 年版。

57. 郑观应：《盛世危言·公法》，上海古籍出版社 2008 年版。

58. 郑玉波：《民法债编总论》，陈荣隆修订，中国政法大学出版社 2004 年版。

59. 钟立国：《中国：WTO 法律制度的适用》，吉林人民出版社 2002 年版。

60. 周鲠生：《国际法》（下册），武汉大学出版社 2007 年版。

61. 周忠海：《国际法学述评》，法律出版社 2001 年版。

62. 邹东涛、薛福斌：《世界贸易组织教程》，社会科学文献出版社 2007 年版。

63. 曾令良：《世界贸易组织法》，武汉大学出版社 1996 年版。

64. 曾华群：《国际经济新秩序与国际经济法新发展》，法律出版社 2009 年版。

（二）论文

1. 艾素君：《对发展中国家的特殊和差别待遇——以 WTO 有关区域贸易安排的规定为视角》，《国际贸易问题》2007 年第 10 期。

2. 蔡从燕：《风险社会与国际争端解决机制的解构与重构》，《法律科学》2008 年第 1 期。

3. 蔡从燕：《国际投资结构变迁与发展中国家双边投资条约实践的发展》，《国际经济法学刊》2007 年第 3 期。

4. 蔡从燕：《国际投资仲裁的商事化与"去商事化"》，《现代法学》2011 年第 1 期。

5. 蔡从燕：《论国际法的财产权逻辑》，《法律科学》2011 年第 1 期。

6. 蔡从燕：《外国投资者利用国际投资仲裁机制新发展反思》，《法学家》2007 年第 3 期。

7. 陈安、谷婀娜：《南北矛盾应当"摒弃"吗？——聚焦中—加 2012BIT》，《现代法学》2013 年第 2 期。

8. 陈安：《"黄祸"论的本源、本质及其最新霸权"变种"："中国威胁"论——以中国对外经济交往史的主流及其法理原则的视角》，《现代法学》2011 年第 6 期。

9. 陈安：《论 WTO 体制下的立法、执法、守法与变法》，《国际经济法学刊》2010 年第 4 期。

10. 陈安：《区分两类国家，实行差别互惠：再论 ICSID 体制赋予中国的四大"安全阀"不可贸然拆除》，《国际经济法学刊》2007 年第

3 期。

　　11. 陈安：《三论中国在构建国际经济新秩序中的战略定位："匹兹堡发轫之路"走向何方——G20 南北合作新平台的待解之谜以及"守法"与"变法"等理念碰撞》，《国际经济法学刊》2009 年第 4 期。

　　12. 陈安：《香港居民谢业深诉秘鲁政府案 ICSID 管辖权裁定的四项质疑——〈中国—秘鲁 BIT〉适用于"一国两制"下的中国香港特别行政区吗?》，《国际经济法学刊》2010 年第 1 期。

　　13. 陈安：《中外双边投资协定中的四大"安全阀"不宜贸然拆除——美、加型 BITs 谈判范本关键性"争端解决"条款剖析》，《国际经济法学刊》2006 年第 1 期。

　　14. 陈辉萍：《美国投资者与东道国争端解决机制的晚近发展及其对发展中国家的启示》，《国际经济法学刊》2007 年第 3 期。

　　15. 陈辉萍：《中美双边投资协定谈判：共识、分歧与展望》，《国际经济法学刊》2012 年第 4 期。

　　16. 崔悦：《国际投资仲裁上诉机制初探》，《国际经济法学刊》2013 年第 1 期。

　　17. 单文华、诺拉·伽拉赫：《和谐世界理念和中国 BIT 范本建设——一个"和谐 BIT"建议案》，《国际经济法学刊》2010 年第 1 期。

　　18. 单文华：《卡尔沃主义的"死亡"与"再生"——晚近拉美国家对国际投资立法的态度转变及其对我国的启示》，《国际经济法学刊》2006 年第 1 期。

　　19. 单文华及课题组：《中国海外资源能源投资法律问题调查报告》，《国际经济法学刊》2012 年第 2 期。

　　20. 龚柏华：《TPP 协定投资者——东道国争端解决机制述评》，《世界贸易组织动态与研究》2013 年第 1 期。

　　21. 龚柏华：《区域贸易安排争端解决机制比较研究》，《世界贸易组织动态与研究》2005 年第 8 期。

　　22. 郭桂环：《论 BIT 中最惠国待遇条款的解释》，《河北法学》2013 年第 6 期。

　　23. 郭文利：《论 GATT1994 第 20 条对我国入世议定书的适用》，《国际经贸探索》2010 年第 11 期。

　　24. 韩秀丽：《后危机时代国际投资法的转型——兼论中国的近况》，

《厦门大学学报》2012 年第 6 期。

25. 韩秀丽：《再论卡尔沃主义的复活——投资者—国家争端解决视角》，《现代法学》2014 年第 1 期。

26. 何志鹏：《国际经济法治：内涵、标准与路径》，《国际经济法学刊》2012 年第 4 期。

27. 侯幼萍：《WTO 和 ICSID 管辖权冲突研究》，《国际经济法学刊》2007 年第 2 期。

28. 黄世席：《国际投资仲裁中最惠国条款的适用和管辖权的新发展》，《法律科学》2013 年第 2 期。

29. 金承东：《WTO 中针对行政行为的国内救济要求》，《公法研究》2004 年第 2 辑。

30. 金卫星：《鸦片战争后美国在华获得片面最惠国待遇问题探析》，《苏州大学学报》2004 年第 5 期。

31. 李成钢：《2012 年中国对外商务法律实践及其思考》，《国际经济法学刊》2012 年第 4 期。

32. 李春林、张章盛：《国际法的代际演进与国际法律差别待遇的历史演变》，《福建论坛》2010 年第 3 期。

33. 李浩培：《条约、非条约和准条约》，《中国国际法年刊》1987 年版。

34. 李良才：《经济全球化背景下最惠国待遇条款的新发展》，《湖南财经高等专科学校学报》2007 年第 1 期。

35. 李玲：《中国双边投资保护协定缔约实践和面临的挑战》，《国际经济法学刊》2010 年第 4 期。

36. 李双元、邓杰、熊之才：《国际社会本位的理念与法院地法适用的合理限制》，《武汉大学学报》2001 年第 5 期。

37. 李万强：《解决投资争议国际中心仲裁程序若干问题探析》，《美中法律评论》2006 年第 8 期。

38. 梁丹妮：《国际投资条约最惠国待遇条款适用问题研究——以伊佳兰公司诉中国案为中心的分析》，《法商研究》2012 年第 2 期。

39. 林欣：《论国际私法中的程序法与实体法问题》，《外国法译评》1994 年第 4 期。

40. 林一飞：《双边投资协定的仲裁管辖权、最惠国待遇及保护伞条款问题》，《国际经济法学刊》2006 年第 1 期。

　　41. 刘昌黎：《TPP 的内容、特点与日本参加的难题》，《东北亚论坛》2011 年第 3 期。

　　42. 刘笋：《国际投资仲裁裁决的不一致性问题及其解决》，《法商研究》2009 年第 6 期。

　　43. 刘笋：《国际投资仲裁引发的若干危机及应对之策述评》，《法学研究》2008 年第 6 期。

　　44. 刘笋：《论国际投资仲裁对国家主权的挑战——兼评美国的应对之策及其启示》，《法商研究》2008 年第 3 期。

　　45. 刘颖、封筠：《国际投资争端中最惠国待遇条款适用范围的扩展——由实体问题向程序问题的转变》，《法学评论》2013 年第 4 期。

　　46. 刘志云：《哈耶克的经济思想与全球化背景下国际经济法的发展》，《国际经济法学刊》2005 年第 4 期。

　　47. 陆以全：《中国—东盟自由贸易区投资争端解决机制评析：以缔约方与投资者间投资争端为视角》，《西部法律评论》2011 年第 3 期。

　　48. 乔娇：《论 BIT 中最惠国条款在争端解决上的适用性》，《上海政法学院学报》（《法治论丛》）2011 年第 1 期。

　　49. 师华、崔一：《论最惠国待遇条款在投资争端解决中的适用》，《山西大学学报》2012 年第 5 期。

　　50. 唐慧俊：《关于最惠国待遇的公平性问题》，《理论探索》2003 年第 6 期。

　　51. 王朝恩、王璐：《国际投资法前沿问题与中国投资条约的完善——"中国与 ICSID"国际投资法与仲裁高级研讨会综述》，《西安交通大学学报》（社会科学版）2013 年第 3 期。

　　52. 王海浪：《"落后"还是"超前"——论中国对 ICSID 管辖权的同意》，《国际经济法学刊》2006 年第 1 期。

　　53. 王海浪：《最惠国条款在 BIT 争端解决中的适用问题》，《国际经济法学刊》2007 年第 2 期。

　　54. 王楠：《最惠国待遇条款在国际投资争端解决事项上的适用问题》，《河北法学》2010 年第 1 期。

　　55. 王庆海：《试论最惠国待遇与人权的国际保护》，《中国法学》1994 年第 2 期。

56. 王彦志：《国际投资法体制变革初探》，《国际经济法学刊》2011年第 3 期。

57. 魏艳茹：《论我国晚近全盘接受 ICSID 仲裁管辖权之欠妥》，《国际经济法学刊》2006 年第 1 期。

58. 魏艳茹：《美国晚近有关投资仲裁监督机制的态度转变及其对 ISID 仲裁监督制度的影响》，《国际经济法学刊》2005 年第 4 期。

59. 温先涛：《〈中国投资保护协定范本（草案）〉论稿（一）》，《国际经济法学刊》2011 年第 4 期。

60. 温先涛：《〈中国投资保护协定范本（草案）〉论稿（三）》，《国际经济法学刊》2012 年第 2 期。

61. 肖冰：《论国际法规制的共有属性及个性体现——以技术性贸易壁垒国际法规制之个性为例》，《法学家》2007 年第 4 期。

62. 肖冰：《论国际投资争端的解决方式与法律适用问题》，《国际贸易问题》1997 年第 4 期。

63. 肖冰：《论金融危机背景下 WTO 多边贸易体制的困境》，《南京大学学报》2009 年第 6 期。

64. 熊志根：《加快我国海外投资的制度创新》，《现代经济探讨》2004 年第 1 期。

65. 徐崇利：《从实体到程序：最惠国待遇适用范围之争》，《法商研究》2007 年第 2 期。

66. 徐崇利：《软硬实力与中国对国际法的影响》，《现代法学》2012 年第 1 期。

67. 徐崇利：《新兴国家崛起与构建国际经济新秩序——以中国的路径选择为视角》，《中国社会科学》2012 年第 10 期。

68. 徐树：《最惠国待遇条款"失控"了吗？——论国际投资条约保护的"双边主义"与"多边化"》，《武大国际法评论》2013 年第 1 期。

69. 许敏：《论 ICSID 投资仲裁对双边投资协定中的最惠国条款的发展》，《经济问题探索》2009 年第 3 期。

70. 杨丽艳、雷俊生：《国际投资法中的差别待遇初探》，《当代亚太》2003 年第 12 期。

71. 杨卫东：《论外交保护的司法审查》，《比较法研究》2014 年第 2 期。

72. 于文捷：《双边投资条约投资定义条款中 "符合东道国法律要求"对 ICSID 仲裁管辖权的影响及其启示》，《国际经济法学刊》2009 年第 4 期。

73. 余劲松、詹晓宁：《论投资者欲东道国间争端解决机制及影响》，《中国法学》2005 年第 5 期。

74. 余劲松：《国际投资条约仲裁中投资者与东道国权益保护平衡问题研究》，《中国法学》2011 年第 2 期。

75. 余劲松：《论国际投资法中国有化补偿的依据》，《中国社会科学》1986 年第 2 期。

76. 翟中鞠、屈广清：《 "程序法适用法院地法" 原则之局限与克服》，《法商研究》1998 年第 4 期。

77. 张光：《论国际投资仲裁中投资者利益与公共利益的平衡》，《法律科学》2011 年第 1 期。

78. 张辉：《美国国际投资法理论和实践的晚近发展——浅析美国双边投资条约 2004 年范本》，《法学评论》2009 年第 2 期。

79. 张建邦：《论知识产权最惠国待遇制度的生成与特征》，《国际经济法学刊》2011 年第 1 期。

80. 张军旗：《论 WTO 中的强制管辖权及其与国家主权的关系》，《上海财经大学学报》2003 年第 8 期。

81. 张正怡：《晚近 ICSID 仲裁庭管辖权裁决的实证考察——兼谈我国首次被申诉案件的管辖权抗辩》，《时代法学》2011 年第 6 期。

82. 赵骏：《论双边投资条约中最惠国待遇条款扩张适用于程序性事项》，《浙江社会科学》2010 年第 7 期。

83. 赵维田：《论关贸总协定的最惠国条款》，《外国法译评》1993 年第 1 期。

84. 赵维田：《论国际贸易中的最惠国原则》（上），《国际贸易问题》1992 年第 2 期。

85. 赵维田：《无条件最惠国辨析》，《国际贸易》1994 年第 1 期。

86. 郑蕴：《国际投资自由化背景下最惠国待遇及我国的应对》，《经济导刊》2012 年第 6 期。

87. 钟立国：《GATT1994 第 24 条的历史与法律分析》，《法学评论》2003 年第 6 期。

88. 曾华群：《变革期双边投资条约实践述评》，《国际经济法学刊》2007 年第 3 期。

89. 曾华群：《论"特殊与差别待遇"条款的发展及其法理基础》，《厦门大学学报》2003 年第 6 期。

90. 曾华群：《论双边投资条约实践的"失衡"与革新》，《江西社会科学》2010 年第 6 期。

91. 朱明新：《最惠国待遇条款适用投资争端解决程序的表象与实质——基于条约解释的视角》，《法商研究》2015 年第 3 期。

（三）译作

1. ［德］W. G. 魏智通：《国际法》（第五版），吴越、毛小飞译，法律出版社 2012 年版。

2. ［德］京特·椰尼克：《最惠国条款》，李浩培译，载《环球法律评论》（《法学译丛》）1979 年第 1 期。

3. ［德］马丁·沃尔夫：《国际私法》，李浩培、汤宗舜译，法律出版社 1988 年版。

4. ［德］马克斯·普朗克比较公法及国际法研究所编著：《国际公法百科全书（第一专辑）：争端的解决》，陈致中、李斐南译，中山大学出版社 1988 年版。

5. ［德］莫妮卡·海曼：《国际法与涉及中国的投资争端解决》，季烨译，《国际经济法学刊》2009 年第 4 期。

6. ［美］埃得加·博登海默：《法理学法律哲学与法律方法》，邓正来译，中国政法大学出版社 2004 年版。

7. ［美］贾格迪什·巴格沃蒂：《贸易保护主义》，王世华、常蕊、郑葵方译，中国人民大学出版社 2010 年版。

8. ［美］雷默：《北京共识》，新华通讯社《参考资料》编辑部译，载黄平、崔之原主编《中国与全球化：华盛顿共识还是北京共识》，中国社会科学文献出版社 2005 年版。

9. ［美］莫顿·卡普兰：《国际政治的系统和过程》，薄智跃译，上海人民出版社 2008 年版。

10. ［美］约翰·H. 杰克逊：《GATT/WTO 法理与实践》，张玉卿等译，新华出版社 2002 年版。

11. ［美］约翰·H. 杰克逊：《国家主权与 WTO 变化中的国际法基

础》，赵龙跃等译，社会科学文献出版社 2009 年版。

12. ［美］约翰·H. 杰克逊：《世界贸易体制——国际经济关系的法律与政策》，张乃根译，复旦大学出版社 2001 年版。

13. ［美］约翰·罗尔斯：《正义论》，何怀宏等译，中国社会科学出版社 1988 年版。

14. ［美］约瑟夫·A. 凯米莱里、吉米·福尔克：《主权的终结？——日趋"缩小"和"碎片化"的世界政治》，李东燕译，浙江人民出版社 2001 年版。

15. ［古希腊］亚里士多德：《政治学》，苗力田译，中国人民大学出版社 1997 年版。

16. ［英］M. 阿库斯特：《现代国际法概论》，汪瑄、朱奇武等译，中国社会科学出版社 1981 年版。

17. ［英］伊恩·布朗利：《国际公法原理》，曾令良等译，法律出版社 2007 年版。

18. ［英］詹宁斯、瓦茨：《奥本海国际法》，王铁崖等译，中国大百科全书出版社 1995 年版。

19. ［爱尔兰］凯利：《西方法律思想简史》，王笑红译，法律出版社 2002 年版。

（四）其他资料

1. 联合国国际法委员会 1978 年第 30 次会议上通过的《关于最惠国条款的规定（草案）》。

2. 张宏乐：《国际投资协定中的最惠国条款研究》，博士学位论文，复旦大学，2010 年。

3. 王曙光：《国际投资自由化法律待遇研究》，博士学位论文，中国政法大学，2005 年。

4. 牛光军：《国际投资待遇论》，博士学位论文，中国政法大学，2000 年。

5. 中华人民共和国商务部、统计局和国家外汇管理局：《2012 年度中国对外直接投资统计公报》。

6. 网易财经频道：《海外投资不应央企挑大梁》，http：//money. 163. eom/special/focus502/。

7. 人民网：《中国企业存在巨大海外投资风险，保险护航严重不足》，

http：//cq. peoplexom. cn/news/2011425/2011425102942. htm。

8. 人民网：《委内瑞拉议会同意政府退出世行解决投资争议国际中心》，http：//world. people. com. cn/n/2012/0727/c57507-18608350. html。

9. 《中国在利比亚项目损失惨重，望利方赔偿》，http：//www. afinance.cn/ne/v/smzx/201203/429493.htmL。

10. 《国际上的 "老朋友" 不再给中国鼓掌》，http：//news.163.com/12/0314/07/7shpjgra0001124j.html。

11. 《中国 1 亿多人仍处贫困线下 累计免除外债约 300 亿》，http：//money.163.com/12/0622/02/84IONHQ000253B0H.html。

12. 《李克强访非大礼包：新增 120 亿美元援助》，http：//finance. china.com/fin/hgyw/201405/06/0367723.html。

13. 《李克强妙改谚语阐释睦邻友好：多栽花不栽刺》，http：//news. 163.com/13/1010/00/9APM2L6200014JB5.html。

14. 《中美两国在北京进行了首次战略经济对话》，http：//news. xinhuanet. com/ziliao/2007-12/14/content_ 7248016. htm。

15. 《骆家辉：中美 BIT 谈判已经加快》，http：//www.chinareviewnews. com。

16. 《王碧珺：中美 BIT 谈判突破 释出改革信号》，http：//other. caixin.com/2013-07-15/100556050.html。

17. 《紫金矿业于秘鲁铜矿项目发展可能受阻》，http：//content. caixun.com/NE/00/eu/NE00eu81.shtm。

18. 《紫金矿业秘鲁项目日程重估押宝国内铜业》，http：//finance. qq.com/1/20090114/000199.htm。

二　外文文献

（一）著作

1. Antoni Estevadeordal, Kati Suominen and Robert Teh, *Regional Rules in the Global Trading System*, Cambridge University Press, 2009.

2. Bryan A.Garner, *Black's Law Dictionary*, West Group Press, 2009.

3. Camppell Mclanchlan Q. C. , Laurence Shore, Mattew Weiniger, *International Investment Arbitration*, *Substantive Principles*, Oxford University Press, 2007.

4. Catherine A. Rogers, Roger P. Alford, *The Future of Investment Arbitra-*

tion, Oxford University Press, 2009.

5. David Schneiderman, *Constitutionalization Economic Globalization: Investment Rules and Democracy's Promise*, Cambridge University Press, 2008.

6. Fiona Marshall, *Climate Change and International Investment Agreements: Obstacles or opportunities?* the International Institute for Sustainable Development Press, 2010.

7. Freshfields Bruckhaus Deringer, *Resolving Dispute in China though Arbitration*, Freshfields Bruckhaus Deringer Press, 2006.

8. Gus Van Harten, *Investment Treaty Arbitration and Public Law*, Oxford University Press, 2007.

9. John H. Jackson, William J. Davey, and Alan O. Sykes, *Legal Problems of International Economic Relations*, fifth Edition, Thomson West Press, 2008.

10. Lavanya Rajamani, *Differential Treatment in International Environmental Law*, Oxford University Press, 2006.

11. H. Lautepacht, ed. , *Annual Digest of Public International Law Cases, 1929-1931*, Longmans Press, 1935.

12. Herbert Hart, *The Concept of Law*, Oxford Clarendon Press, 1961.

13. M. Sornarajah, *The International Law on Foreign Investment*, Third Edition, Cambridge University Press, 2010.

14. OECD Investment Committee, *Transparency and Third Party Participation in Investor-State Dispute Settlement Procedures*, April 2005.

15. Philippe Cullet, *Differential Treatment in International Environmental Law*, Ashgate Publishing Limited Press, 2003.

16. Rai Bhalla, *International Trade Law: Theory and Practice*, Lexis Nexis Press, 2001.

17. Robert E. Hudec, *The GATT Legal System and World Trade Diplomacy*, Butterworth Legal Publishers Press, 1990.

18. Stephan W. Schill, *International Investment Law and Comparative Public Law*, Oxford University Press, 2010.

19. Stephan W. Schill, *The Multilateralization of International Investment Law*, Cambridge University Press, 2009.

20. Stephen J. Toope, *Mixed International Arbitration*, Cambridge Grotius Publications Limited Press, 1990.

21. World Bank, *World Development Report* 2005: *A Better Investment Climate for Everyone*, World Bank and Oxford University Press, 2004.

22. Kyla Tienhaara, *Investor-state Dispute Settlement in Trans-Pacific Partnership Agreement*, *Submission to the Department of Foreign Affairs and Trade*, Regulatory Institutions Network Australian National University Press, 2010.

23. Osgoode Hall Law School, *Public Statement on the International Investment Regime*, York University Press, 2010.

24. Roscoe Pound, *An Introduction to the Philosophy of Law*, Yale University Press, 2012.

（二）论文

1. Aaron M. Chandler, "BITS, MFN Treatment and the PRC: The Impact of China's Ever—Evolving Bilateral Investment Treaty Practice", *International Lawyer*, Vol. 43, 2009.

2. Ahmad Ali Ghouri, "The Evolution of Bilateral Investment Treaties, Investment Treaty Arbitration and International Investment Law", *International Arbitration Law Review*, Vol. 14, 2011.

3. Alejandro Faya Rodriguez, "The Most—Favored—Nation Clause in International Investment Agreement: A Tool for Treaty Shopping?" *Journal of International Arbitration*, Vol. 25, 2008.

4. Alwyn v. Freeman, "Recent Aspects of Calvo Doctrine and Challenge to International Law", *American Journal of International Law*, Vol. 40. 1946.

5. Amr A. Shalakany, "Arbitration and the Third World: A Plea for Reassessing Bias Under the Specter of Neoliberalism", *Harvard International Law Journal*, Vol. 41, 2000.

6. Anthony De Palma, "NAFTA's Powerful Little Secret", *New York Times*, March 11, 2001.

7. Ari Afilalo, "Constitutionalization Through the Back Door: A European Perspective on NAFTA's Investment Chapter", *New York University Journal of International Law & Politics*, Vol. 34, 2001.

8. Barbara Kotschwar, Theodore H. Moran, & Julia Muir, *Chinese Invest-*

ment in Latin American Resource: The God, the Bad, and the Ugly, Working Paper, Peterson Institute for International Economics, February 2012.

9. Bottari, Wallach and Waskow, "NAFTA Chapter 11 Investor-to-State Cases: Bankrupting Democracy", *Public Citizen's Global Trade Watch*, September 2001.

10. Budolf Dolzer and Terry Myers, "After Tecmed: Most-favored-nation Clause in Investment Protection Agreements", *ICSID Review—Foreign Investment Law Journal*, Vol. 19, 2004.

11. Cai Congyan, "China-US BIT Negotiations and The Future of Investment Treaty Regime: A Grand Bilateral Bargain with Multilateral Implication", *Journal of International Law* , Vol. 12, 2009.

12. Cai, Congyan, "Outward Foreign Direct Investment Protection and Effectiveness of Chinese BIT Practice", *Journal of World Investment and Trade*, Vol. 7, 2006.

13. Carlos G. Garcia, "All the other Dirty Little Secrets: Investment Treaties, Latin America, and the Necessary Evil of Investor-State Arbitration", *Florida Journal of International Law*, Vol. 16, 2004.

14. Charity L. Goodman, "Uncharted Waters: Finacial Crisis and Enforcement of ICSID Awards in Argentina", *University of Pennsylvania Journal of International Economic Law*, Vol. 28, 2007.

15. Daha H. Freyer and David Herlihy, "Most Favored-Nation Treatment and Dispute Settlement In Investment Arbitration: Just How Favored Is Most-Favored?" *ICSID Review*, Vol. 20, 2005.

16. Daniel M. Price, "Chapter 11-Private Party vs. Government, Investor-State Dispute Settlement: Frankenstein or Safety Valve? " *Canada-United States Law Journal*, Vol. 26, 2000.

17. David A. Gantz, "The Evolution of FTA Investment Provision: From NAFTA to the United States - Chile Free Trade Agreement", *American University International Law Review*, Vol. 19, 2004.

18. David Schneiderman, "Investing in Democracy? Political Process and International Investment Law", *University of Toronto Law Journal*, Vol.60, 2010.

19. Denise Manning Cabral, "The Imminent Death of the Calvo Clause and

the Rebirth of the Calvo Principle: Equality of Foreign and national Investors", *Law and Policy in International Business*, Vol. 26, 1995.

20. Domke, "Indonesian Nationalization Measure before Foreign Court", *American International Law Journal*, Vol. 54, 1960.

21. Donald M. McRae, "The Contribution of International Trade Law to Development of International Law", *Soviet Journal of Experimental & Theoretical Physics*, Vol. 5, 1996.

22. Efrain Chalamish, "The Future of Bilateral Investment Treaties: A De Facto Multilateral Agreement?", *Brooklyn Journal of International Law*, Vol. 34, 2009.

23. Emmanuel Gailard, "Establishing Jurisdiction Though a Most-Favored-Nation Clause", *New York Law Journal*, No. 2, June 2005.

24. Endre Ustor, "First Report on the Most-Favored Nation Clause", *Year Book of International Law Committee*, U. N. Doc. A/CN. 4/213, 1969.

25. Fietta, "Most Favored Nation Treatment and Dispute Resolution under Bilateral Investment Treaties: A Turing Point?", *International Arbitration Law Review*, Vol. 8, 2005.

26. Gabriel Egli, "Don't Get BIT: Addressing ICSID's Inconsistent Application of Most-Favored-Nation Clauses to Dispute Resolution Provisions", *Pepperdine Law Review*, Vol. 4, 2012.

27. George K. Foster, "Striking a Balance Between Investor Protections and National Sovereignty: The Relevance of Local Remedies In Investment Treaty Arbitration", *Columbia Journal of Transnational Law*, Vol. 49, 2011.

28. Guiguo Wang, "China's Practice in International Investment Law: From Participation to Leadership in The World Economy", *Yale Journal of International Law*, Vol. 34, 2009.

29. Gus Van Harten and Martin Loughlin, "Investment Arbitration as A Species of Global Administrative Law", *European Journal of International Law*, Vol. 17, 2006.

30. Gus Van Harten, "Arbitrator Behavior in Asymmetrical Adjudication: An Empirical Study of Investment Treaty Arbitration", *Osgood CLPE Research Paper*, No. 41, 2012.

31. Guzman and Andrew T. , "Why LDCs Sign Treaties that hurt them: Explaining the Popularity of Bilateral Investment Treaties", *Virginia Journal of International Law*, Vol. 38, 1998.

32. Hierzu R. Dolzer and T. Myers, "After Tecmed: Most-Favored-Nation Clause in Investment Protection Agreements", *ICSID Review*, Vol. 19, 2004.

33. J. Wong, "Umbrella Clauses in Bilateral Investment Treaties: Of Breaches of Contract, Treaty Violations, and the Divide Between Developing and Developed Countries in Foreign Investment Disputes", *George, Mason Law Review*, Vol. 14, 2006.

34. Jason Webb Yackee, "Do Bilateral Investment Treaties Promote Foreign Direct Investment? Some Hints From Alternative Evidence", *Virginia Journal of International Law Association*, Vol. 51, 2010.

35. John Ruggie, "Business and Human Rights: Towards Operationalizing the Protect, Respect and Remedy", *Framework UN DOC. A/HRC/11/13*, April 22, 2009.

36. Jrügen KURTZ, "The MFN Standard and Foreign Investment: An Uneasy Fit?" *Journal of World Investment and Trade*, Vol. 5, No. 6, 2004.

37. Julie A. Maupin, "MFN-Based Jurisdiction in Investor-State Arbitration: Is There any hop for A Consistent Approach?" *Journal of International Law*, Vol. 14, No. 1, 2011.

38. James H. Mathis and Jagdish N. Bhagwai, "Regional Trade Agreement in the GATT/WTO: Article XXIV and the Internal Trade Requirement", *Journal of International Economic Law*, Vol. 6, 2002.

39. Jonathan T. Fried, "Two Paradigms for the Role of International Trade Law", *Canada-United States Law Journal*, Vol. 1, 1994.

40. Kevin P. Gallagher and Melissa B. L. Birch, "Do Investment Agreement Attract Investment?—Evidence from Latin American", *Journal of World Investment and Trade*, Vol. 7, 2006.

41. Keohane, R. O. & A. Moravcsik & A. M. Slaughter, "Legalized Dispute Resolution: Interstate and Transnational", *International Organization*, Vol. 3, 2000.

42. M. Bogden, "Different Economic System and Comparative Law",

Comparative Yearbook, Vol. 2, 1978.

43. Marie – France Houde, "Most – Favored – Nation Treatment in International Investment Law", *OECD Working Paper*, No. 2, 2004.

44. Martin Domke and John N. Hazard, "State Trading and the Most–Favored-Nation Clause", *American Journal of International Law*, Vol. 52, 1958.

45. Nartnirun Junngam, "An MFN Clause and BIT Dispute Settlement: A Host State's Implied Consent to Arbitration by Reference", *UCLA Journal of international Law and Foreign Affairs*, Vol. 399. 2010.

46. Nicholas DiMascio and Joost Pauwelyn, "Nondiscrimination In Trade and Investment Treaties: Worlds Apart or Two Sides of The Same Coin?" *American Journal of International Law*, Vol. 48, 2008.

47. Olivia Chung, "The Lopsided International Investment Law Regime and its Effect on the Future of Investor–State Arbitration", *Virginia Journal of International Law*, Vol. 47, 2007.

48. Pail Micheal Blyschak, "State Consent, Investor Interests and future of Investment Arbitration: Reanalyzing the Jurisdiction of Investor – State Tribunals in Hard Cases", *Asper Review of international Business and Trade Law*, Vol. 9, 2009.

49. Parker and Stephanie L., "A BIT at a Time: The Proper Extension of the MFN Clause to Dispute Settlement Provisions in Bilateral Investment Treaties", *The Arbitration Brief*, No. 1, 2012.

50. Peterson, "The Global Governance of Foreign Direct Investment: Madly Off in all Directions", *Geneva: Friedrich–Ebert–Stiftung Occasional Papers*, No. 19, 2005.

51. Preston M. Torbert, "Globalizing Legal Drafting: What the Chinese can teach Us about Ejusden Generis and All That", *Scribes Journal of Legal Writing*, Vol.11, 2007.

52. Peter Bosshard, "China's Environmental Footprint in Africa", *SAIS Working Papers in African Studies*, Johns Hopkins University, School of Advanced International Studies Press, Washington DC, 2008.

53. R. D. Bishop, "Investment Claims–First Lessons from Argentina", *International Investment Law and Arbitration: Leading Cases from the ICSID,*

NAFTA, *Bilateral Treaties and Customary International Law*, Cameron May Press, 2005.

54. Ruth Teitelbaum, "Who's afraid of Maffezini? Recent Developments in the Interpretation of the Most Favored Nation Clause", *Journal of International Arbitration*, Vol. 22, 2005.

55. Ruth L. Okediji, "Back to Bilateralism? Pendulum Swing in International Intellectual Property Protection", *Social Science Electronic Publishing*, Vol. 125, 2004.

56. Raul Emilio Vinuesa, "Bilateral Investment Treaties and Settlement of Investment Dispute under ICSID: The Latin American Experience", *Law and Business Review of American*, Vol. 1, 2002.

57. S. Ripinsky and K. Williams, "Case summery of Asian Agricultural Products Limited v. Republic of Sri Lanka, in Damages in International Law", *British Institute of International and Comparative Law*, 2008.

58. Scheruer, "Traveling the BIT route: of waiting periods, umbrella clause and forks in the road", *Journal of World Investment and Law*, Vol. 5, 2004.

59. Scott Vessel, "Clearing a Path Through a Tangled Jurisprudence: Most-Favored-Nation Clauses and Dispute Settlement Provision in Bilateral Investment Treaties", *Yale Journal of International Law*, Vol. 32, 2007.

60. Stanley Kuhl Hornbeck, "The Most-Favored-Nation Clause in Commercial Treaties: It's Function in Theory and Practice and its Relation to Tariff Polices", *Economics and Political Science Series*, Vol. 6, 1940.

61. Stephan W. Schill, "Multilateralizing Investment Treaties Through Most-Favored-Nation Clauses", *Berkeley Journal of International Law*, Vol. 27, 2009.

62. Stephen W. Schill, "Crafting the International Economic Order: The Public Function of Investment Treaty Arbitration and its Significance for the Role of Arbitrator", *Leiden Journal of International Law*, Vol.23, 2010.

63. Stephen M. Schwebel, "The Influence of Bilateral Investment Treaties on Customary International Law", *American Society of International Law Proceedings*, Vol. 98, 2004.

64. Stephen R. Bond, "The International Arbitrator: From the Perspective of ICC International Court of Arbitration", *Northwestern Journal of International Law and Business*, Vol. 12, 1991.

65. Susan D. Franck, "The Legitimacy Crisis in investment Arbitration: Privatizing Public International Law Through Inconsistent Decision", *Fordham Law Review*, Vol. 73, 2005.

66. Suzanne A. Spears, "The Quest for Policy Space in a New Generation of International Investment Agreements", *Journal of International Economic Law*. Vol. 13, 2010.

67. Tony Cole, "The Boundaries of Most Favored Nation Treatment in International Investment Law", *Michigan Journal of International Law*, Vol. 3, 2012.

68. Tra T. Pham, "International Investment Treaties and Arbitration as Imbalanced Instruments: A Revisit", *International Arbitration Law Review.*, Vol. 13, 2010.

69. Thomas Barclay, "Effect of Most – Favored – Nation Clause In Commercial Treaties", *Yale Law Journal*, Vol. 17, 1907.

70. Vandevelde, "The Economics of Bilateral Investment Treaties", *Harvard International Law Journal*, Vol. 41, 2000.

71. William S. Dodge, "Investor – State Settlement between Developed Counties: Reflection on the Australia – United States Free Trade Agreement", *Vanderbilt Journal of Transnational Law*, Vol.39, 2006.

72. Yannick Radi, "The Application of the Most–Favored–Nation Clause to the Dispute Settlement Provisions of Bilateral Investment Treaties: Domesticating the Trojan Horse", *The European Journal of International Law*, Vol. 18, 2007.

73. Zachary Douglas, "The MFN Clause in Investment Arbitration: Treaty Interpretation Off the Rails", *Journal of International Dispute Settlement*, Vol. 2, 2011.

74. Zachary M. Eastman, "NAFTA's Chapter 11: For Whose Benefit?" *Journal of International Arbitration*, Vol.16, 1999.

（三）引用案例资料

1. ADF Group Inc v. United States of American, ICISD Case No. ARB/00/1, Final Award.

2. Asian Agricultural Products Limited v. Republic of Sri Lanka, ICISD Case No ARB/87/3.

3. Austrian Airline v. Slovak Republic, UNCITRAL, 20 October, 2009.

4. Berchader v. Russian Federation, SCC Case No. 080/2004, Award on Jurisdiction.

5. Camuzzi v. The Argentina Republic, ICSID Case No. ARB/03/2.

6. Chorzow Factory Case (Ger. v. Pol), Jurisdiction, 1928 P. C. I. J. (ser. B), No. 3.

7. Gas Natural SPD v. The Argentina Republic, ICSID Case No. ARB/03/10.

8. Generation Ukraine v. Ukraine, ICSID Case No. ARB/00/9.

9. Hochtief AG v. The Argentina Republic, ICSID Case No. ARB/07/31.

10. Impregilo SPA v. The Argentina Republic, ICSID Case No. ARB/07/17.

11. Interaguas v. The Argentina Republic, ICSID Case No. ARB/03/17.

12. Maffezini v. Spain, ICSID Case No. ABR/97/7, Decision of The Tribunal on Objections to Jurisdiction.

13. MTD Chile SA v. Republic of Chile, ICSID Case No. ARB/01/7.

14. National Grid PLC v. Argentina, Decision on Jurisdiction, Ad hoc - UNCITRAL Arbitration Rules, June 20, 2006.

15. Plama v. Bulgaria, ICSID Case No. ARB/03/24.

16. Renta 4 S. V. A. A v. Russian Federation, SCC Case No. 24/2007, Award on Jurisdiction.

17. RosInvest Co UK Ltd v. Russian Federation, SCC Case No. 079/2005, Award on Jurisdiction.

18. Rumeli Telekom AS v. Republic of Kazakhstan, ICSID Case No. ARB/05/16.

19. Salini Costruttori v. Jordan, ICSID Case No. ABR/02/13, Decision of The Tribunal on Objections to Jurisdiction.

20. Series A. – No. 10, Collection of Judgments – The Case of The S. S. "Lotus", Publications of The Permanent Court of International Justice, September 7th 1927.

21. SGS v. Republic of Pakistan, ICSID Case No. ABR/01/13.

22. Siemens A. G. v. The Argentina Republic, ICSID Case No. ARB/02/8.

23. Tecmed v. Mexico Republic, ICSID Case No. ARB/00/2.

24. Tecnica Mediambientales Tecmed S. A v. United Mexican States, ICSID Case No. ARB/00/2.

25. Telenor v. Hungary, ICSID Case No. ARB/04/1415.

26. Tza Yap Shum v. Peru Republic, ICSID Case No. ARB/07/6.

27. Vivendi v. The Argentina Republic, ICSID Case No. ARB/97/3.

28. Wintershall v. Argentina, ICSID Case No. ARB/04/14.

（四）其他资料

1. Argentina to Withdraw from ICSID, http: presstv. ir/detail/2013/01/24//285299/Argentina–to–Withdraw–from–ICSID.

2. IISD and the Center for International Environmental Law (CIEL), *Revising the UNCITRAL Arbitration Rules to Address State Arbitrations* (February 2007).

3. International Bank for Reconstruction and Development, *Report of the Executive Directors on the Convention on the Settlement of Investment Disputes between States and Nationals of Other States*, 18 March 1965.

4. International Law Commission, *Report of the Working Group on the Most-Favored-Nation Clause*, UNDOC. A/CN. 4/L. 719, 20 July, 2007.

5. Jamie Kneen, "Communication & Outreach Coordinator", *Mining Watch Canada*, http: //www. miniwatch. ca.

6. Letter from Secretary of State John Sherman to William I. Buchanan (Jan. 11, 1898), in 5 *Moore's Digest of International Law* 278, 1906.

7. "Most – Favored – Nation Treatment In Investment Law", *Working Papers on International Investment by OECD*, No. 2, 2004.

8. "Most–Favored–Nation Treatment", *UNCTAD Series on issues in international investment agreements*, UNCTAD/ITE/IIT/10/Vol. Ⅲ, UN, 1999.

9. The comments of Colombia, Netherlands, Sweden in Comments of Member States, organs of the United Nations, specialized agencies and other intergovernmental organizations on the draft articles on the Most-favored-nation clause adopted by the International Law Commission at its twenty-eighth session, in *Yearbook of the International Law Commission*, 1978, Vol. II, Part Two.

10. UNCTAD, *Latest Development in Investor-State dispute settlement*, *IIA Monitor*, New York and Geneva: United Nations, 2009.

11. UNCTAD, "The Role of International Investment Agreements in Attracting Foreign Direct Investment to Developing Countries", *UNCTAD Series on International Investment Policies for Development*, 2009.

12. UNCTAD, *World Investment Report* 2010, New York and Geneva, United Nations, 2010.

13. UNCTAD, "International Investment Rule – making: Stocktaking, Challenge and the Way Forward", *UNCTAD Series on International Investment Policies for Development*, UNCTAD/ITE/IIT/2007/3, United Nations, 2008.

14. UNCTAD, *World Investment Report* 2012: *Towards Generation of Investment Polices*, New York and Geneva, United Nations, 2012.

15. UNCTAD, *World Investment Report* 2013: *Global Value Chains*: *Investment and Trade for Development*, New York and Geneva, United Nations, 2013.

16. United Nations, *Yearbook of the International Law Commission*, Vol. 2, Part Two, (A/CN. 4 /SER. A) 2006.

后　记

　　本书是在我 2015 年博士毕业论文的基础上完成的。借着论文成书之际，提笔写下点自己的回忆和感恩作为后记，来纪念在南京度过的四年读博生活。然此情可待成追忆，此间的心路历程与煎熬只有亲身经历过的人才能感受得到，这笔精神财富伴随着我对人生的理解和感悟将永远是留在我的记忆中。

　　去南京大学读博以前，我是一个在西部高校碌碌无为的普通教师，从上大学到工作一直都在同一个学校，有着一份自认为还算稳定而惬意的工作，每年也能发表几篇所谓的"成果"来应付单位的各种考核。后来在现行高校教师评价机制的"引导"下很不情愿地加入考博大军，来到了南大法学院。现在回头想想，我来对了地方，在这里我领略到了另一种不同的学术风气和校园生活。尤其在学术上给了我很大的震撼，让我明白做学问的应有态度和必需的付出，也看到了国内法学研究的地区差距。使得我对读博士的目的有了新的认识，也激发了在我身上已经消失很久的激情与责任。

　　感谢我的导师肖冰教授。在我来到南京大学之前，恩师一直是我崇拜的老师，在考博前曾拜读过恩师的多篇论文，很是喜欢她那种逻辑严密，视角独特的文风。后蒙恩师提携，能够师从恩师，实乃今生之幸。自认为读博期间最大的学术收获是恩师一直强调的做学问应有的"问题意识"，这种提法和思维模式不但让我耳目一新，也感悟颇多，尽管每次"问题提出"的过程是痛苦的。曾有机会，欣赏过雕塑大师罗丹著名的雕塑作品"思想者"，仔细观察作品，发现一手托着下巴正陷入沉思的那位仁兄，他的表情似乎是很痛苦的。我似有所悟，也许思考的确是一件痛苦的事情，但是能在有生之年，学会如何思考的方式，去体会思考的苦与乐却是一大幸事。

　　在我眼中，恩师是一位学识渊博、平易近人、机智幽默、美丽与智慧并重的女士。她不仅在学术上对我点拨颇多，同时也教会了我很多做人做事的道理。由于我的学术功底浅薄，从我进校后恩师就对我特别倾注了大量的心血和努力。从早期的学术沙龙到平时的论文写作，恩师都给予了我大量的指导和意见，每次看到恩师在论文稿上那细致的批语，让我深感惭愧，曾经自我感觉良好的论文，似乎是那么的经不起推敲。在此时才细细品味恩师教导的"做研究不能贸然下结论，须小心求证"的含义，同时也深感做研究并非如原来想的那样是一件容易的事情，亦逐渐明白做学问是不能有功利的心理的，研究的路上永远没有捷径可以走，唯有抱着踏踏实实的态度才是真正的研究之道。尤其难忘的是在我博士论文的选题阶段，当时我陷入资料的海洋而茫然不知所措之际，幸亏恩师及时指点迷津，让我找准了研究的方向。在此后的博士论文写作过程中，恩师更是谆谆教导，不厌其烦地多次将思路跑偏的我拉了回来，让我逐渐掌握正确的研究方法和写作思路。在论文定稿后，恩师不辞辛苦地为我审阅了论文，历经数稿，从遣词造句到标点符号，恩师均详细地给出意见，指出我论文中的错误和不足，让我的论文质量有了大幅的提高。可以说，没有恩师的指导和鼓励，我是不可能写出博士论文的，是恩师让我在学术上得到了涅槃重生的机会。毕业后唯有兢兢业业努力工作，回报社会与国家，不负恩师的期望，也才对得起恩师对我的这般教导与培养。然而，因为我的肤浅与驽钝，书中仍有很多不足之处，这些当然应归因于我个人，而与恩师无关。

感谢我同师门的同学，台湾籍兄长李谒霏，他在生活和学习上对我照顾甚多，霏哥在知天命之年毅然辞去公职求学于金陵，其对学术的追求令人起敬。尤其是在平时的相处中，从他身上我看到了失传已久的诸多中华民族传统美德，让我对这个历经沧桑的民族有了新的认识和信心。日后在生活和教书育人的工作中，当以霏哥为榜样。感谢同师门的许多、陈瑶、潘军峰、毛志远、陈琛、葛辉、唐代盛，感谢他们在学术沙龙中给我很多有益的建议和意见。

感谢我的博士同学张建军、马辉、李煜、姚朝兵，感谢他们给我的鼓励与支持。我们经常在一起探讨学术，针砭时弊，因为有他们让我在南京的读博生活丰富多彩。

感谢西北大学法学院刘丹冰院长、胡征俊书记、王思锋教授以及其他同事，这几年读书在外，他们给了我巨大的关怀和支持。

感谢我的父母、岳父母，这几年为了让我安心在外求学，他们帮我照顾家庭和年幼的女儿，付出甚多。感谢我温柔体贴的妻子，在考博到读博的岁月里与我的风雨与共，相濡以沫，在我离开的西安的日子里为我撑起一个家。感谢我那天使般的女儿，在求学的日子里，每次接到她的电话总是让我很开心，她那幼稚甜美的声音带给我很大慰藉。家人是我背后最为强大的精神支柱，希望这份答卷能无愧于他们的付出和期待。

感谢西北大学学术著作出版基金资助出版本书，感谢中国社会科学出版社梁剑琴编辑的辛勤工作。

田海

2017 年 8 月 28 日